$130

CUANDO CON OTROS
SOMOS NOSOTROS

La experiencia asociativa del
Movimiento de Trabajadores Desocupados
MTD La Matanza

MTD EDITORA

Toty Flores
  Cuando con otros somos nosotros : la experiencia asociativa
del MTD-La Matanza - 1a ed. - Buenos Aires : M.T.D. Editora, 2006.
  256 p. ; 23x15 cm.

  ISBN 987-98691-2-5

  1. Movimientos Sociales. I. Título
  CDD 361.24

MTD Editora

Teléfono 4698.0147

mtdlm@hotmail.com

Responsable editorial: Soledad Bordegaray
                       Toty Flores

Ilustración de tapa: Hecho en el Centro de Democratización
                     de la Informática del MTD La Matanza

Correccion: Jorge Giacobbe
            Graciela Cavallaro
            Cecilia Veronelli

Diseño de tapa: Fabián Hamed
Distribución: Silvia Flores

Edición gráfica: h.c. / Imprenta chilavert
Este libro fué impreso en marzo de 2006 por la Cooperativa Chilavert Artes Gráficas
Imprenta recuperada y gestionada por sus trabajadores
en Martiniano Chilavert 1136, Buenos Aires.
imprentachilavert@gmail.com

Flores, Toty
Cuando con otros somos nosotros —1ª ed. Bs. As.—
MTD Editora 2006
256 p. 21 x 15
ISBN

IMPRESO EN ARGENTINA

CUANDO CON OTROS SOMOS NOSOTROS

La experiencia asociativa del
Movimiento de Trabajadores Desocupados
MTD La Matanza

TOTY FLORES
(COMPILADOR)

Agradecimientos

*A los compañeros del MTD La Matanza porque sin ellos
no hubiera sido posible la construcción de un
nosotros inclusivo e integrador*

*A la Fundación AVINA por su confianza en MTD Editora y en la
importancia del mensaje que queremos transmitir*

*A Jorge Giacobbe, su esposa Graciela Cavallaro y
su nuera Cecilia por la dedicación que pusieron
en la corrección de este libro*

*A los que generosamente aceptaron escribir su experiencia
con nosotros que hizo posible la diversidad de visiones
que tenemos el orgullo de presentar*

*A Fabián Hamed y al Programa de Democratización de
la Informática por el empeño y la dedicación puestos al
servicio de una nueva tapa para MTD Editora*

Indice

PRÓLOGO

Prologar un libro es siempre cuestión honorífica. Ser invitado a ello supone, entre otras cosas, que el autor confía en que el prologuista está en condiciones de "encontrar" el espíritu y la esencia de sus dichos, y de transmitirlas a otros sucintamente.

El curso de esta obra es un entrecruzamiento fértil de relatos sobre experiencias personales y grupales de un segmento de desocupados argentinos en relación abierta y desprejuiciada con otros segmentos: otros desocupados argentinos, movimientos reivindicatorios de América y del mundo, intelectuales y académicos, empresarios, organizaciones no gubernamentales, poderes del Estado, artistas, políticos de todo signo, estudiantes de diversos países, en fin, ya lo irá descubriendo el lector, este libro es casi un compendio sobre estrategias viables para salir del encierro.

A veces comparo la situación de los desocupados, excluidos y marginados argentinos con el "aniquilamiento". En términos militares aniquilar significa vencer al enemigo sin necesidad de violencia, sin disparar un sólo tiro, solo por la evidencia de la inutilidad del combate. Es el caso, por ejemplo, de un ejército de 10.000 hombres rodeando a uno de 1.000. Por lo general se resolverá mediante la rendición del oponente desfavorecido numéricamente y, consecuentemente, con la sujeción del vencido al vencedor, quien determinará en que condiciones de rigor carcelario (encierro) vivirá el vencido, qué comerá, con quién podrá comunicarse, e incluso quién deberá eventualmente ser fusilado y quién no.

Volviendo al caso de los desocupados, excluidos y marginados, cuando una sociedad considere que una parte de ella ya no será útil al conjunto, cuando se desinteresa de la suerte futura de una parte de su propio cuerpo, cuando acepta tirarles unos pocos pesos para que coman hasta que les alcance, estará aniquilando a un sector.

Para los aniquilados sociales no habrá timbres que tocar, ni trabajos disponibles que permitan aspirar a otra realidad, y se irá configurando una situación de encierro en la que el vencedor incluso definirá la caracterización del vencido: será vago, será peligroso, será delincuente cierto o potencial,... se le tendrá miedo, el miedo provocará la bronca de unos hacia otros y más miedo. Bronca, miedo y deslegitimación social inhibirán las posibilidades de diálogo, comprensión y soluciones. Para los que vivieron la Argentina de la última década reconocer esta descripción no será muy costoso.

Horacio Guaraní, notable cantautor nacional, quizás refiriéndose a situaciones argentinas anteriores, pero en alguna medida similar, compuso una canción en la que el "encerrado" le dice a su "guardián", "estamos prisioneros carcelero... yo de estos barrotes, tú del miedo".

Le voy a dar una clave. Toty Flores, principal referente del movimiento de desocupados que propone este libro, inicia la obra con una frase dedicatoria que quizás sirva mucho más que este prólogo para explicar por qué motivo este grupo de "encerrados" encontró puertas que nadie veía, "A mi madre Florencia Flores, que me educó para vivir sin resentimientos".

Casi a la misma hora en que redacto estas líneas está por comenzar en Buenos Aires el Foro Internacional sobre el Nexo entre Políticas y Ciencias Sociales". Una de sus figuras, el Ministro de Educación Argentino Daniel Filmus, propone a su desarrollo recoger un concepto de Bourdieu "creo que todo el mundo saldría ganando si la lógica de la vida intelectual, la de la argumentación y la refutación, se extendiera a la vida pública".

El Foro anuncia además que se propone "el ideal de llevar a la práctica aquella teoría que se teje en las aulas".

Sin ánimo de cuestionar los postulados del Foro, sino todo lo contrario, digo que el texto de este libro demuestra haber avanzado mucho más aún. Sus actores no sólo convocaron a pensadores, intelectuales y académicos para conocer las visiones, percepciones y recomendaciones que esos ámbitos inicialmente lejanos pudieran proveerles, sino que amablemente y casi sin proponérselo, también lograron influirlos con su accionar, facilitando llevar a las aulas la práctica que se teje en estos segmentos de nuestra sociedad.

Estoy absolutamente seguro de que este movimiento de desocupados está más de acuerdo con Bourdieu, en cuanto a extender la lógica de argumentación y refutación a la vida pública, que con "bajar a la práctica las ideas que se tejen en las aulas". Lo de Bourdieu colaboraría con la idea de transformar al hombre objeto en sujeto; lo otro, "llevar a la práctica lo que se piensa en las aulas" dicho así, no es nuevo, ya ha pasado, y los resultados están a la vista.

Que los intelectuales estén dispuestos a intercambiar opiniones entre sí será siempre necesario, pero a ésta altura parece insuficiente.

Quizás estén faltando mayor cantidad de foros donde intelectuales y actores de la vida real intercambien entre sí, ambos como sujetos de conocimiento, aunque portadores de saberes diferentes.

Sobre esta necesidad de intercambiar distintos saberes, también ya se dieron cuenta los autores del libro.

Los intelectuales, los formadores de opinión, los comunicadores, los analistas de toda ciencia y los dirigentes políticos, sociales, gremiales, religiosas y empresarios de nuestro país ya hemos errado mucho, sobre muchos y por mucho tiempo.

Una deuda de u$s 150.000 millones, en el mismo acto del empobrecimiento moral, psíquico y material del 60% de la población, denuncia a las claras tanto la magnitud como la matriz del horror.

La dirigencia argentina funciona con códigos de autosatisfacción intelectual que en muchos casos tienen muy poco o nada que ver con la realidad. Afirmamos, por ejemplo, que hoy en día se ha reducido la pobreza a cifra menor del 40% de la población. Ese es sólo el resultado que proveen nuestras convenciones. Hemos convenido que ser pobre es igual a no ganar $ 845 por mes (para familia tipo) y de los datos surge que alrededor de un 38% de la sociedad no alcanzaría esa cifra. Si esto fuera en la realidad como lo es en las estadísticas y convenciones, las familias donde ingresan $ 846 no serían pobres. Para el Estado es así, pero los que ganan $846, o $ 900, o $1.000... no experimentan el menor indicio de haber dejado de ser pobres. La diferencia entre los pobres "estadísticos" y los pobres "reales" es muy significativa. Sobre todo si se considera que la pobreza no sólo se constituye por no tener dinero, sino, aún teniéndolo, también por estar "encerrado", por no tener margen para aspirar a vivir de manera diferente a la que se vive.

De esto también, como verá a lo largo del texto, ya se han dado cuenta los autores.

He leído los originales de éste libro una docena de veces. He descubierto en ellos frases, actitudes, posturas, planes, adhesiones y concreciones sorprendentes.

He subrayado un centenar de frases conmovedoras por su claridad, por su sensibilidad, por su profundidad, o por su precisión. No quiero anticipárselas. No quiero quitarle de antemano esa sensación que se produce cuando, al toparse con ellas, uno baja el libro y se rinde a la lucidez.

Un solo consejo. Préstele atención a la fecha en que ha sido escrito cada capítulo. En ese detalle encontrará la velocidad evolutiva de los referentes del MTD La Matanza.

No puedo concluir estas líneas sin reconocer la magnitud del aporte realizado por los distintos autores que contribuyen a esta obra como externos al Movimiento. Me refiero no solo a su calidad interpretativa, con seguridad enseguida lo concluirá. Mas importante aún, rescato de ellos el valor de jugarse, de poner el nombre y el "prestigio" hombro a hombro con los supuestamente excluidos, y por qué no decirlo, con los (para muchos) en algún punto "indeseables". Eso tiene para mí un enorme valor, y es quizás una de las llaves de la solución: el compromiso con el otro.

Sabrá usted que el MTD La Matanza rechazó los subsidios y los "planes sociales" por considerarlos herramientas de dominación y domesticación. Rechazaron el dinero que los institucionalizaría en el lugar de pobres sin más destino que el mendrugo estatal. Soportaron el hambre, y se reinventaron de la mano de muchos que todavía no han perdido la vergüenza.

Veo ahí una discusión apasionante: la relación entre saciedad y sociedad. Temo que los sectores a los que pertenecemos quienes "interpretamos a la sociedad" hayamos dirimido esa discusión en favor de nuestra saciedad y en contra de un diseño armónico de sociedad. Temo, en detrimento de nuestra propia lucidez, que este grupo de hombres y mujeres considerados "inservibles para el proyecto del progreso global" hayan optado al revés.

Si después de leer éste libro usted tuviera la misma sensación que yo, si creyera que a lo largo de sus páginas pudo encontrar algo que no sabía, o definir con palabras ajustadas algo que intuía; si termina concluyendo que es más importante encontrarnos en la dimensión humana del problema que en alguna de sus categorizaciones ideológicas, entonces se habrá avanzado. Se le habrá ganado una pequeña batalla a la propuesta de "el hombre contra el hombre".

Otra pequeña clave: al leer estas las páginas ponga atención a las personas e instituciones nombradas en este libro advertirá claramente la matriz del plan que llevaron a cabo estos "encerrados": "se habla con todos, se aprende de todos, nos presentamos a todos, no permitimos condicionamientos, agradecemos todo, reconocemos a todos".

En un país en el que "los dueños de la verdad", llegan muy alto, en el que las máximas autoridades no suelen sentir necesidad de consultar a nadie, quizás rémora del pensamiento autoritario militar que tanta huella ha dejado en todos los sectores, el modelo del MTD La Matanza es sorprendente. La experiencia de este grupo hasta podría permitir suponer que, desde su práctica, hay salidas que la teoría aún no captura.

No hará ninguna falta estar de acuerdo con todo, eso me pasa incluso a mí mismo. Como ellos mismos dicen "en ningún lugar está escrito que estamos condenados inexorablemente". Sólo hace falta pensar en qué es lo que podemos aportar para que el modelo social, económico y cultural perverso que hemos construido no termine con el anhelo de paz y armonía que emerge de la enorme mayoría de nuestra sociedad.

Jorge Giacobbe

CUANDO CON OTROS, SOMOS NOSOTROS

TOTY FLORES*

*A mi madre Florencia Flores, que con su amor
me enseñó a vivir sin resentimientos.*

*A Félix "Pibe" Rico que supo inculcarme desde chico, en mi
Entre Ríos natal, la importancia del trabajo y la dignidad
como determinantes de la transformación social.*

A modo de presentación

En la mañana del domingo 26 de septiembre de 2004, llegó una carta a la vieja escuela hoy reciclada por los integrantes del Movimiento de Trabajadores Desocupados. En esa escuela, situada en el barrio La Juanita, partido de La Matanza, Provincia de Buenos Aires, funcionan hoy la Cooperativa La Juanita y el CEFoCC. Dicha carta, procedente de Andalgalá, Catamarca, nos fue entregada por dos uruguayos que habíamos conocido en el "Foro de Acá", que algunos meses antes se realizara en Montevideo. El remitente era Jesús Rubén Cardozo, un maestro rural catamarqueño, quien enterado de que estos uruguayos pasarían por Buenos Aires, les encargó que nos trajeran el sobre con algunas líneas y un cassete grabado de su programa de radio, que se emitía por Radio Comunitaria del Libertador. En la emisión radiofónica, Cardozo contaba que hacía unos días había escuchado una nota que Miguel Claria me había hecho en su programa de "radio Cadena 3" de Córdoba, con comentarios sobre la postura del MTD La Matanza, relacionada con la no aceptación de los planes asistenciales (denominados en sus comienzos "Planes trabajar", y que hoy lucen el pomposo nombre de "Plan Jefes y Jefas de Hogares Des-

---

* **TOTY FLORES**: Nació en San José de Feliciano en la Provincia de Entre Ríos el 8 de diciembre de 1953 / Trabajo desde muy chico vendiendo diarios y revistas hasta que emigra a Buenos Aires / Trabajó de operario metalúrgico donde aprendió el oficio de tornero / Autor de "De la culpa a la autogestión" / Integrante del Movimiento de Trabajadores Desocupados –MTD– desde sus comienzos / Fundador del CEFoCC y gerente de la Cooperativa "Barrio La Juanita" / Integro el consejo asesor de "Poder Ciudadano" / Participó en el Departamento de Cooperativismo del Centro Cultural de la Cooperacion / Socio honorario de "Democracia Participativa" / Integrante del consejo asesor de "Interrupción" / Socio de la Fundación Avina / Disertante en Foros y Encuentros en las principales facultades del país.

ocupados"), con la tesonera posición hacia la recuperación de la cultura del trabajo que sostenemos desde hace varios años, con nuestros emprendimientos autogestionados y con el proyecto educativo que ya entonces habíamos empezado a desarrollar en el Barrio La Juanita, con miras a construir una escuela primaria donde los valores de la cooperación, la solidaridad y la defensa de la vida estuvieran por encima de cualquier otro valor. Para él, todas estas posturas nos definían como distintos respecto de los demás grupos de movimientos "piqueteros" de los cuales formamos parte. Rubén (Cardozo) se refería también a la importancia del encuentro y del intercambio de experiencias que tuvimos ese año en la "Coopi", la Cooperativa Integral de Villa Carlos Paz, Córdoba, durante el XIº Encuentro Latinoamericano de la Cooperación, realizado en esa ciudad. Para él, evidentemente fue muy significativo, ya que certificó que no estaba solo en la lucha por un proyecto educativo distinto, en el cual los niños, desde muy chicos, fueran creando las condiciones necesarias para construirse como sujetos, que pudieran acceder a la oportunidad y posibilidad de transformar la realidad y erigirse finalmente en ciudadanos libres. Esto, y el darse cuenta de que no estaba solo, le proporcionó el impulso suficiente para seguir luchando —según sus propias palabras— y así lo trasmitía a sus oyentes.

Nosotros, por aquella fecha, estábamos proyectando éste, nuestro tercer libro que editado por *"MTD Editora"*, relataría la experiencia recogida en los emprendimientos productivos que estábamos desarrollando con muchas dificultades, en la idea de que quizás sirviera para que otros no sufrieran tan dramáticamente la incertidumbre que se padece frente a los emprendimientos que se ejecutan desde situaciones de extrema debilidad. Queríamos que este libro fuera un canto a la esperanza, un testimonio afirmativo de que es posible volver de la marginación y la exclusión dispuesta por otros.

Al leer la carta del maestro rural, y luego de escuchar el programa de radio grabado y enviado a través de los uruguayos, nos dimos cuenta de que hablar solamente de nosotros no tenía demasiado sentido; que probablemente fuera mejor dar cuenta de las situaciones que acontecen cuando nos juntamos con otros, de la importancia de un *nosotros* mucho más amplio que la simple experiencia propia del MTD La Matanza, que por importante que fuera, no alcanza para interpretar acabadamente las circunstancias de lo que nos toca vivir a la enorme cantidad de desocupados argentinos. A partir de esto, e investigando más profundamente, nos dimos cuenta de que en realidad esta forma de construir, *siempre asociándonos con otros,* era la impronta de toda nuestra historia como movimiento social. Así nació la idea que hoy estamos plasmando en este libro. Todo surgió a partir de una audición de radio en la que el conductor del programa, un excelente comunicador social, reflejaba las opiniones y sentimientos que le provocaban nuestro accionar y nuestra forma de lucha. Varios factores confluyeron: la inquietud social y periodística de un maestro rural de quien nos separan más de mil kilómetros de distancia; dos uruguayos solidarios que se ofrecieron como puente para acercarnos el material, y un movimiento como el nuestro que es conciente de la importancia de la comunicación en un mundo globalizado. Luego, el agregado de amigos comprometidos, que no dudaron un instante en aportar sus experiencias escribiendo para llevar a cabo esta obra; de organizaciones solidarias como la Fundación Avina, que nos ofreció el financiamiento de este tercer libro sin pretender que se cambiara una coma sobre lo escrito... Estaban en la mesa los ingredientes necesarios para ponerse a trabajar. Así de simple y así de complejo.

Con relación a la salida de la crisis, Carlos March, en su capítulo de este libro dice: "frente al grado de deterioro social que vive la Argentina, nadie es tan fuerte como para hacerlo solo, pero nadie es tan débil como para no ayudar". Es en este sentido que nos proponemos aportar (con esta compilación) desde nuestra propia experiencia, a la construcción de un *nosotros* diferente, colectivo, solidario, cooperativo, incluyente, integrador, que derrote para siempre los proyectos maliciosos de marginalidad y exclusión destructores de la condición humana, que fueran llevados a su máxima expresión durante la década pasada en nuestro país. Y que como demostración de lo contrario al discurso del "único mundo posible" pueda constituirse una sociedad distinta, donde los valores de la vida cabalguen por encima de cualquier otro valor. Para ese enorme cometido nosotros ya supimos reconocer que hay muchos grupos de personas que tenemos sentimientos parecidos y que, en la mayoría de las ocasiones, el problema del desencuentro radica en que no sabemos romper nuestros propios prejuicios para llegar a conocernos y establecer puentes para el diálogo y la cooperación. Estoy seguro, podemos marchar hacia una sociedad heterogénea que reconozca sus diferencias e incluso sus contradicciones, pero que al mismo tiempo constituya el puntapié inicial de una humanidad distinta, transformadora. En ese sentido, y siendo concientes de la amplitud de la tarea, aclaramos que no pretendemos ser demasiado ambiciosos, sino simplemente dar cuenta del *cuando con otros, somos nosotros*.

Con este fin, mi participación será mucho más simple que la de los amigos que me acompañan enriqueciendo esta obra Ellos lo hacen desde la búsqueda de conceptualizar nuestro hacer; lo mío será contar los hechos que considero relevantes en la práctica de nuestra construcción *con otros*: las razones que nos impulsaron a recorrer este camino, cómo nos posicionamos ante cada uno de los hechos que nos tocó vivir, las dificultades para enfrentar prejuicios que paralizan, la cuestión de la confianza como argamasa que une lo que arbitrariamente está desunido, los conflictos, las pasiones, los miedos. Todas estas cuestiones, pasadas por el cuerpo de personas que no se resignaron a vivir de acuerdo a lo que imponían los centros de poder, sino que buscan, apoyándose en la dignidad como motor del cambio, mejoras en su calidad de vida. Aquí estamos entonces, visto que no está escrito, ni inexorablemente determinado que millones de personas debamos ser condenadas a la miseria y a la marginalidad cuando todavía tenemos intacto nuestro potencial de trabajo, simplemente porque un sistema económico perverso así lo exija en nombre del avance tecnológico y de las transformaciones económicas mundiales, como si estas tuvieran vida propia mas allá de la voluntad de los seres humanos, o como si un cataclismo imparable se desatara sobre nosotros. ¡¡¡No insulten nuestra inteligencia!!! Sabemos, estamos convencidos de que otro mundo es posible. Es sólo cuestión de romper prejuicios, de buscarnos entre quienes pensamos en la dirección de una sociedad distinta, y de encontrarnos en esta lucha que dignifica al hombre. La lucha por vivir de todos los días, por tener proyectos para nosotros y para las generaciones venideras, por no dejarnos ganar por el desconsuelo y por sostener la esperanza de que todavía es posible, *siempre con otros,* ganar en la disputa por construir una comunidad donde la dignidad humana cabalgue briosa por sobre todas las cosas.

Un poco de historia

No es la intención del compilador desarrollar la corta historia del MTD La Matanza, ya que Mariel Fitz Patrick lo hace maravillosamente en un capítulo titulado: "Para superar la cultura de la sobrevivencia", que le pidiéremos "prestado" especialmente para esta obra. El capítulo citado fue preparado para el libro del periodista Martín Di Natale "El festival de la pobreza", a quien le agradecemos profundamente la gentileza de permitir que forme parte de esta obra, ya que cuando lo leímos nos pareció que contenía fielmente muchos de los hechos más destacados de nuestra historia reciente.

De lo que sí me quiero ocupar es de nuestros antecedentes históricos. En ellos nos referenciamos para la construcción de un movimiento social tan particular.

Siempre señalamos que nuestros referentes más auténticos fueron los luchadores de principios del siglo XX, entre ellos muchos inmigrantes que escribieron páginas de gloria en la lucha por sus ideales, con la dignidad de los que arriesgan hasta la vida por defender sus convicciones, como lo fueron los héroes de la Patagonia Rebelde o de la Semana Trágica, que dieran origen a las primeras organizaciones de trabajadores en la Argentina. También los obreros que en la década del 50 protagonizaran el proceso de resistencia a los proyectos de dominación que llegaban desde los centros imperiales y que se dieran en llamar la Resistencia Peronista. Tampoco podemos obviar el recuerdo de esa vanguardia obrero-estudiantil de la década del 60, que influenciada por el Mayo Francés protagonizara esa auténtica rebelión popular conocida como el Cordobazo. Nunca dejaremos de señalar que también son nuestros referentes históricos aquellos hermanos que cayeron en la década del 70, y los treinta mil que desaparecieron por oponerse a la nefasta dictadura militar, seguramente el antecedente más infamante para la irrupción del neoliberalismo en la Argentina. Más cercano en el tiempo, y luego nos extenderemos un poco más contando nuestra relación con ellas, se encuentran nuestras benditas Madres de Plaza de Mayo; el monumento más extraordinario a la dignidad humana que la lucha social del siglo pasado pudiera presentar. También lo son los hermanos de los pueblos originarios de esta parte de América, que resistieron más de quinientos años de genocidio. Igualmente importantes fueron, como punto de referencia para nuestra construcción, los pueblos del mundo que resistieron al genocidio fascista durante el Holocausto. Y más cercanos geográficamente, los movimientos sociales latinoamericanos, como el Movimiento de los Trabajadores Rurales Sin Tierra —MST— de Brasil, y el movimiento generado por la lucha de las comunidades Chiapanecas, en México, que dieran origen al Ejército Zapatista de Liberación Nacional (EZLN) del cual el legendario Sub. Comandante Marcos es su mítico líder. Como no somos dogmáticos, a veces aparecen hasta contradictorios nuestros referentes históricos, seguramente signo de esta época de incertidumbre. Pero, precisamente a estas contradicciones les encontramos su explicación en que las mutaciones estructurales ocurridas en el mundo a partir de la caída del Muro de Berlín y el vacío dejado por la teoría política y la práctica transformadora de otros tiempos, dieron paso a las nuevas construcciones que necesitaban de un *nosotros* distinto, en una mezcla confusa de pragmatismo e idealismo que llamara tanto la atención al antropólogo inglés Dennis Rodgers, quien desarrolla su pensamiento en un capítulo denominado "Son como esponjas" que refiere a "un sincretismo original" en el MTD La Matanza.

Otra cuestión objetiva a destacar tiene que ver con la composición social que diera origen a los movimientos rebeldes y contestatarios que enfrentaron al neoliberalismo en la Argentina. Estos movimientos sociales no nacieron de una clase social homogénea, uniforme, llena de pujanza y con vitalidad creadora, sino todo lo contrario. El nuestro forma parte de un conjunto de movimientos que vinieron a dar respuesta al período de descomposición más degradante de la historia de la humanidad. Nos tocó vivir la etapa del capitalismo más ignominioso, más despreciable, deshumanizado y siniestro que jamás cualquiera hubiera imaginado. En el capítulo titulado "El arte de la transformación social", que escribí para el libro "El documental en Movimiento" del Movimiento de Documentalistas (y que también agregamos en este libro), describo con lujo de detalles cuales fueron, a mi entender, los sectores sociales que verdaderamente enfrentaron (con ollas populares, cortes de rutas, toma de edificios públicos, puebladas etc.), y resistieron los planes de sometimiento del neoliberalismo en nuestro país. "Desde lo más bajo de la sociedad, desde las alcantarillas", como diría el poeta Demetrio Iramain, "se congregan trabajadores desocupados, metalúrgicos, albañiles, mecánicos, herreros, trabajadores del Estado, oficinistas, docentes, enfermeras, médicos, mujeres con sus niños venidas desde los barrios más pobres, junto con travestis, chorros, prostitutas, drogones, borrachos, vendedores ambulantes y jóvenes estudiantes sin futuro, conformando el elenco estable de la nueva obra". Esta composición social explica los problemas, las enormes dificultades, que tuvimos y tenemos las organizaciones para encontrar puntos de unidad y transitar sin conflictos internos la etapa de recomposición. Quizá a muchos no les satisfaga que no fueran los sectores obreros organizados los que dieran esta batalla, o que las clases medias cultas, con su bagaje de herramientas, faltaran a la cita. Este hecho real y objetivo, seguramente negó la posibilidad de que hoy estuviéramos en mejores condiciones para recuperar la cultura del trabajo y la educación como elementos indispensables para la transformación social. Lamentablemente la historia nos jugó una mala pasada, y los marginados, los "excluidos", los que venimos de las "alcantarillas", tuvimos que asumir la responsabilidad histórica de luchar en condiciones totalmente desiguales por defender nuestra dignidad.

Los comienzos

A mediados de los años noventa, trabajadores que habían construido sus vidas alrededor del trabajo, de pronto y sin que nadie les avisara, se quedaron en la calle y declarados inútiles. Su capacidad de trabajo, la misma que había engrandecido a nuestro país, ya no era necesaria. Las fábricas se cerraban. Millones de paraguas y llaveros importados inundaban el mercado, y millones de ciudadanos sin futuro serían, a partir de allí, el "costo social necesario para ingresar al primer mundo", según explicaban públicamente y sin ponerse colorados economistas de todo pelaje. El Estado era asaltado por un grupo de mafiosos sin escrúpulos, y la sociedad con sus miedos, sus vacilaciones, y una enorme confusión, y especulando solamente con lo que indicaba la coyuntura, perdió el rumbo estratégico y presenció sin respuesta el desguace de la Nación. En las elecciones, las víctimas reelegían a sus propios verdugos detrás de la ilusión de la estabilidad y para no perder los bienes materiales que habían acumulado mediante créditos dolarizados. Daba la impresión de que con tal de acceder a los espejitos de colores del consumismo global estaban dispuestos a perder la dignidad. Y la dignidad se perdió.

En medio de esa situación y luchando contra ella, surgen los movimientos de desocupados, o movimientos "piqueteros", como más tarde los denominaría la prensa. Nosotros somos parte de ese movimiento que surgió así, en aquella realidad.

Abandonados por el Estado, injuriados por los gobernantes que nos acusaban de vagos, categorizados como "lúmpenes" por quienes recitaban los viejos manuales teóricos de la izquierda, y con los sindicatos preocupados por reconvertirse y buscar con quien negociar para seguir manteniendo sus privilegios de casta.

Como se verá, no era fácil el camino a recorrer para reencontrar la esperanza.

Corría el año 1995, la democracia formal estaba consolidada, pero un proyecto genocida estaba en marcha. Afortunadamente, al igual que en la época de la dictadura, allí estaban ellas, las del pañuelo blanco, las Madres de Plaza de Mayo.

La marcha de los jueves alrededor de la pirámide de la Plaza de Mayo será un símbolo para el mundo sobre la historia reciente de esta Argentina desgarradoramente injusta, totalitaria y excluyente. Cuando en el MTD nos dimos cuenta de que estábamos solos, muy solos, allí fuimos a buscar refugio. Y las Madres nos cobijaron.

Con las Madres de Plaza de Mayo y el Instituto Movilizador de Fondos Cooperativos (IMFC)

El 1° de mayo de 1996, compartimos con otros grupos y organizaciones el lanzamiento del Movimiento de Trabajadores Desocupados –MTD- y allí conocimos a Nora Cortiñas, referente de la Línea Fundadora de las Madres. Más tarde, y por un hecho desgraciado, (matones de Alberto Pierri y de Eduardo Duhalde habían patoteado a compañeros de una olla popular), nos acercamos a la otra línea, la Asociación Madres de Plaza de Mayo, de la que Hebe de Bonafini es presidenta.

Con ellas comenzamos el tránsito más importante y fundante de nuestra organización. De ellas aprendimos que "la única lucha que se pierde es la que se abandona"; que la lucha por la dignidad no tiene precio, aprendimos a ser coherentes entre el pensar, el decir y el hacer, y que el miedo es una cárcel sin rejas. Miles de anécdotas vienen a mi memoria cuando cuento nuestra relación con las Madres, y se me hace difícil ordenarlas para darles la importancia que tuvieron en nuestra construcción. Me detendré en dos momentos, porque pienso que están relacionados. Creo que fue en marzo de 1997, luego de una gran actividad en la Plaza de Mayo por un nuevo aniversario del golpe militar del 76, y como reconocimiento a nuestro movimiento por la actividad desplegada, Hebe invitó a una importante cantidad de militantes a un locro que cocinaría especialmente para nosotros. Esa noche descubrí a la mujer sencilla, espontánea, sincera, alegre y transgresora que es Hebe de Bonafini, que actúa de mala, de dura, y de inflexible más por que la vida la ha empujado a jugar ese rol, que por decisión propia, creo. Esa noche nos contó sus entrevistas con presidentes y personalidades de todo el mundo, y sus andanzas por los palacios imperiales transgrediendo permanentemente las normas del protocolo. También de sus conversaciones con Fidel Castro, o su emoción por estar sentada junto al Sub. Comandante Marcos, en la selva Lacandona; sus caminatas por los asentamientos de los Sin Tierra, en Brasil, y por supuesto no pudimos dejar de preguntarle por su lucha contra la dictadura. Nos describió las primeras marchas en la plaza, sus miedos, sus sueños. Nos permitió que tomáramos un buen vino que compartió con nosotros. Hasta que en un momento de la plática disparó un par de preguntas, certera como es ella, que taladran nuestras cabezas desde entonces, "muchachos: después de los cortes de rutas y de las ollas populares ¿qué dejarán como enseñanza a sus hijos? ¿Les dirán que todas las semanas tendrán que acampar frente a algún municipio para pedir comida a cambio de favores para algún puntero político? ¿Seguirán pidiéndoles trabajo a quienes no lo dan porque hoy ya no los necesitan?".

Esa noche éramos sus invitados y ellas no permitieron siquiera que las ayudáramos a retirar los platos de la mesa. Eran nuestras madres, que habían invitado a sus hijos para expresarse con palabras importantes, nos explicábamos al otro día.

En aquel momento, el honor de haber sido invitados a la casa de las Madres a compartir una cena con ellas nos produjo un formidable placer; un placer tan significativo que no nos permitió aquilatar debidamente la importancia que ese encuentro tendría para la construcción de nuestra identidad.

Hoy sabemos que, cada vez que declaramos que la "lucha por la defensa de la propia dignidad fue y es la razón de ser de nuestro movimiento", mucho tuvo que ver aquella cena.

La otra cara. En noviembre de ese mismo año nos tocó organizar el tercero de los encuentros de los movimientos de trabajadores desocupados, que ya se venían llevando a cabo por iniciativa del "MTD Teresa Rodríguez", de Florencio Varela (luego se llamaría MTR), en Isidro Casanova, Partido de La Matanza. Las Madres nos habían apoyado con toda su infraestructura para realizarlo, ofreciendo sus teléfonos para comunicarnos con el interior del país, la imprenta para imprimir los materiales gráficos, sus contactos etc., "apadrinando", de alguna manera, el encuentro. Salta y Cutral-Co, con sus fuegos combativos, habían logrado la "visibilización" de los desocupados, y las primeras respuestas focalizadas de un Estado perverso comenzaban a llegar a través de los "Planes Trabajar". Nosotros, en ese encuentro, lanzamos la consigna "Por Tierra, Trabajo y Libertad, ni un paso atrás", como una manera de debatir salidas estratégicas para el conjunto de los desocupados, siguiendo el ejemplo de los compañeros del MST brasileño. Pero la amplia mayoría de los presentes, optó por los "Planes Trabajar", y desde esa decisión –según creo– los movimientos de desocupados, autónomos hasta ese momento, perdimos una enorme posibilidad de discutir con independencia cual era la salida estratégica para resurgir desde la situación de catástrofe al que estaban llevando al país los gobernantes.

El jueves siguiente, como todos los jueves, luego de la marcha en Plaza de Mayo, nos llegamos a la casa de Hipólito Yrigoyen 1552, donde siempre manteníamos una charla con Hebe antes de volver al barrio. Ese jueves queríamos contarle como había resultado el encuentro. Esteban Vera y su esposa Teresa comenzaron señalando la importancia que había tenido para nosotros haberlo organizado, el enorme esfuerzo que había significado lograr la presencia de representantes de casi todas las provincias que habían participado de alguna lucha, el gran trabajo previo en las universidades, etc. De pronto ella, impaciente, preguntó "díganme ¿qué se resolvió?". Cuando uno de los compañeros se animó a contestar y a explicar que el encuentro se había dividido entre dos posiciones, y que la mayoría había aceptado la política de negociar bolsas de comida y "planes trabajar" con las autoridades de turno, se levantó enojada y antes de dar un portazo y retirarse señaló: "entonces no sirvió para una mierda". Y se fue. Perplejidad, estupor, bronca, dolor, sufrimiento, eran las sensaciones que se expresaban en cada rostro de los que allí estábamos y que también reflejaban el cuerpo y el alma de nuestros compañeros. Algunos, muy enojados, nunca volvieron para hacer la vista de todos los jueves en la casa de las Madres; otros seguimos yendo, y participando durante los años siguientes en las actividades para organizar las Marchas de la Resistencia, o los recitales de rock, y lo más importante, contribuimos sin vacilaciones a la apertura de la librería, y luego a la creación de la Universidad Popular de las Madres, comprometiendo todas nuestras fuerzas militantes. Nunca hablamos nuevamente con Hebe sobre el balance de aquel encuentro.

¿Qué explicación encontramos hoy, a la distancia, a semejante reacción? Nadie duda de que Hebe Bonafini sea una gran intuitiva, ni de que muchas veces nos señaló cuestiones que otros no podían ver. Seguramente, y quizás sin poder explicarlo todavía, había detectado que esa derrota (la sujeción a los "Planes" y a las bolsas de comida) marcaría el irreversible camino hacia la domesticación de los movimientos de desocupados que no pudieron quebrar la lógica del asistencialismo, base de sustentación del degradante *clientelismo político*. Seguro que, instintivamente, pudo darse cuenta primero que nadie, incluso antes que nosotros mismos, de esta derrota en el plano objetivo. Porque seguramente también vio que, respecto de la lucha por la libertad de los sectores más pobres de la sociedad, el clientelismo político es el cáncer que corroe y corrompe cada célula de vida que aparece como trasformadora, degradándola hasta eliminarla. Lo que no vio es que este grupo de desocupados, que habíamos elegido estar junto a ella, también habíamos transitado un doloroso camino de transformaciones, y que la construcción de las Madres, basada en la dignidad y la ética, era nuestro el ejemplo a seguir para no renunciar a la lucha por una vida mejor. Seguramente no evaluó la importancia que le dábamos a la palabra empeñada, al compromiso asumido en los discursos de las Marchas de la Resistencia, más allá de que acordáramos o no en el "qué hacer" de cada momento. Porque ese compromiso público asumido para con nuestros hermanos desaparecidos era un compromiso con nosotros mismos y con nuestros hijos. Y quizás la más importante de las omisiones haya sido que no pudo dimensionar la efectividad de sus propias consignas. Porque este grupo de desocupados se había apropiado de sus consignas cuando aprendió junto a las Madres que "la única lucha que se pierde es la que se abandona" y ya nadie, jamás, nos lo podría sacar de la mente ni del corazón.

También aprendimos de las Madres el don del agradecimiento. Siempre nos decían "hay que agradecer a los que ayudan y también hacerlo público para evitar el chantaje de otros". Esta experiencia fue absolutamente fundante en nuestro *hacer con otros*.

Con ellas también aprendimos que la educación era la base de transformación de la realidad para crecer como sujetos libres. Varios proyectos conjuntos se frustraron, pero nadie nos convencerá de que el tránsito que hicimos junto a las Madres no haya sido importante y maravillosamente mágico para nuestra existencia. También a través de ellas iniciamos nuestro acercamiento al Instituto Movilizador de Fondos Cooperativos (I.M.F.C.). Queríamos revertir la derrota que sufrimos en Villa Palito, en el frustrado intento de una toma de tierras, y nos propusimos hacerlo organizando otro, aunque de manera distinta: la primera tarea debería ser la de formar previamente a los referentes que nos permitirían llevar adelante la tarea. Entonces, nos aconsejaron trabajar con el Instituto de la Cooperación (Idelcoop). Una tarde, Sergio Schoklender, abogado de las Madres, nos presentó a Julio Gambina y a Mario Racket, quien tiempo después sería nuestro capacitador en los primeros pasos hacia un cooperativismo reformulado. Posteriormente a esas reuniones con Mario (Racket) empezamos el difícil camino de la institucionalización de nuestro movimiento. Durísimas discusiones tiñeron nuestra relación con el Instituto (Idelcoop), pero actualmente tenemos que agradecer por la batalla que estos compañeros nos dieran para convencernos de adoptar el formato de cooperativa y, fundamentalmente, para hacernos entender sus principios y sus valores, que hoy sustentamos como forma de vida. Con ellos desarrollamos una publicación que se tituló "Reflexiones sobre la práctica"[1], donde junto al Movimiento de Ocupantes e Inquilinos —MOI— discutimos durante casi un año sobre las formas organizativas que iban tomando los nuevos movimientos sociales. Así, cuando en el año 2001 decidimos ocupar una escuela abandonada en el Barrio La Juanita, donde hoy desarrollamos nuestra propuesta educacional y productiva, ya teníamos un camino recorrido juntos. El IMFC fue la primera institución que decidió ayudarnos en lo que denominamos posteriormente "Proyecto CEFoCC". Es justo y necesario reconocer que Julio Gambina, Mario Racket y Analía Givon, jugaron un rol destacado en la gestión para conseguir que el IMFC comprara el edificio donde hoy funciona nuestro Centro, en La Matanza, y nos lo entregaran posteriormente en comodato. Pero sin lugar a dudas la persona determinante para el curso de nuestra relación con el IMFC, fue Floreal Gorini. Un hombre excepcionalmente joven de pensamiento, y agudo en sus reflexiones. En la primera entrevista que tuvimos escuchó atentamente nuestra ilusión de crear una escuela que pudiera transmitir los valores y principios que el M.T.D. había defendido en su esta batalla desigual contra el neoliberalismo. Posteriormente, en otra conversación con él, adquirí la enseñanza posiblemente más importante respecto del concepto de autonomía que hoy sostengo. Ubicó con absoluta claridad que la autonomía política no tiene nada que ver con la autogestión económica. Que cualquier emprendimiento, e inclusive un país, puede autogestionarse económicamente, pero no es allí donde reside su fortaleza, sino que es la profundidad de su autono-

---

[1] De la Culpa a la Autogestión –MTD Editora, 2002

mía política la que determina su liberación o su dependencia. Reflexionó que la importancia proporcionada a la carrera espacial de la Unión Soviética, en competitividad con los EE.UU. por desarrollar nuevas fuerzas productivas, la habían llevado a abandonar su política de autonomía, cayendo en la trampa mortal del imperialismo, que la había empujado al terreno que mejor domina: la competencia en la economía. Hablamos mucho sobre las empresas de servicios y su necesidad de autogestión, transformándose en cooperativas democráticas con incidencia de los usuarios, que le darían un carácter totalmente distinto a las empresas estatales, y por qué no, al propio Estado. Conversamos sobre la historia de Yugolasvia y de sus posibilidades de desarrollo independiente a partir de la política de autogestión del régimen de Tito. Su visión sobre el mundo me parecía fascinante. Lo paradójico de la situación es que la mejor lección de autonomía, hasta ese momento, me la estaba proporcionando un antiguo militante de las filas estalinistas. Fue alguien que, sin dudas, seguía creyendo en las fuerza transformadora de los trabajadores. Creo que nunca se le pasó por la cabeza que el edificio de la escuela que habían comprado y que nos otorgaron en comodato sirviera para depósito de chatarra humana, por el contrario, siempre demostró su confianza de que en ese lugar albergaría para siempre la ruidosa algarabía de niños insurrectos, creadores, rebeldes e innovadores como él. En los festejos de fin de año, en las movilizaciones contra el ALCA, en los talleres de cooperativismo, siempre se acercaba a saludarnos con una sonrisa y una frase como esta ¿"cómo anda el proyecto de la escuela"? Nos alegraba profundamente: que entendiera y compartiera el objetivo. En cada festejo por algún éxito obtenido en nuestra cooperativa, en cada momento de tristeza por algún traspié, siempre nos acordaremos de este hombre que transitó su existencia defendiendo sus convicciones. Nunca olvidaremos cuando el 26 de enero del 2002, mientras el país se caía a pedazos, se comprometió (en el acto de inauguración de nuestro Centro) a que nos ayudaría para llevar adelante este proyecto, y cumplió. Cosa rara en la Argentina de estos tiempos: cumplir con la palabra.

Igualmente, no todo fueron rosas en la relación con el IMFC. A su departamento de educación le pedimos que nos orientara para desarrollar el proyecto educativo. Posturas internas distintas en relación a la educación de gestión estatal impidieron seguir trabajando juntos. Quizás miradas demasiado conservadoras como para acompañar propuestas que rompían la rutina de la lucha por una única escuela estatal y gratuita hicieron imposible la idea que teníamos de transitar juntos el camino que soñábamos: la creación de una escuela autogestionada. Fue una lástima. Luego, el atraso en el pago de los impuestos a que nos habíamos comprometido puso tensión en las relaciones. La imposibilidad de devolver en tiempo y forma el préstamo que nos habían otorgado para la impresión de nuestro segundo libro fue otro momento difícil, aunque los directivos sabían, y creo que por esa razón fueron contemplativos, que la recaudación producida por nuestra Editorial fue el más fuerte aporte de recurso genuino que nos permitió sostener nuestros proyectos autogestivos y potenciar nuestra autonomía política, para no caer, por vía de la desesperación, en el clientelismo político que en este caso hubiera servido perversamente como justificativo para la claudicación. Sin aquella ayuda material del IMFC, nuestro proyecto, tal cual es hoy, no hubiera sido posible. Sin la demostración de convicción y coherencia revolucionaria que nos diera Floreal Gorini, no hubiéramos tomado el proyecto como una prueba, como una evidencia de confianza en nuestra propia fuerza transformadora para llegar hasta donde hoy estamos.

El Foro Social Mundial y el Proyecto CEFoCC

Hacía varios años que nuestro movimiento venía pergeñando la idea de la educación como herramienta para transformar la realidad. Intentos frustrados por algunas circunstancias ajenas a nosotros no nos desalentaban, por el contrario, nuestra apuesta subía día a día. Nuestro primer intento consistió en organizar una feria de desocupados para ayudar a financiar el proyecto de la Universidad de las Madres, y desde allí, abrir nuestra propia escuela en La Matanza. No fue posible, pero la semilla estaba plantada. Nos acercamos a la educación popular como estrategia para abrevar en la experiencia de los grupos que empezaban a tener como rumbo el desarrollo de una herramienta penetrante, como es la educación, que sostuviera la posibilidad de transformar la realidad. Y el viejo Centro de la calle Del Tejar supo de cursos y reuniones que apuntaban en ese sentido. Pero sin lugar a dudas, fue la experiencia del Primer Foro Social Mundial de Porto Alegre la que determinó el viraje estratégico hacia una nueva manera de construir en nuestro movimiento. Allí advertimos que la desocupación era un problema mundial. Allí nos percatamos de eso, y allí tomamos conciencia de que la respuesta debíamos darla en la disputa estratégica, y no estar corriendo detrás de la coyuntura para solucionar solamente los problemas del día a día. Allí nos dimos cuenta también de que otro mundo era posible si actuábamos buscando la solución de los problemas, asociándonos con otros. No cayendo en la trampa de buscar solamente a otros iguales para repetir lo que ya se estaba haciendo, sino transitar el duro camino de la tolerancia hacia lo distinto. Allí comenzamos a pensar que la diferencia no debe ser un obstáculo, sino una práctica y un tránsito que potencia las posibilidades, como aprendimos en las cortas estadías de cada encuentro que se lleva a cabo en Brasil.

El 1° de enero del 2001, hablamos con nuestros amigos sobre nuestra decisión de retirarnos de la construcción de la Universidad Popular de las Madres para volver a nuestro barrio a desarrollar un trabajo territorial integrador, ya que intuíamos que por ahí pasaba la reconstrucción de los lazos sociales perdidos en la década de neoliberalismo. Difícil de entender esta decisión. Abandonar la protección de un lugar prestigioso y decidir disputar un territorio donde predomina el punterismo como forma de construcción política no era fácil de sostener. Tanto no lo era, que el asombro y la incredulidad que se reflejaban en la cara de Demetrio Iramain el día que le mostramos la escuela que queríamos tomar no se puede explicar. El mismo describe esas impresiones en un capítulo de este libro. La decisión estaba tomada, y fue sin dudas el Foro Social Mundial quien definió que era el momento adecuado para iniciar el camino de lucha desde donde se producen los cambios culturales. Volvimos del Foro Social Mundial cargados de nuevos conceptos. En sus talleres, las "oficinas" como se dice en portugués, aprendimos de los "transgénicos", de la importancia del ALCA como proyecto de dominación, del espacio de la cultura como campo de batalla donde se define quién tiene la hegemonía. A partir de esa experiencia le encomendamos a nuestra compañera Soledad Bordegaray la tarea de redactar lo que denominamos luego el "Proyecto CEFoCC".

A comienzos del significativo año 2001 el hambre se profundizaba en la Argentina y las organizaciones de "piqueteros" que construían su espacio político–social por medio de "planes asistenciales" crecían como hongos. Asambleas de hasta dos mil compañeros en la vieja escuela amarilla de la Corriente Clasista y Combativa —CCC—, eran la muestra más palpable. Para nuestro movimiento es el momento más difícil. El viraje que habíamos tomado el 1° de enero tuvo su costo. En las reuniones del núcleo interno quedamos sólo seis compañeros. ¿Cómo resolver la contradicción entre las cada vez más fuertes movilizaciones y la carencia de estrategias independientes del poder? Ese tema empezó a ser nuestra obsesión. El Foro de Brasil nos había mostrado una realidad totalmente distinta de la que acontecía por estos lados. La Argentina no podía ser ajena a este proceso regional. Estaba llegando tarde, pero el proceso de quiebre, de ruptura con el neoliberalismo se olfateaba, se palpaba. Con el análisis del proceso de Latinoamérica como fundamento teórico, y cuando nuestro movimiento contaba solamente con seis militantes, decidimos "iniciar la ofensiva", como decíamos para darnos ánimos, poniendo en marcha el "proyecto CEFoCC". Resolvimos presentarlo en sociedad en abril, en el marco de las "Jornadas contra el ALCA". El eje del proyecto radicaba en la necesidad de construir una cultura comunitaria de signo opuesto a la cultura individualista que había penetrado en todos los sectores sociales con el advenimiento del neoliberalismo. La tarea: reconstruir los lazos sociales a través del trabajo y la educación. La orientación: hacer un fuerte trabajo de base disputando territorios a las prácticas del clientelismo político que ya teníamos detectado como fuente indiscutible de nuestros males. Definimos al barrio como centro de experimentación y elegimos La Juanita, fundamentalmente por su historia de lucha, pero también porque fue el terreno hacia donde nos habíamos replegado en nuestro retroceso y era el lugar de residencia de varios militantes. El primer paso: hacer conocer el proyecto. Aprovechando la campaña contra el ALCA fuimos a las facultades y nos dimos cuenta de lo difícil que sería. Creyendo que en los claustros universitarios era donde más conocimientos tendrían sobre la cuestión, centramos la campaña en ellos. Nos llevamos un chasco. El ALCA era tema desconocido. Casi nadie tenía conciencia de lo que significaría esta política de anexión del imperialismo yanqui. El segundo objetivo que fijamos, juntar fondos para financiar la "movida". Contradictoriamente con lo que podría suponerse, el proyecto CEFoCC y la campaña contra el ALCA nos brindaron fuertes ejes de discusión que motivaron a antiguos compañeros, y logramos reunir a una treintena de militantes para sostener por tres días consecutivos en las calles de la Capital Federal la agitación contraria a la cumbre de ministros que se llevaría a cabo. El taller de serigrafía aportaba doscientas remeras con una estampa que decía: "ALCA, no pasarán", que lucimos orgullosos durante esas jornadas de Abril. Soledad Bordegaray y Matías Reck invirtieron sus últimos ahorros para poner en marcha el proyecto de "MTD Editora", que publicó su primer libro titulado "Primer Foro Social Mundial desde los desocupados", y que fuera presentado en la Universidad Popular Madres de Plaza de Mayo. Más de diez mil volantes repartidos y miles de boletines que no se cobraban nos habían desfinanciado, porque nadie aporta para lo que no conoce. La única máquina de coser que me quedaba, de un antiguo taller de marroquinería, fue a parar a una compra-venta, y con eso sostuvimos el pasaje y la comida de los compañeros durante esos días difíciles, espinosos, hasta diríamos poco indicados como para emprender un sueño. A pesar de los inconvenientes, nuestra bandera negra con letras blancas, que nos identifica como trabajadores desocupados, veterana de ollas populares y cortes de rutas, se paseó orgullosa por las calles del centro de Buenos Aires en las "Jornadas contra el ALCA". En la represión frente al Sheraton, en medio de los gases lacrimógenos y las balas de goma de la policía, irrumpió en primera línea, gallarda, orgullosa y altanera, transportada por las manos firmes y decididas de quienes no estábamos dispuestos a claudicar aún en las situaciones más adversas. El 7 de abril presentamos nuestro primer libro en la librería de las Madres. Concurrieron alrededor de cien personas y vendimos más de sesenta ejemplares. Los amigos se enteraron claramente de lo que pretendíamos hacer. Más de diez delegaciones extranjeras se llevaron el proyecto escrito que estaba terminado. El "Proyecto CEFoCC" estaba en marcha. Indudablemente el Foro Social Mundial fue un hito importante para nuestra construcción y Soledad Bordegaray, en este mismo libro, describe con amplitud la importancia que adquirió para "construir un nuevo *nosotros*".

El milagro de la multiplicación de los panes

A mitad del año 2001, más precisamente el 16 de septiembre, entramos en una vieja escuela privada abandonada, que se estaba destruyendo en el barrio La Juanita, y que pertenecía a cuatro maestras que se habían asociado para ponerla en marcha y luego quebraron. El 11 de septiembre, el mismo día de la explosión de las "torres gemelas", tomamos la decisión de ocuparla para preservar lo que quedaba de los edificios del predio hasta que alguien nos ayudara a comprarla. Así fue que veinte compañeros nos instalamos en el predio y empezamos a limpiar ese verdadero basural, "aguantadero" de varios delincuentes del barrio y, como se verá más adelante, no fue tarea fácil mantenerlo. Decidimos entonces que debíamos quedarnos las veinticuatro horas del día, cuidándolo de los intentos de recuperación protagonizado por algunos delincuentes comunes que, indudablemente en complicidad con la policía, ya se habían robado todo: muebles, aberturas, sanitarios y techos de chapa. Más de veinte personas viviendo en el lugar no era lo más aconsejable. Había que planificar los turnos de limpieza y la provisión de comida, que escaseaba día tras día, al tiempo que trabajábamos las cuestiones vinculares para potenciar las fortalezas que nos habían sostenido hasta entonces. Diseñamos un plan financiero con la venta de un bono contribución que fue un absoluto fracaso. Lográbamos muy poco dinero para sostener semejante proyecto. Decidimos racionar todo lo que teníamos, disponiendo algo así como doce pesos para las dos comidas diarias para veinte personas o más. Algunos venían a quedarse con sus chicos, así que se hacía necesario garantizar la leche. Las changas compartidas ya no alcanzaban, la venta de boletines era insuficiente, el libro era nuestra única fuente de ingresos y cada vez que venía alguien a visitarnos apelábamos a nuestras mejores cualidades de vendedores ya que eso significaba la esperanza de seguir sosteniendo el propósito. Sobrevivir en aquellas condiciones era un arte, por lo tanto la creatividad debía estar en el puesto de mando. Todo servía para matar el tiempo y sobrevivir en medio de la crisis más brutal que hubiéramos conocido. Las chicas fabricaban "árboles de la vida", -que consistían en cables retorcidos que terminan en una especie de hojas que semejaban a un árbol-, con pedazos de cables de cobre que todavía se podían conseguir, y decorándolos con restos de sus pinturas de uñas, los embellecían como para que fueran vendibles. Hasta nuestros perros contribuían con los huesos de "caracú" que conseguían de una carnicería cercana, que luego eran transformados en ceniceros con alguna inscripción que decía "Recuerdo del CEFoCC", y que se vendían como souvenir. Esto explica por qué aún hoy, cuando viene alguna visita importante y *"el rata"*, la *"trosca"* o el *"cachuzin"*, nuestros animales, se sientan en alguna silla preparada para la visita, nadie se atreve a echarlos, ya que siempre sobrevuela el recuerdo de aquellos días difíciles que compartimos. Para nosotros no hay peor sentimiento que ser ingrato con quienes nos acompañaron en los momentos dificultosos.

En noviembre del 2001, por pedido de algunos vecinos que venían al CEFoCC, decidimos empezar a elaborar pan. Conseguimos dinero y compramos tres bolsas de harina y casi todos los elementos como para empezar. El horno de barro se construyó entre todos y también se consiguió, donado por una vecina, un horno pizzero. Hugo, antiguo trabajador de panaderías, se transformó en el líder de este emprendimiento. Venía de duras batallas contra el alcoholismo que habían hecho estragos en su capacidad de hombre libre, aunque en este momento estaba decidido a intentar de nuevo, dispuesto a ganarle la partida a sus propias debilidades. Nosotros, dispuestos a acompañarlo, invertimos todo lo que teníamos para hacer esta experimentación. La panadería del CEFoCC se puso en marcha. Las medialunas y facturas eran deliciosas. El pan, que era lo que más demandaban los vecinos, no era el fuerte de la panadería en aquella primera etapa ya que Hugo, que era un experimentado panadero, sabía que no era lo más rentable. Ese fin de año preparamos pan dulce, que vendimos con gran éxito en la feria de Plaza Congreso, frente a la Universidad de las Madres. El 26 de enero del 2002 inauguramos nuestro CEFoCC y ese día la panadería ofreció sus mejores productos entre los que se incluía un pan de fiambre saborizado fabuloso. Pero Hugo decidió irse. Para nosotros, la experiencia había sido, a pesar de todo, exitosa. Demostramos que lo más importante de la producción es el trabajo humano y sin una sola máquina pusimos en marcha una panadería. Decidimos entonces volver a construir un grupo y a empezar de nuevo. En esta ocasión no teníamos a nadie que supiera cómo era el asunto de fabricar pan, e interminables discusiones cruzaban la tarea cotidiana dificultando la puesta en marcha de una verdadera producción, y el emprendimiento, poco a poco, se iba desangrando. Ocho compañeros no llegaban a producir la cantidad de medialunas y pan que producía el equipo anterior de tres. Nunca produjimos más de doce kilos de harina por día. Discusiones muy ridículas, como si el horno debía ser redondo o cuadrado, ocuparon días de reuniones y enorme cantidad de energías desperdiciadas. Los debates intranscendentes fueron la constante que cruzó la experiencia de los militares. Soledad Bordegaray y yo coordinábamos el grupo y, como para motivarlo, decidimos apostar a la salida hacia afuera, para ver si se podía hacer más rentable el trabajo. Propusimos aprovechar los actos del 24 de marzo para mostrar lo que estábamos haciendo y al mismo tiempo ver si los compañeros se entusiasmaban por vía de una mayor cantidad de excedente dinerario repartible. Los insumos escaseaban, así que decidimos que un grupo de militantes fuera a la Facultad de Ciencias Sociales de la UBA a vender boletines para luego comprar harina. Juntaron alrededor de setenta pesos, y tres días antes del acto empezó la elaboración de una variedad de productos para ofrecerlos en la Plaza de Mayo. Se vendió todo. Pero las expectativas eran demasiadas y lo producido no fue lo suficiente como para colmarlas. Allí aprendimos que lo recaudado por la panadería sería directamente proporcional a la posibilidad de inversión, y que el voluntarismo no alcanza cuando de cuestiones económicas se trata. El nuevo equipo, luego de repartirse todo lo recaudado, decidió no seguir trabajando ya que no veía perspectivas viables en el emprendimiento. Casi dos años más tarde, en una capacitación con Emilio Pausselli que la Fundación Poleas nos brindara generosamente, descubrimos las causas de aquella decepción: no tuvimos en cuenta el punto de equilibrio. El golpe fue duro, pero contradictoriamente la posibilidad de tener un emprendimiento que resolviera parcialmente el problema del hambre que castigaba con dureza se transformó en obsesión. Igualmente, analizamos, no podíamos seguir experimentando con personas a las cuales les sumáramos otra nueva carga de fracaso a la ya pesada que traían. Así que decidimos encarar la tarea quienes éramos los máximos responsables de la frustración: Soledad y Yo. Rescatamos ocho kilos de harina y con ese capital de trabajo empezamos una de la más maravillosas tareas que realizáramos en el CEFoCC.

El primer kilo de harina amasada por nuestras propias manos nos dejó una sensación indescriptible. Ver como se van uniendo los ingredientes produce una sensación mágica. Dejar descansar la masa y sentir que crece y crece por efecto de la levadura es sorprendente. Tres o cuatro días fuimos produciendo para consumo interno y acrecentando día a día la cantidad de kilos por "amasada". Luego de quince días nos dimos cuenta de que no podíamos continuar, ya que todos los días nos salía un pan distinto. Decidimos "capacitarnos" apelando al conocimiento de **otros**. Omar Albornoz, un amigo que en ese momento era el coordinador del trueque que funcionaba en las instalaciones del CEFoCC, se ofreció a ayudarnos. El conocimiento que tenía surgía de lo que había aprendido en un curso de seis meses en pastelería que había realizado en algún momento de su vida, pero que nunca había llevado a la práctica. Eso era mucho más de lo que sabíamos nosotros. Así empezó la capacitación. Para hacer un pan igual todos los días hay que pesar todos los ingredientes –nos dijo–, y aprendimos que un litro de agua no es igual a un kilo, por ejemplo. Un kilo de harina, seiscientos gramos de agua, diez gramos de levadura y veinte gramos de sal, era la formula mágica. Cada corte de masa para el pan debía pesar exactamente setenta y cinco gramos, caso contrario la repetitividad no seria correcta. No usamos bromato, o la "pichi", como le dicen los panaderos, por los efectos nocivos que implica para la salud, comprobados hasta el hartazgo, a pesar de que el agregado de ese producto químico ayudaría al amasado haciéndolo más fácil. "De hornos de barro no sé nada" nos alertó, por lo tanto había que experimentar. La obsesión de Omar Albornoz por el peso de los ingredientes parecía enfermiza, pero el pan nos empezó a salir igualito todos los días. Cuarenta minutos exactos de amasado a mano en una viejo fuentón de plástico que hacía de amasadora, era la consigna. Una mesa reciclada con patas que se movían y hacían un ruido bárbaro por cada "sobada" de la masa, más un palo de escoba, que hacía de palo de amasar, y la estructura tubular de un armario transformado —por obra y gracia del recubrimiento de unos paños de plástico— en cámara fermentadora, completaban el parque de herramientas.

Otoño del 2002, las bajas temperaturas son inversamente proporcionales a la escalada del hambre y la miseria. El S.U.M. (salón de usos múltiples) de la vieja escuela hacía de cuadra y despacho de nuestra panadería. Una ventana que da al interior del predio, que siempre permanecía abierta, era nuestro mostrador al público, las otras tres de ese enorme salón se cubrían con chapas. El techo, también de chapas, goteaba pertinazmente con la helada. La puerta era cubierta por un plástico transparente, "para que entre luz", decíamos pegándolos con una cinta de embalar que conseguíamos en el trueque, – que por ese entonces reunía cuatrocientas personas diarias en el predio que nosotros prestábamos—, y que el viento de la noche se empeñaba en despegar como para que la sensación térmica llegara a nuestros rostros dejándonos el efecto enrojecedor de una tremenda bofetada. Las ventas subían día a día y el precio de la harina también. La bolsa de harina, de dieciocho pesos pasó a costar cincuenta y cuatro. Había que mantener el precio social de un peso por kilo, costara lo que costase la harina, ya que para algunas familias sería el único pan del día: decidimos hacerlo produciendo más. La semana que resolvimos elaborar quince kilos sucedió algo asombroso. Cuando contamos la recaudación habíamos vendido por un importe de más de veinte kilos. Error al pesar la harina, dijimos el primer día. Pero esto se repetía todos los días de la semana. ¡Milagro! ¡La multiplicación del pan era cierta! Estábamos eufóricos por la evidencia. Esa misma semana una enorme rama del centenario eucalipto de nuestro "patio principal" cayó al piso por la tormenta; el horno tenía asegurada su leña. ¿Otro milagro? Para este fenómeno no encontrábamos explicación alguna, solamente creíamos que el reino de la abundancia se había instalado en el barrio La Juanita, más exactamente en el CEFoCC. Cuando apareció Omar Albornoz le contamos del milagro y nos dijo, para nuestra desilusión, que se había olvidado de confesarnos un detalle; el "rendimiento" de la masa es de un cuarenta por ciento más por el efecto del agua. Seguramente era cierto, pero yo me aferré a que nunca entendí de química, tampoco era momento como para andar pensando demasiado. Nosotros quisimos creer, aunque sea por un momento, que en esos tiempos de miseria también se había producido el **milagro de la multiplicación de los panes,** y que como en antiguas épocas, ayudaría a sobrevivir a millares de personas. Esta lucha al interior nuestro, entre la razón y los sentidos, fue parte de este *nosotros* que hoy tenemos, que nos dio una perspectiva del mundo que habitamos totalmente distinta a la anterior a la crisis del 2001. Todavía hoy nos preguntamos con insistencia ¿sabían Hugo y los demás panaderos de este rinde por kilo de pan? ¿O será que el trabajo alienado no permite ver esta cualidad extraordinariamente sorprendente de la tarea de elaborar pan?

La panadería y el trueque

Los momentos de crisis ponen a prueba las ideas preconcebidas, y las fortalezas y debilidades de la condición humana aparecen descarnadamente sobre la piel de cada persona. Ver llegar a las vecinas con algún electrodoméstico y cambiarlo por comida era una constante durante aquellos días azarosos. Las máquinas de coser, que les costaran a estas mujeres años de trabajo en jornadas de doble turno, eran ofrecidas por unos pocos "créditos", moneda del trueque ya desvalorizado. Hasta una silla de ruedas observé ofrecer para poder comer. En la panadería, a las ocho de la mañana se acercaban los primeros clientes del pan caliente que salía del horno de barro que se volvía remolón cuando la llovizna arreciaba, y una larga fila comenzaba a formarse esperando el pan. Era entonces que Soledad Bordegaray, mate en mano, desafiaba el gélido frío y compartía el tiempo de espera tratando de argumentar sobre el atraso en la salida del pan. Probablemente diría que la noche anterior habíamos vuelto tarde de alguna movilización convocada para tirar abajo a algún presidente, cuestión que estaba de moda por esos días. O simplemente revelaría que la leña verde y mojada no resulta insumo propicio para calentar un horno de barro. Alrededor de las diez de la mañana no quedaba una sola pieza de pan, muchas veces se vendía también lo que guardábamos para nosotros. ¿Cómo decirle que no hay más pan a una carita que con suma expresividad te decía que esa era, quizás, su única comida del día? La moneda de curso legal era minoría en aquellos tiempos de brutal escasez.

El trueque fue la respuesta masiva de los sectores agredidos por una política económica antisocial y deshumanizadora. Decidimos producir algunos kilos para intercambiar en la feria del trueque. El primer día fue un desastre. Apenas sacamos el pan y lo colocamos sobre una mesa, una turba desesperada se peleaba y pugnaba para llevarse algunas piezas. Al día siguiente adoptamos una nueva metodología para el ordenamiento. Debían hacer una fila, y una estricta norma regía a quienes querían favorecerse con este servicio: solamente podían llevarse cinco piezas por persona, ya que no alcanzaba nuestra capacidad de producción para cubrir la demanda. En ese momento la cola también era por la tarde. Cuando el fuego del horno dibujaba extrañas figuras, y mientras rápidamente desaparecían las maderas aportadas para leña por algún vecino solidario y la fila se iba alargando, pensaba en que cierta oportunidad alguien me contó, o leí en algún escrito, no me acuerdo bien, que León Trotski, reconocido revolucionario ruso, decía que la burocracia había empezado en la cola del pan. Entonces me preguntaba: éstas que esperaban pacientemente la salida del pan ¿eran las mismas masas insurrectas que habían protagonizado el 19 y 20 de diciembre del 2001, apenas unos meses atrás?

Cada tanto se armaba un revuelo porque alguien, en su afán por llevarse dos raciones, colocaba a algún hijo adolescente para que retirase una bolsita de más. Era el momento de jugar el rol de árbitro. Yo decidía quien tenía razón. Simplemente porque me lo proponía. Y una tremenda contradicción aparecía cada vez que lo hacía. ¿Con qué parámetro razonablemente objetivo podía medir semejante sinrazón? ¿Cómo saber si cinco pancitos sobraban o alcanzaban en una mesa vacía? ¿Esa señora "individualista" que se quería apropiar indebidamente de cinco pancitos era la fuerza social de la contrarrevolución? El corazón y la razón me partían el cuerpo en pedazos. ¿Se puede ser justo en medio de tan tremenda injusticia? La verdad es que no lo sé. Posiblemente será tarea de algún filósofo moderno averiguarlo.

Exactamente seis meses después de empezar a trabajar en la panadería, tal como lo habíamos propuesto al Movimiento, completábamos nuestra experiencia, dejando un emprendimiento sustentable con enorme valor social, que había resistido a la peor de las crisis que nos tocara vivir. En este tránsito una vez se nos fundió a nosotros, fue cuando asesinaron a Maxi (Kosteki) y a Darío (Santillán) en la estación Avellaneda, y decidimos movilizarnos. El único dinero que teníamos era el acumulado por la panadería y lo gastamos en micros y en un par de días que no trabajamos. Para finales de octubre o principios de noviembre, sesenta kilos de pan, casi treinta docenas de facturas y setenta docenas de "bolitas de fraile" eran nuestra producción diaria. Cuatro compañeros, Miguelito González, Jorge Lasarte, Elio y Rubén Reidi estaban a cargo del emprendimiento para mantener vivo un sueño. Dos o tres veces más la panadería entró en crisis y se fundió. Pero hace poco, cuando gracias a una donación de la Embajada de Canadá reabrió sus puertas, moderna, remozada, y con flamantes máquinas funcionando, a varios protagonistas de esta odisea se les cayó una lágrima. Un sueño estaba cumplido. "La masa crítica" (así se llama la actual panadería), es la esperanza de continuidad de aquellos días difíciles en que demostramos que no estábamos derrotados *de la cabeza*, que nuestra fuerza de trabajo estaba intacta y que seguiremos soñando con la sociedad de la abundancia.

Conclusión: la crisis hizo visible tramas que jamás hubiéramos imaginado que existieran. El trueque, la feria, la panadería y las huertas comunitarias, fueron respuestas que posibilitaron que sectores empobrecidos y acorralados por el hambre pudieran sobrevivir. Tomar contacto con esa realidad, donde la economía social o economía solidaria, como se la quiera llamar, sea la fuente donde cierta parte de la sociedad se contagió de humanidad es esperanzador. Pero también el pasar por el cuerpo esta experiencia fue terriblemente desgarrador. Paradigmas que caen a pedazos a cada momento en que todo se pone en cuestión no es tan fácilmente asimilable. Luego descubrimos que los Hugos y los Omar existían en todas partes. Que su potencialidad de transformadores de la realidad se palpaba en cada espacio colectivamente construido. Las asambleas populares, los movimientos de desocupados, las fábricas recuperadas, el centro cultural, las plazas públicas, los merenderos, eran centros de experimentación de una respuesta colectiva que construyó un *nosotros diferente, fraternal, solidario*. Y posiblemente asumir que aprendimos la lección sea el desafío más importante que hoy tenemos.

El proyecto educativo y Poder Ciudadano

Hacia finales del 2002, más precisamente el 20 de diciembre, un nuevo libro de *MTD Editora* salió a la calle. "De la culpa a la Autogestión" narraba el recorrido de nuestro Movimiento en la etapa anterior a la crisis. Ese año más de dos millones de planes asistenciales que otorgara el gobierno del Presidente Eduardo Duhalde sirvieron para calmar el fuego de la lucha de los pobres y lograr que nada de las estructuras políticas clientelares cambie más allá del discurso del "que se vayan todos". Las estructuras culturales que sostenían el clientelismo político continuaron intactas. No obstante, aunque no se expresara en la superestructura política, la crisis del 2001 había dejado huellas imborrables en todos los estamentos sociales de un país devastado económica y moralmente, en el que las "verdades absolutas" que caracterizaron etapas histórico-políticas anteriores volaron por los aires. La relación con las asambleas barriales, especialmente las de Capital Federal, nos habían inspirado para seguir batallando en el camino de la autogestión, vigorizando el de la autonomía política como forma de buscar mejoras en nuestra calidad de vida.

"Uno de los elementos distintivos de las asambleas barriales que, consideramos no ha sido suficientemente subrayado es el cruce social".[2] Esta cuestión, la necesidad de los *cruces sociales,* posiblemente haya sido la que nos convocó a concurrir a un seminario organizado por el CEDES (Centro de Estudios de Estado y Sociedad) luego de terminada la marcha de la resistencia de ese año y donde conocimos, el 5 de diciembre del 2002, a Carlos March, por aquel entonces Director Ejecutivo de Poder Ciudadano, una organización no gubernamental que se ocupa de promover herramientas para la construcción de ciudadanía orientada a incidir fundamentalmente en los sectores medios de la sociedad, según su propia definición.

"Porque creemos que es mejor acercar y conocerse...Los integrantes del Área Sociedad Civil y Desarrollo Social de CEDES, desde el rol que tenemos como académicos, esperamos haber contribuido al conocimiento mutuo de la diversidad que hoy expresa la sociedad civil argentina".

A partir de aquel encuentro Poder Ciudadano y el MTD La Matanza se conocieron mutuamente.

Desde su inicio las relaciones fueron absolutamente claras: Poder Ciudadano no gestiona capital para emprendimientos ya que su misión está definida por la mejora de la calidad de vida de los ciudadanos tratando de incidir en los diseños de políticas públicas, y el MTD no creía estar en condiciones de aportar en ese sentido. Lo que sí sentimos, es que había enormes ganas de ayudarnos, porque compartíamos visiones parecidas respecto de por donde pasaba la posibilidad de mejoras en la calidad institucional en nuestro país: la lucha a brazo partido contra las prácticas mafiosas al interior de cada una de ellas. Luego de una primera reunión en el bar "My House" de la calle Córdoba y Florida quedamos en volver a vernos en marzo del año siguiente. Primera peculiaridad para nosotros: planificar de diciembre a marzo del año siguiente no era lo más lógico en esos tiempos de apuros. Segunda particularidad: cansados de ofrecimientos que nunca se cristalizaban, muchas veces no habíamos tomado muy en cuenta el transcurrir del tiempo. Pero a mediados de marzo,

---

[2] González Bombal, I; Svampa, M; Bergel, P: *Nuevos Movimientos Sociales en la Argentina de la crisis.* Buenos Aires: Centro de Estudios de Estado y Sociedad, 2003.

puntualmente como se habían comprometido, recibimos un llamado para acordar una nueva cita. Charlamos sobre cuáles eran los objetivos de nuestra construcción, y el proyecto educativo apareció de nuevo con fuerza. La propuesta fue concreta, Poder Ciudadano, en lo único que nos podía ayudar, era en ofrecernos una parte de la enorme cantidad de contactos institucionales que poseían, presentándonos para que fuéramos nosotros mismos quienes explicáramos el proyecto educativo. En una palabra, nos ofrecieron *abrir su agenda* para hacer conocer el plan. El abrir la agenda nos llevó a una reunión con el Ministro de Educación, Daniel Filmus, a quien le contamos el proyecto educativo. Luego de más de una hora de entrevista, que sólo estaba pautada en diez minutos, salimos con renovados bríos ya que, si bien no podía ayudarnos en la puesta en marcha de nuestra escuela, nos alentó a que siguiéramos batallando para lograrlo, y se comprometió a facilitar, en lo que estuviera a su alcance, la viabilidad del proyecto educativo.

Al mismo tiempo que esto sucedía conocíamos a Graciela Di Marco y a Susana Méndez, quienes nos propusieron trabajar en un proyecto para ser presentado en un concurso que tenía que ver con la democratización de las relaciones educativas. Estuvimos trabajando cerca de cinco meses en aquel proyecto que finalmente no resultó seleccionado. De todas maneras a nosotros nos dejó una buena cantidad de insumos para posteriormente ponerlos en práctica en la comunidad educativa de nuestro Jardín de Infantes. Podríamos decir que sin la apertura de la agenda que Poder Ciudadano generosamente nos ofreciera, y sin el aporte desinteresado de muchas otras personas, el proyecto serio en base a nuestro objetivo de una educación distinta, probablemente no hubiera prosperado. En primer término resultó de fundamental importancia que fuera encarado en forma conjunta con la Escuela de Postgrado de la Universidad de San Martín, de la cual Graciela Di Marco forma parte. Casi a finales de año, el Centro Nueva Tierra también contribuyó eficazmente definiendo que, en principio, el emprendimiento debería centrarse en la etapa del Jardín de Infantes. Finalmente es de destacar la colaboración de Silvia Duschatzky y de los miembros de la agrupación Trabajo Social Gremial –que en ese entonces tenían un Centro de Prácticas en nuestra Cooperativa– quienes nos ayudaron a precisar los valores y principios que regirían nuestra escuela, y acerca de los cuales se debatió durante todo el 2003. Este es otro ejemplo de *construcción con otros* del que damos cuenta en varios pasajes de este libro y que posibilitara que un grupo de trabajadores desocupados hicieran posible comenzar a transitar un sueño extraordinario, unir la educación con el trabajo y el trabajo con la educación.

Una Comisión de Educación llevó adelante la tarea de sostener el proyecto y definir las políticas necesarias para su puesta en marcha. Y finalmente el 18 de febrero del 2004 comenzó a reunirse lo que llamamos la *comunidad educativa,* nuevo espacio de construcción colectiva compuesto por padres, educadores y miembros del Movimiento, quienes sostendrían el proyecto pedagógico en esta nueva etapa. La inscripción de alumnos al Jardín de Infantes comenzó cuando las aulas que albergarían a los niños aún estaban totalmente destruidas. A pesar de esta situación, 55 niños, de los cuales sólo un tercio son hijos o nietos de miembros del MTD, se matricularon para iniciar el ciclo.

El 1° de enero del 2004 decidimos abrir el espacio educativo arreglando las aulas que estaban sin techar, esperanzados en que nos llegaría una donación del exterior para tal fin. Dimos, entonces, todos los pasos necesarios para iniciar el servicio educativo y dispusimos una fecha tope para el inicio de clases, mayo de ese mismo año. Empezamos, como siempre, por la propaganda de lo que pensábamos hacer. Cuando el Movimiento de Documentalistas nos trajo los primeros donativos de materiales, y Jorge Giacobbe y Martín Ghirardotti nos hicieran las primeras donaciones en dinero para construir las mesas y las sillitas que amoblarían las aulas, no había posibilidad de retroceso. El compromiso tenía que ser cumplido, y allí comenzó una nueva etapa para nuestro Movimiento que nos cambió totalmente la vida.

¿Seduciendo al capital o buscando a los "excluidos morales"?

Cuando conocimos a Poder Ciudadano nos preguntábamos insistentemente ¿qué tenemos en común con esta ONG como para sostener en conjunto un proyecto de transformación social de esta envergadura? Y no encontrábamos respuesta. Transitar este camino de incertidumbre fue un acto de intrepidez descomunal, se podría decir, otra verdadera locura.

Con el título *"Seduciendo al capital"*, el sitio de periodismo alternativo *lavaca.org,* refiriéndose a ese tema decía: *"Los integrantes del MTD La Matanza son unos verdaderos osados. Comenzaron a cortar rutas en la provincia de Buenos Aires cuando el común de los bonaerenses no sabía qué era un piquete... Cuando esa medida de protesta se transformó en una acción cotidiana para reclamar planes sociales, el MTDLM los rechazó por considerarlos "una herramienta de dominación del sistema". "Y ahora, que empieza a ser un hábito la toma y el escrache de compañías multinacionales, la agrupación matancera se anima a realizar alianzas con algunos sectores empresarios".*

¿Por qué creíamos que era posible encontrar empresarios que apoyaran un proyecto que no originaría ganancias para ellos? Tampoco lo teníamos totalmente claro de antemano. Pienso que fue un nuevo acto de rebeldía.

Al comenzar el año 2004, con la consolidación del gobierno del Presidente Néstor Kirchner, decíamos que se ponían a prueba las posturas anteriores de los movimientos sociales, ya que este gobierno reflejaba de manera distorsionada, pero la reflejaba al fin, las relaciones de fuerzas que se establecieron a partir de la crisis del 2001. Con un discurso que recuperaba la historia de un país donde la cultura del trabajo había sido un valor indiscutible logró captar el apoyo de una importante franja de la población, y esto debería tenerse presente a la hora de generar políticas. El Plan "Manos a la Obra" parecía confirmar esa hipótesis. La consigna de la defensa de la *cultura del trabajo* daba la impresión de ser considerada por el gobierno. Si eso era así debíamos tenerlo en cuenta, ya que seguir diciendo que todo era igual a los gobiernos anteriores podría determinar un aislamiento en la lucha de los movimientos sociales. Esa fue la discusión más importante que efectuó nuestro Movimiento en su reunión plenaria del 1° de enero de ese año. Allí decidimos no abandonar nuestra postura de defensa de la cultura del trabajo aunque eso nos relacionara con el discurso del gobierno. Plantearíamos que esta recuperación no sería fácil e introduciríamos la cuestión de la educación como tandem indisociable para la posibilidad de construirnos como sujetos libres. Sabíamos de antemano que ningún gobierno que no rompa categóricamente con las políticas generadas por el neoliberalismo puede llevar adelante una propuesta de recuperación de los sectores excluidos. Aprovechando entonces la toma de conciencia experimentada por amplios sectores de la sociedad durante la crisis del 2001 decidimos ocupar el centro de la escena iniciando las operaciones de nuestro proyecto educativo.

Para llegar a esta situación ya habíamos transitado momentos de exploración en la búsqueda de consensos más allá de los habituales amigos que nos acompañaban casi siempre. De la mano de Poder Ciudadano empezamos a recorrer lugares impensados. Por esos tiempos ya había pasado por el CEFoCC, Cristopher Sabattini, un hombre que representaba al Senado de los EEUU, con quién habíamos intercambiado opiniones sobre nuestros problemas, sobre las cuestiones del ALCA, la guerra y otros asuntos. Recibimos como una caricia cuando nos dijo que "prefería tratar con enemigos honestos antes que con amigos desleales". El fin de la etapa del miedo a hablar con el que piensa distinto comenzaba a ser tramitado.

Para explicar este tema, el de recorrer lugares desconocidos para nosotros, me detendré en cuatro instancias de nuestra construcción:1) la Mesa de Consenso de Argentina, 2) el Centro para el Nuevo Liderazgo, 3) la relación con la Confederación General Económica, y 4) un momento muy especial, la relación con Martín Churba, el diseñador de modas que nos permitió que los guardapolvos confeccionados en nuestro taller de La Juanita fueran exportados a Japón.

Un día, recibo una invitación con el objeto de participar en una mesa permanente abocada a debatir los temas estratégicos del país. El ofrecimiento era interesante, ya que se proponía hacer coincidir en la mesa de debates las opiniones más dispares del arco ideológico nativo, desde la izquierda a la derecha pasando por todos sus matices.

De esta manera tomé contacto con el consultor Jorge Giacobbe, el hombre que proponía tamaña tarea. La primera reunión a la que asistí fue a la noche, en un conocido restaurante de la calle Libertad, Edelweis se llamaba. Allí estaban acompañando a Giacobbe el constitucionalista Daniel Sabsay, a quien luego se mencionara como candidato muy merituado por sus pares para integrar la Corte Suprema de Justicia de la Nación, el publicitario Jorge Vásquez, el economista Marcelo Lascano y la periodista Adriana Amado Suárez, entre otros. El análisis que realizó Jorge Giacobbe esa noche fue impecable. Reflexionó sobre cómo se había originado la situación de extrema miseria en el país. Pero lo más importante fue su visión estratégica sobre los acuerdos necesarios para salir de la decadencia permanente. Marcó una perspectiva muy preocupante, inclusive con peligro de confrontaciones sociales, si no encontrábamos el consenso para actuar sobre la coyuntura. Mi intervención giró en torno a lo acostumbrado, reivindicando nuestra identidad como "piqueteros" con la particularidad de que no queríamos aceptar los planes sociales. Pero el centro de mi intervención fue el proyecto educativo. Me invitaron a que pidiera el menú que quisiera y elegí comer un tiernísimo bife de costilla, con postre y todo. Todo eso transcurría mientras que al restaurante llegaban personalidades de todo tipo como el conocido ¿humorista? Enrique Pinti y una figura legendaria de la televisión, Alejandro Romay, que se sentaban en mesas cercanas. Alguien que era habitué del lugar explicó que esto ocurría porque esa noche había tenido lugar una velada de gala en el Teatro Colón. La gran simpatía de Adriana Amado Suárez, el respeto con que fui tratado por el doctor Sabsay, las coincidencias que tuvimos con Jorge Vásquez respecto a la educación, más la vitalidad discursiva de Jorge Giacobbe, un verdadero "provocador de emociones", me hicieron sentir muy bien durante esa, mi primera noche en la mesa del Consenso de Argentina.

Pero algo no anduvo bien, porque al otro día cuando hicimos la evaluación de esa reunión con los compañeros, en el CEFoCC, propuse no concurrir más a "esas" invitaciones. ¿Qué había pasado para tomar una decisión tan drástica? ¿Qué fantasmas aparecían para desechar recorrer espacios donde, ya dijimos, encontraríamos aliados para nuestro proyecto educativo? Sucedió que esa noche, mientras leía la carta del restaurante con la intención de elegir un postre, de reojo, ya que yo no pagaba, advertí el precio del bife de costilla que me había comido, ¡¡25 pesos!! Esa misma tarde en cuestión, un rato antes de partir hacia aquel encuentro, Graciela Cortaberria, una compañera del taller de costura, me había pedido prestados veintidós pesos para comprar una garrafa de gas. ¿Era correcto que, aunque invitado, comiera un bife de precio mayor al de una garrafa de gas? ¿Qué estaba mal? ¿Que alguna gente comiera un bife a ese precio, o que existieran situaciones en las que a otra gente les faltara casi ese mismo importe para comprar una garrafa? Decidimos abrir un debate en nuestro Movimiento que nos llevó varios días. Hasta que finalmente resolvimos no aceptar la cultura dominante de que hay "plantillas sociales" (como dice Dennis Rodgers) reservadas para los pobres, lo que equivaldría a volvernos pobres culturalmente. Y esto, el volvernos pobres culturalmente, sería a su vez el inicio de un proceso irreversible de domesticación del pensamiento que acepta que hay lugares reservados para los económicamente pudientes, que son imposibles de transitar por otros. Este prejuicio nos impediría por siempre batallar para mejorar nuestra calidad de vida y tener proyectos emancipadores que posibilitaran el acceso a una vida digna, más justa y más equitativa. Decidimos continuar participando en el espacio. Esa experiencia nos hizo reflexionar profundamente sobre la relación que se establece con el distinto; había que aceptar que todos no somos iguales, ni son iguales las costumbres, ni los problemas, ni las posibilidades. Aún con ese **otro** percibido desde el prejuicio, tras una intensa deliberación y profunda reflexión mediante, también pudimos construir un *nosotros cualitativamente distinto.*

Alrededor de febrero del 2004 recibimos otra invitación, a través de Virginia Lencina de Poder Ciudadano. Esta vez la charla era con varios empresarios y gerentes de empresas, en el Club de Amigos de los lagos de Palermo. Estaba organizada por el CNL (Centro para el Nuevo Liderazgo), entidad a la que no conocía, y entonces de nuevo "pintó" el prejuicio y tuve muchas dudas sobre concurrir o no. Creo que para convencerme me contaron una historia. Resulta ser que quien organizaba el almuerzo era un hombre de una gran trayectoria en el mundo empresarial, que había sido gerente de recursos humanos en importantes empresas y, según me dijeron, había abandonado ese mundo de poder por una cuestión ética. De acuerdo con el relato, durante la crisis del 2001 trabajaba como gerente en una importante entidad bancaria de la Capital Federal. Parece ser que a este hombre le querían hacer diagramar un plan de despidos aprovechando un resquicio legal a partir de haber sido declarada la emergencia económica y queriendo ampararse discursivamente en que esas entidades habían perdido dinero. El sabía que eso no era cierto y se opuso planteando una cuestión ética. Logró su cometido de no ampararse en esa ley que atentaba contra la convivencia de la sociedad y que mostraría a la empresa en su cara más degradante, aprovechándose de la desgracia del prójimo para lucrar con ella. Por supuesto luego de esto no le quedó otro camino que la renuncia y desde entonces se dedica a organizar a emprendedores aportando sus conocimientos con fines humanitarios. Joaquín Sorondo, fundador del Centro para el Nuevo Liderazgo, de él se trata, resultó ser una excelente persona, que se ha impuesto como misión de vida integrar a los diferentes. De él aprendí una frase que siempre menciono en mis presentaciones públicas: "el miedo al otro es el generador de prejuicios, el miedo al diferente es la base de la violencia y el odio". Nunca investigué demasiado si la historia sobre él era cierta. Para mí fue importante como generadora de confianza, pensando en que, si se respetan las particularidades y las historias de cada uno, es posible un mundo integrador.

El primer encuentro con miembros de la Confederación General Económica (CGE) fue también gestión de Poder Ciudadano. Fue por fines de marzo del 2004. El proyecto del Jardín de Infantes ya estaba en marcha desde el 18 de febrero cuando empezaron las reuniones de lo que llamamos la comunidad educativa. Las obras para el acondicionamiento de las salas donde funcionaría no habían comenzado por falta de financiamiento, ya que la donación que aguardábamos desde el exterior se había caído. Sin embargo todo seguía como si se esperara un milagro.

Con la presencia de Jorge Giacobbe y de Adriana Amado Suárez, Carlos March me presenta a Ricardo Faerman, presidente de la C.G.E., y a otros miembros del Consejo Directivo, Abel Bomrad, según recuerdo dirigente de A.C.A.R.A., y a Guillermo Gómez Galizia de FE.CLI.BA. En esa ocasión nos contaron que ellos también tenían algunos líos, y que había una puja interna para definir qué sector quedaría a cargo la conducción de la antigua central empresaria. Luego de exponer ante ellos el proyecto del Jardín sentí que estaban muy interesados. Preguntaron cuál sería el monto necesario para terminar las tres aulas que aún estaban sin techos, (más de 100 mts.cuadrados, con un presupuesto de $15.000). Inmediatamente nos dijeron que estaban dispuestos a ayudar. Como la decisión debía ser orgánica, y esto había sido conversado informalmente, tenían que exponerlo en la reunión del Consejo Directivo. Muy expeditivos, resolvieron invitarme a dicha reunión. Adriana Amado Suárez preparó unas filminas para hacer más contundente la explicación del proyecto, y así asistí, por primera vez en mi vida, a la reunión plenaria de una central empresaria. Las contradicciones me aparecían a cada momento, ya que allí estaban presentes una parte de los empresarios a quienes creía responsables de nuestra situación de desocupados. Me llevé una gran sorpresa cuando uno de los empresarios, Abel Bomrad, propuso aprobar la iniciativa de ayuda al proyecto porque, argumentó, comprendía nuestra situación "ya que él también estaba en condiciones parecidas a la nuestra". Inmediatamente después de sus palabras, Enrique Zanin, vicepresidente de la entidad apoyó su moción aprobatoria de la ayuda. Creo que mi cara de incredulidad por lo que se estaba diciendo, o no sé qué otra cosa, hizo que en un cuarto intermedio de la reunión Abel Bomrad se acercara a explicarme qué había querido decir al señalar que él estaba en condiciones parecidas a nosotros, pidiendo respetuosamente disculpas, ya que sabía que nuestras vidas no eran iguales, ni nada que se le parezca. Lo que quería decir era que acordaba con nuestro argumento de que su empresa no tendría futuro si el país se seguía desintegrando. Entonces me contó que la suya era una empresa familiar que se mantuvo durante tres generaciones pero que hoy tenia a sus hijos en Europa y que ninguno de los dos quería hacerse cargo de la dirección de la misma porque no querían cambiar su condición de profesionales estables en una nación del primer mundo por una aventura en un país imprevisible. Decía esto mientras una lágrima corría por su mejilla, probablemente afectado por no poder cumplir con la promesa a sus padres de mantener la sucesión en la empresa familiar.

Las ideas de un sistema económico perverso, que hizo saltar por los aires los códigos familiares construidos sobre valores y principios transmitidos de generación en generación están presentes todavía en esta sociedad. Pero también, y al mismo tiempo, existimos quienes queremos cambiarlas. Y en esa lágrima de ese hombre de honor, vi las herramientas para combatirla. Sin lugar a dudas en esa mirada nos sentíamos hermanados. Aquellos que no soportan lo que está sucediendo. Aquellos que no quieren que los seres humanos deambulen con hambre por las calles. Aquellos que tienen sed de justicia. Aquellos que están dispuestos a jugarse para combatir a las mafias de todo pelaje que devastan nuestra nación y degradan nuestras vidas. Aquellos que no quieren que los jóvenes sean condenados a la marginalidad o al exilio y que no tengan proyecto de futuro, aquellos a quienes llamamos los "excluidos morales", se empiezan a encontrar con los "excluidos sociales", y por allí pasa uno de los caminos que hacen creer que es posible cambiar esta sociedad. Finalmente con la ayuda económica de la CGE al proyecto educativo se concretó (otros más que cumplieron su palabra) y nació el "primer Jardín de Infantes piquetero", como lo denominó la prensa. En los primeros días de abril recibimos los primeros cinco mil pesos y comenzamos la construcción que contó además con la confianza de los comerciantes de nuestro barrio La Juanita, quienes nos entregaron todos los materiales sin firmar un solo papel, solamente con el compromiso verbal de que dispondríamos del resto del dinero en quince días. Con esa alianza volvimos a tomar conciencia sobre las relaciones de confianza que habíamos generado durante estos años de dura realidad, ya que de otra manera hubiera sido imposible que nos entregaran los materiales con una promesa como contraprestación.

El Complejo Educacional y Productivo "Raoul Wallenberg", así lo bautizamos, se ponía en marcha. Comenzaría allí una intensa y profunda relación con la Fundación Wallenberg, y muy particularmente con el presidente internacional de esa institución, Baruj Tenembaum, con quien hoy nos une una intensa relación humana basada en muchas visiones coincidentes. El aporte realizado en aquel momento por la CGE para la reconstrucción de las aulas y los baños del Jardín de Infantes que hoy alberga a 55 niños de La Matanza fue también la primera muestra de confianza que depositara en nosotros ese grupo de empresarios. De ahí en adelante habría muchas más. Ese mismo año, aprovechando la presencia del Cardenal del Vaticano Monseñor Walter Kasper en la Argentina, fue bautizado el Jardín, y él en persona colocó una placa denominando a una de sus salitas como "Monseñor Ángelo Roncalli", en homenaje a Juan XXIII, el Papa ecuménico e integrador. Es para mí muy importante destacar la labor desarrollada por Majo Faerman, esposa del Presidente de la CGE Ricardo Faerman, cada vez que la necesitamos: ropa para los niños, hermosos juguetes, seguros de responsabilidad civil y fiestas compartidas con nuestras familias fueron posibles gracias a la sensibilidad de esta mujer de particular ternura. No podemos dejar de mencionar el rol jugado por Jorge Giacobbe junto a Ricardo Faerman para llevar adelante este emprendimiento que parecía imposible de concretar.

Creo en lo que le he escuchado muchas veces a Faerman: "tenemos que usar mejor los puentes. Los puentes sirven bien cuando logran unir lo que por alguna razón está desunido. Hay que volver a usarlos correctamente. Pobre del que crea que un puente es sólo un lugar de paso. Es mucho más que eso. Es el lugar de encuentro".

Con respecto a la relación que estableciéramos con Martín Churba, el diseñador que nos diera una visibilidad pública jamás pensada por nosotros, Carlos March desarrolla minuciosamente, en el capítulo "Los desaparecidos de la democracia", todos los pormenores de esa experiencia asociativa, sus debilidades y fortalezas. Lo que pretendo entonces es referirme a lo que viví como experiencia desde el corazón, las sensaciones que se producen cuando alguien decide desandar los caminos del prejuicio. Seguramente muchos estarán preguntándose qué nos deja la experiencia compartida con un emprendedor tan exitoso del mundo "fashion" como es Martín Churba. Cuánto dinero hemos ganado, y cuánto ganó él con nosotros. Si fue un éxito, o una novela del momento que no tiene posibilidades de continuar, o si ha sido algo más.

Para mí es una experiencia maravillosa y testimonial sobre la enorme capacidad del hombre de encontrarse para producir cambios; es la demostración de que la humanidad tiene reservas que es necesario explorar para sacar lo mejor de ellas. Dos mundos absolutamente distintos son capaces de encontrarse cuando el objetivo en la vida de estas personas está determinado por valores éticos y morales que van más allá de los buenos o malos negocios, de las mejores o peores oportunidades para posicionar sus productos. El éxito de los procesos asociativos como éste, estará presente cada vez que sus actores se jueguen por el otro, y cuando la confianza en el otro sea la argamasa que una aquello que hasta ese momento estaba desunido. El éxito del asociativismo está presente cuando cada uno de los actores pone lo mejor de sí para llevar adelante esa asociación. En este caso Martín Churba puso en juego con nosotros lo mejor de él; *su creatividad* y nosotros le entregamos lo más preciado que tenemos que es *nuestra confianza*. Podremos seguir o no seguir haciendo cosas juntos, pero sin lugar a dudas la oportunidad que nos brindó para recuperarnos como seres humanos será imborrable en nuestras vidas. Quizás los que estudien más profundamente esta relación dirán que se facilitó porque Martín Churba es un empresario socialmente responsable, sí, Socialmente Responsable, y con mayúsculas, es una gran verdad. Pero para mí la cuestión es más simple: se facilitó porque es un ser humano verdaderamente excepcional, que tiene una visión del mundo por venir rescatada desde su sensibilidad de artista comprometido con las dificultades de la época que le toca vivir. Así serán recordados Martín Churba y su equipo por este grupo de personas discriminadas, excluidas por su condición social, rechazadas, pero tan rebeldes e insurrectas como él, y como todos los que quieren cambiar el mundo hasta hacerlo habitable para todos los hombres de buena voluntad, sin discriminaciones de ninguna índole.

Desde otro lugar es lo mismo que nos pasa con Carolina Biquard. Siempre nos preguntamos ¿Cual será el motivo mas intimo que movilizan a personas como Carolina a dedicar parte de su tiempo a tratar que los pobres mejoren su calidad de vida? ¿Qué extrañas fuerzas permiten que quien no tiene nada que ver con nuestros sufrimientos, se traslade desde su cómodo departamento de la calle Arroyo en el corazón del Barrio Norte, al barro del Barrio La Juanita en esos días del frío del invierno, y pasar algunas horas con nosotros explicándonos como se hace sustentable un emprendimiento? o, ¿Como explicar lo que sentí aquella noche en la charla organizada por Inicia en Juan El Precursor en la elegante San Isidro cuando Inés Sanguinetti, cuenta, que había decidido dejar de bailar en los mas lujosos escenarios de la vieja Europa, donde cobraba mas de cinco mil dólares por actuación para dedicarse a enseñar en la villa La Cava de San Isidro? Esa noche descubrí en sus ojos el mismo brillo que tienen nuestras mujeres cundo dicen orgullosa que rechazaron los planes asistenciales, y que desde entonces se sienten emancipadas y digna. Descubrí en su voz la misma fuerza de convicción que demuestran nuestros compañeros cuando dicen que la educación y el trabajo nos permitirán vivir como sujetos liberados. ¿Qué tendremos en común quienes habitamos mundos tan distintos, si lo miramos desde lo estrictamente material? Sin lugar a dudas, el punto de unión esta en el convencimiento de que es posible un mundo donde el igualdad y la justicia sean los valores mas preciados. Un mundo para todos, donde vivir valga la pena.

El clientelismo político y la metáfora de los cerdos asados

Cuando en el año 1997 decidimos no aceptar los planes asistenciales no sabíamos exactamente lo que estábamos haciendo. Fue simplemente otra actitud de rebeldía. Más tarde, ya transcurridos algunos años, empezamos a darnos cuenta de que, en realidad, aquella actitud apuntaba al corazón de la política de dominación aplicada por el grupo de mafiosos que pretende dominar el mundo mediante una estrategia aterradoramente injusta. Muchas veces, en lo peor de la crisis, se nos cruzó por la cabeza alguna duda sobre si esa determinación había sido correcta. Hoy no tengo dudas. Los momentos duros fueron pruebas para saber hasta dónde éramos capaces de sacrificarnos para sostener nuestra dignidad. Sabemos también que el clientelismo político no está derrotado ni mucho menos. Percibimos que cada día que pasa nuevas capas de la población se dan cuenta de que este es el tumor con que se instrumentan la mayoría de las respuestas siniestras que el poder abusivo diseña para seguir sojuzgando. Es sin lugar a dudas la lucha contra esta forma de hacer política desde donde debe construirse la posibilidad de transformación de la sociedad.

Es desde otra lógica, no contaminada por estas formas, desde dónde se dará una respuesta innovadora creativa y éticamente correcta. Es aquí donde se debe parar cualquier grupo de personas que quiera terminar con el estado de injusticia en nuestro país. Cualquiera que tenga buenas intenciones, pero que se quede a mitad de camino sobre este tema, estará repitiendo la misma lógica que dice combatir, y estará frustrando la posibilidad de construir una sociedad distinta donde la ciudadanía adquiera para sí el carácter de sujeto de su propia historia. Debemos saber que, como estamos hablando de la estrategia para destruir una forma de relación social totalmente ignominiosa que atacaría de pleno a los centros de poder dominantes, no será tarea fácil. Y que además esto no se produce ni diseña solamente para los sectores más carenciados. Es un problema que tiene raíces profundas y un tema cultural que tiene beneficiarios insospechados. Veamos: *"'No hay que olvidar que los primeros beneficiarios de los programas sociales somos nosotros'. Comentario de un empleado de un organismo financiero internacional a un funcionario del Ministerio de Desarrollo Social durante el gobierno de Fernando de La Rúa"*[3].

El clientelismo político es el cáncer que corroe a cada una de las células vivas de la sociedad que busca transformaciones significativas a favor del pueblo. Hoy está instalado como una cultura que recorre caminos por fuera de los sectores carenciados y se necesita una discusión estratégica para combatirlo.

"Sin embargo, la lógica de poder que responde a la raíz profunda del clientelismo político va mas allá de un simple intercambio de mercadería. El esquema desplegado desde el poder político es mucho más complejo"[4].

Las frases que menciono en los párrafos anteriores son parte del trabajo de investigación probablemente más profundo que pasó por mis manos sobre el clientelismo político en la Argentina, pero quien me dio mayor claridad sobre sus alcances fue el rector de la Universidad de la Cuenca del Plata, de la Provincia de Corrientes, Ángel Rodríguez, quien en una de las reuniones de Consenso de Argentina en la que estuvieron presentes Carlos March, de Poder Ciudadano; Eduardo Sigal, de la Cancillería; Gilberto Alegre, Intendente municipal de General Villegas; Ricardo Colombi, Gobernador de la Provincia de Corrientes; Sergio Berenstein, analista político; Víctor Santamaría, dirigente gremial del SUTERH; Paola Spatola, especialista en seguridad urbana; Adriana Amado Suárez, especialista en comunicación; Natalia Carcavallo, estudiante universitaria y Jorge Giacobbe, consultor convocante, entre otros, relató la siguiente metáfora a la que él llamó *"La metáfora de los cerdos asados"*, y que decía más o menos así:

Esta es la historia de una antigua comunidad que vivía en un bosque lleno de alimentos. Las plantas proveedoras de alimentos sustanciosos crecían por doquier y los frutos deliciosos maduraban en los árboles. Cualquier semilla que el viento transportaba se convertía en el principio de una nueva fuente de alimento debido a la generosidad de su fértil tierra. Podríamos decir, sin temor a equivocarnos, que era el granero del mundo. Por algún misterio inexplicable esta sociedad se alimentaba con carne cruda de cerdos salvajes, cazados en el bosque que circundaba la comunidad. Bosque que se propagaba

---

[3] El Festival de la pobreza, Dinatale Martín.
[4] Idem

exuberante, plagado de enormes especies, que hacían al lugar un territorio infranqueable. Un día ocurrió un accidente y una franja del enorme bosque se incendió. Luego de pasado el susto los habitantes volvieron al lugar del accidente y se dieron cuenta de que varios de los cerdos salvajes que quedaron atrapados por el fuego y cocinados por el intenso calor todavía permanecían humeantes, y que un aroma envolvente y delicioso emanaba de esa carne. Así descubrieron, de casualidad, que la carne asada era mucho más apetecible que la carne, cruda y esto se expandió como reguero de pólvora por toda la comarca. Resultado: pasaban los días y nuevos incendios se produjeron, ahora provocados por quienes querían tener el placer MTD de saborear el nuevo y exquisito manjar. Pasaron los años y el mal se volvió peligroso, porque amenazaba con exterminar todas las maderas que existían en el bosque. Así fue que el rey, un hombre sabio, decidió convocar a las fuerzas vivas para encontrar una solución al flagelo que amenazaba con destruir para siempre los recursos de la comunidad. A la convocatoria acudieron todos quienes tenían algo que decir: los brujos, los políticos, los periodistas, los técnicos, los representantes de todas las ciencias, sociales y de las otras, las consultoras, etc. No faltó nadie, todos acudieron a la cita. Las universidades y los centros de investigación estaban representadas en su máximo nivel. Los órganos deliberativos destinaron impresionantes cantidades de fondos para el estudio de este terrible mal. Por supuesto, como esta comunidad tenía un modelo de organización democrático también se convocó al pueblo, para invitar a que alguien presentase algún proyecto más o menos sustentable para la solución del problema. Claro está, sin muchas esperanzas, pues ¿qué podría proponer un pueblo ignorante si sólo tiene sentido común?. Pasaron varios años y el problema siguió, todos se quejaban, pero no surgían propuestas. Precisamente entonces apareció en escena Juan Sentido Común, un habitante oriundo del interior del bosque ancestral, que pidió una entrevista con el rey para llevarle lo que él creía sería la solución al problema planteado. Se apersonó ante el rey y de una bolsa sacó un cuadrado de hierro con cuatro patas que colocó en el piso, luego atravesó otros hierros encima y explicó que si se colocaban debajo del novedoso aparato unas maderas bien encendidas y el cerdo arriba, y se dejaban su carne varias horas en esa situación tendrían la carne asada sin necesidad de diezmar el bosque. El Rey tomó el invento, que fue codificado con el nombre clave de "parrilla", y le dijo que su propuesta sería tratada en la próxima reunión de gabinete. Juan Sentido Común se retiró exultante, jubiloso, satisfecho, ya que estaba en manos del rey la posibilidad de terminar con los incendios, pasaron días, luego meses, los bosques se siguieron incendiando y nadie decía nada sobre la propuesta elevada. Así es que Juan Sentido Común, aunque asustado, renovó sus fuerzas y decidió solicitar otra audiencia. Esta vez tardaron varios meses en proporcionarla, pero finalmente cuando estuvo de nuevo frente al rey lo encaró decidido y le dijo: "mi Rey, lo considero un hombre sabio, por eso confié a usted una propuesta que solucionaría para siempre el problema del incendio de los bosques, y usted ni siquiera contesta si lo que sugiero está bien o está mal". El rey, que innegablemente era muy sabio, tomándose la barbilla contestó: "Juan, es evidente que no tengo nada que decir, porque tu propuesta es muy simple y sin lugar a dudas acabaría con el incendio de los bosques, pero ahora tengo otras contrariedades ¿qué hago con toda la gente que puse a estudiar el problema siendo esa su única fuente de ingreso actual? ¿Qué pasará con las encuestas que me posicionan bien para la reelección? ¿Qué digo a los inversores de nuestra comarca, quienes seguramente me acusarán de haber dilapidado recursos cuando la solución era tan simple?

Impactado, como todos los presentes, por la contundencia de la metáfora, no recuerdo bien la moraleja con que concluyó esa noche el rector Ángel Rodríguez, por lo que tuve que imaginar una que dice más o menos así: *"a los problemas complejos del Estado, no le lleves soluciones simples. Juan Sentido Común no es parte del gabinete. Empieza a solucionarlo tú mismo y confía en que si se propaga, algún estudioso de los que abundan argumentará que la solución apareció por accidente".*

Los cerdos cocidos y las posibles hipótesis sobre nuestra experiencia

La presentación de esta compilación quiere concluir presentando algunas hipótesis que podrían producirse a partir de nuestra experiencia de construcción.

1) La primera hipótesis que podría irrumpir desde un mundo tan escéptico, es que lo que se narra en este libro no existe. Que un grupo de intelectuales de prestigio se juntaron para relatar una fábula que se caerá por el propio peso de la realidad.

2) La segunda hipótesis podría ser que lo que pasó en el barrio La Juanita, donde residen nuestros emprendimientos, fue producto de la casualidad, y que no tiene posibilidad de replicarse en otros lugares. Podría decirse que esto existe, pero solamente como producto de un "accidente".

3) La tercera hipótesis es que los integrantes del MTD La Matanza sean nada más que la punta de un iceberg que empieza a emerger tratando de atravesar las barreras que se interponen para salir a la superficie. Que esas barreras se están quebrando a partir de la experimentación con todas las formas de economías solidarias, o economías sociales, como se las quiera llamar.

Que esas murallas se rompen a partir de unir dos pilares de la libertad: el trabajo y la educación. Que estas murallas se rompen cuando se empieza a pensar en las futuras generaciones y no solamente en la coyuntura. Cuando la cultura y la creatividad desarrollan toda su potencia. Cuando la integración de los distintos sectores sociales se hace pensando en una sociedad mejor.

Adherimos fervorosamente a esta tercera hipótesis, porque es la única salida que queda para que nuestros hijos (los hijos de todos) no terminen muertos o encarcelados debido a la violencia producida por una sociedad cada vez más injusta, para que tengan un proyecto de vida digna, y no el de la sobrevida denigrante a la que ha sido empujada más de la mitad de nuestra población. Si esto es confirmado por la realidad estaremos contribuyendo con socializar nuestra experiencia. Si esto es así, **"Cuando con otros somos nosotros"** será uno de los documentos precursores de una sociedad que se prepara para vivir el reino de la abundancia, objetivo anhelado durante muchos miles de años por la humanidad.

Toty Flores
Noviembre del 2005

LA CONSPIRACIÓN DE LOS NOSOTROS

SOLEDAD BORDEGARAY *

Conspiración: Aspirar, afanarse, desear con otro, con otros.
Comulgar, acordar. Comunión, lazo.

La lengua quechua tiene dos palabras diferentes para expresar el "nosotros". Un nosotros "nockaicu ishcay..." para referirse a los dos que estamos hablando, y un nosotros "nockanchis" para significar a todos nosotros: un pueblo, una raza, una identidad, una tribu.

Imagino múltiples "nosotros". Y también, desde mi concepción de sujeto y de mundo, imagino a los "ellos", con quienes quizás nunca podrá construirse ese "nosotros".

Hay tantos "nosotros" posibles. En este ejercicio de la memoria que intento compartir, "nos" siento tan poderosos, tan potentes... Creando tantos nuevos mundos desde las entrañas de este mundo viejo, decadente. Desde este mundo inservible para contener tanta humanidad obcecada por honrar la vida.

Mi contribución a este libro pretende dar cuenta de una particular construcción del "nosotros" desde el MTD La Matanza.

Hubiera podido, quizás, ser sustentada desde mi condición de psicóloga social, pero he preferido anclarla en mi pertenencia militante. Dos motivos me aparecen como dominantes en esta decisión, el primero tiene que ver con el reconocimiento de limitaciones teóricas, respecto de autores con los

---

* **SOLEDAD BORDEGARAY** : Nació en Capital Federal, el 21 de enero de 1952. Es miembro del Movimiento de Trabajadores Desocupados —MTD La Matanza—. Maestra y Psicóloga Social. / Publicaciones anteriores: "Algunas reflexiones sobre la mística", colaboración para el libro "1ª Foro Social Mundial desde los Desocupados", MTD Editora —2001—; y "Los sobrevivientes que honran la vida", colaboración para el libro "De la culpa a la autogestión", MTD Editora —2002— / Disertante en la Universidad Nacional de Buenos Aires y en la Universidad de St. Lawrence —N. York—, Universidad de Carleton —Otawa—, CERLAC de Universidad de Toronto —Toronto—, Keen State College —New Hampshire—, Amherst Hampshire College —Massachusetts—, Vassar College —NY State—, Hunter College de la Universidad de New York —NYC—, Universidad Duke, Chapel Hill —North Carolina— y Virginia Tech —Virginia —, entre otras, a las que fue invitada para referir la historia y prácticas del MTD La Matanza. / Vive en el Barrio La Juanita, localidad de Gregorio de Laferrere, en La Matanza, muy cerca del CEFoCC.

que me formé y a quienes respeto profundamente y que con seguridad pueden abordar esta temática con un nivel de excelencia que, confieso, no poseo. El segundo motivo se relaciona con la necesidad de dejar sentada la insoslayable marca subjetiva de cuanto voy a expresar.

Sé que toda intervención, aún la que realizamos desde el punto de vista "estrictamente" profesional, conlleva una implicación. No creo en la "asepsia" de las interpretaciones, como no creo en la inocencia de la teoría ni de la práctica. Pero, no obstante, considero necesaria una distancia adecuada para un análisis éticamente aceptable, desde cualquier marco teórico que se proponga.

Siendo que toda mi vida se halla inmersa en la cotidianidad del MTD, me reconozco casi siempre tan "cerca" como para que se me pueda atribuir "no ver con la claridad suficiente esta realidad en la que estoy zambullida", aunque con la ventaja de no estar nunca "tan lejos" que no pueda "sentirla". De modo que lo que me propongo compartir, estará marcado por dichas ventajas y desventajas y, seguramente también, teñido por mi mirada desde la psicología social. Porque como dice Pichon Rivière, nuestra vida cotidiana está en permanente interrelación con nuestro "mundo interno", y lo que juega en ese "escenario interno" – en este caso, las herramientas adquiridas durante los años de estudio y práctica – actúa en los vínculos y relaciones que establecemos con otros.

Es, entonces, mi intención comunicar al lector, cómo a través de la educación, de la autogestión y del trabajo, se funda un nosotros que se proyecta más allá del colectivo. Un nosotros que excede el marco de un grupo, pero en el que se tejen vínculos que implican una mutua representación interna, que nos enriquece de una vez y para siempre. Contar cómo se van instituyendo los nuevos territorios compartidos, los nuevos puentes que involucran actores y sectores diversos, donde todos pueden impregnarse de la creatividad que florece en la multiplicidad, sin confundirse ni desdibujarse. Cómo vamos forjando ese universo que nos proponemos construir con muchos otros. Cómo este proceso implica una concepción que se opone a la teoría de "un único mundo posible", tanto como se opone nuestro Movimiento a este sistema capitalista, en sus distintas fases de desarrollo.

El "nosotros" de los que estamos aquí

El MTD no tiene, como el quechua dos palabras distintas para indicar un "nosotros". Pero le da a esta palabra tan grande, en principio, dos significados diferentes. Hay un "nosotros" reducido, de núcleo, que involucra a los militantes. Este "nosotros", bien podría ser definido según el concepto de "grupo" en psicología social, *como un conjunto restringido de personas, que ligadas entre sí por constantes de tiempo y espacio y articuladas por su mutua representación interna, se plantea implícita o explícitamente una tarea, que constituye su finalidad"*. Me atrevo a caracterizar al Movimiento como grupo operativo, a partir de dos características distintivas, la primera es que por su decisión de rechazo a los planes asistenciales, sufrió la pérdida de la mayoría de sus integrantes, y se convirtió sin proponérselo, en un "conjunto restringido de personas" y la segunda por ser un grupo centrado en la tarea. La tarea para nosotros ha sido y es, la reconstrucción de los lazos solidarios como respuesta inclaudicable a la pretensión de la marginalización y muerte de los trabajadores desocupados. Lazos solidarios rotos a partir de la estrategia de globalización, que pretende negarnos en nuestra función esencial de productores, despersonalizándonos, cosificándonos, impidiéndonos nuestro encuentro con el otro, en tanto diferente y semejante.

Nuestro encuadre es siempre abierto y admite entrar y salir de él según las propias necesidades de los integrantes y todos sabemos que la tarea que nos constituye, sólo será posible si muchos otros la toman en sus manos.

Pertenecer a este grupo también nos ha permitido recuperar la identidad condenada por la determinación del sistema, cuando convertidos en "variable de ajuste", se nos pretendió excluir, declarándonos, entre otras iniquidades "supernumerarios". A partir de esta necesidad, —la recuperación de la propia identidad—, cada uno de nosotros se ha ido acercando al Movimiento de una manera singular. Desde viejas militancias más o menos activas, más o menos satisfactorias, más o menos lejanas. Desde experiencias en alguna organización sindical o social. Desde la desesperación o desde la esperanza. Desde el deseo de ser con otros o vaya a saber desde que por qué o para qué, más o menos personal o colectivo. Pero todos y cada uno, van transitando el camino desde la afiliación a la pertenencia, va descubriendo cuál es el objetivo compartido que lo involucra desde su verticalidad a la horizontalidad del grupo y a través de procesos de comunicación y aprendizaje, va germinando el proyecto, que lejos de "bajarse" desde la organización, se renueva con cada integrante que se suma a nuestro "plan infinito".

Pertenecer a este "nosotros" es un proceso que cada uno va transitando según sus tiempos. Participando de las actividades, de las reuniones, de los quehaceres cotidianos.

Las reuniones del MTD son abiertas y todo aquel que lo desee puede participar, opinando según sus pareceres. Nadie le pregunta o le cuestiona si lo hace desde su pertenencia al Movimiento, o simplemente, desde la voluntad de expresar una forma de pensar.

No hay, entonces, otra forma de saber cuando alguien se siente perteneciente al Movimiento que escuchárselo decir. Esto habitualmente ocurre durante alguna reunión en la que no todos los presentes se conocen entre sí. Resulta, casi, una "ceremonia secreta". Comprensible sólo para los "iniciados", es decir, para los que ya han pasado por ese lugar.

Este momento tan especial transcurre en presencia de algún visitante, extranjero, investigador, estudiante o curioso que no conoce al conjunto, por lo tanto comenzamos presentándonos, en una ronda en la que cada uno dice su nombre y agrega algún dato que lo distinga. Con los compañeros solemos decir: Me llamo "tal", soy integrante del MTD; otros participantes sólo mencionan estar en un emprendimiento o de visita o lo que crea que lo caracteriza mejor. Cuando uno de los presentes decide que su identificación con el grupo y fundamentalmente con la política del MTD así lo determina, cuando siente que ha llegado su momento de reconocerse perteneciente, entonces así lo expresa, sencillamente, al llegar su turno durante esa presentación en la ronda. Sólo quienes hemos recorrido con él o ella, muchas presentaciones diferentes, damos cuenta en esa instancia memorable, del salto cualitativo que significa para el que habla. Cada vez que esto ocurre sentimos una emoción muy profunda que nos acerca más y que es motivo de una íntima alegría.

Esa manera singular de asumirse como parte del movimiento produce ciertas miradas y guiños en el resto de los compañeros y algún que otro comentario posterior, todo esto en un contexto de mucho cuidado y discreción, para dejar que el "nuevo" tenga su propio tiempo para profundizar el significado del paso que ha dado, el que implica un compromiso más profundo, más "jugado" y que es parte de un proceso que lejos de finalizar en ese momento, recién se inicia. Es así como se pasa, de la filiación a la pertenencia.

Es notable cómo en los primeros tiempos en los que cada uno se asume militante del MTD, aparece contando nuestra historia con una graciosa reverencia, donde los compañeros más "viejos" son los verdaderos protagonistas de la historia del Movimiento, y los "nuevos", más bien una suerte de comentadores de las hazañas heredadas y los caminos recorridos. Cada tanto, en alguna asamblea, se decreta que ya no hay militantes "nuevos" y se declara que ha pasado ya bastante tiempo desde que se sumó "éste" o "aquel". Es hora de ponerse "las pilas" y asumir el MTD "con sus activos y sus pasivos", es decir con sus aciertos y sus errores. Entonces les llega el turno de empezar a dejar aquello de "los compañeros decidieron…", "ellos decían…", para empuñar el "nosotros habíamos caracterizado…", o "como nosotros veníamos pensando…" Y entonces sí, definitivamente, todos **somos** el Movimiento. Y es nuestra la historia y los traspiés y los logros son nuestros y aparece un nuevo nosotros.

Muchas veces nos han señalado con cierta admiración que hablar con cualquiera de nuestros compañeros es como hablar con todos. Es un comentario que nos causa gran satisfacción, porque quien nos conoce sabe de las múltiples diferencias que conjugamos. De personalidad, de historia, de matrices de aprendizaje, sí, pero también muchas veces de pensamiento. Y es con éstas diferencias, discrepancias y hasta contradicciones, que hemos elaborado, democráticamente, este esquema conceptual, referencial y operativo, que es producto colectivo. En esa diversidad fundamos este nosotros, caminando juntos la incertidumbre de construir una realidad nueva. Un mundo nuevo. Muchos mundos, en los que la exclusión no exista. Mundos libres, solidarios, acogedores, inclusivos, participativos, democráticos, interactivos.

En el MTD hay, también, un "nosotros" que habla de identidad y de pertenencia, pero no refiere simplemente a "los que estamos aquí", sino que da cuenta de un camino recorrido, de la participación en un tiempo histórico compartido, de proyectos, de unión de intereses y sentidos.

Este "nosotros" es el entramado de fibras muy diversas, ricas en colorido y en textura, urdidas con firmes voluntades y poderosos sueños. Abierto a recibir nuevos insumos para enriquecer sus potencialidades. Cerrado cuando es preciso cohesionar los puntos más débiles y sostenerlos. Y logra guarecernos de la desesperanza, de la marginación, de la falta de futuro.

Es lo suficientemente fuerte como para contenernos y lo suficientemente flexible como para dejarnos crecer.

Los otros y nosotros
La búsqueda del conocimiento y del trabajo autogestionado devienen nuevos "nosotros"

En este ser con otros, "nosotros", el MTD ha recorrido un largo camino. Desde sus comienzos, cuando se acercara a las organizaciones de derechos humanos, fundamentalmente a las Madres de Plaza de Mayo, a los pueblos originarios y a todos aquellos que han resistido al fascismo en sus múltiples versiones genocidas. También recurrió a los estudiantes y a los académicos pensando que podían ayudar a encontrar respuestas para una recién estrenada identidad. Identidad que nacía resistiendo la exclusión que jamás quisimos asumir, negándonos a dar ese triunfo a nuestros verdugos. Identidad que "reconstruyera nuestra historia, permitiendo la integración como sujeto en sí y con otros, conscientes, con capacidad crítica, de aprendizaje y creatividad, producido y emergente de condiciones concretas, que pueda asumirse en su identidad esencial de productor de la vida material y del universo simbólico, sujeto del conocimiento y protagonista de la historia", al decir de Ana Quiroga. ("Temas de Psicología Social" Ediciones Cinco, octubre de 1997) Nos acercamos a ellos en búsqueda de un conocimiento capaz de responder a los interrogantes que iban surgiendo ante la nueva práctica. Descubrimos que la derrota en el campo de la cultura, era la más profunda de todas las que padecíamos.

Conocimos a muchos "otros" indagando acerca de experiencias que nos sirvieran de guía, en este caminar, inventando entradas o salidas, hacia "otro mundo posible". Estábamos convencidos de que no podía ser éste, que nos pretendían mostrar, el "único mundo", al que debíamos mirar desde afuera. Paralizados por la culpa que se nos proyectaba desde el poder, "psicopateándonos" para que asumiéramos que no habíamos hecho lo que teníamos que hacer. Por ejemplo la mentirosa "reconversión laboral". Por haber hecho lo que no teníamos que hacer, ser joven o viejo, o mujer, o tener "perfil alto" o haber trabajado mucho tiempo en el mismo lugar y ser acreedores a un salario mayor por antigüedad, etc. etc. etc.

Dos experiencias distintas pero igualmente significativas para el MTD La Matanza, fueron el Movimiento Sin Tierra de Brasil y el Zapatismo de México, constituyéndose como fuertes referencias. Leíamos y discutíamos todo material que nos acercaran referido a estas experiencias. Participábamos de toda charla o jornada que nos permitiera conocer su pensamiento y su acción. Evaluábamos las diferencias de contexto, de historia y la similitud con los objetivos que compartíamos. Fundamentalmente sus posiciones anticapitalistas. Con el correr del tiempo supimos, ahora sabemos, que ellos también han comenzado a conocer acerca de nuestra trayectoria.

Encontramos una nueva forma del "nosotros". Uno que no está cimentado en el vínculo cotidiano, que excede el pequeño "nosotros" del territorio y hunde sus raíces en la tierra fecunda de la ideología, esa argamasa de sueños, pensamientos y acciones, capaz de tejer la trama más sólida y flexible, que abarca más allá de las fronteras, más allá de los límites del lenguaje o de los cuerpos. Es un nosotros impregnado de una mística muy especial, una mística que se materializa y hace posible que nos reconozcamos desde el primer momento cuando, finalmente, se produce el encuentro; que allana los obstáculos de la lengua, que nos iguala en la diversidad, que le abre la puerta a la confianza y deja pasar la corriente de los afectos fraternales porque, en la lucha contra el neoliberalismo hemos logrado identificar a estos otros como semejantes.

Ese nuevo nosotros nos fortaleció a la hora de emprender el proyecto educativo CEFoCC. Una vez reconocida la derrota cultural, abonada en la tierra fértil de una educación reproductora del sistema hegemónico y ante las dificultades para desaprender los modelos impuestos durante siglos, pensamos que era necesaria una pedagogía distinta, al servicio de la liberación, transformadora de la realidad. Sustentada en el pensamiento crítico y en la concepción del trabajo como la capacidad cierta de transformar la realidad. Las experiencias de Ecuador, con 3.000 escuelas sostenidas por los pueblos originarios, las más de 2.000 escuelas del Movimiento sin Tierra de Brasil, las escuelas chiapanecas, eran la demostración de que nosotros podíamos hacerlo. Que muchos de ese "nosotros" extendido a lo largo de América, ya lo estaban haciendo.

Así, la búsqueda de instrumentos para abordar esta nueva habilidad, educar-educándonos, necesitó de muchos otros que acudieran en nuestra ayuda, con sus opiniones, su saber, sus herramientas. Sabíamos que el Movimiento en sí, debía constituirse en sujeto pedagógico de sus prácticas. Asumíamos el compromiso de impregnar a otros con las experiencias que nos habían permitido resistir, creando una realidad en la que sí estábamos incluidos. Queríamos contagiar a muchos con los valores que nos habían sostenido: solidaridad, compromiso, creatividad, esfuerzo, obcecación militante al decir de algunos, la firme convicción en nuestra capacidad transformadora, al decir de otros. Pero solos, no podíamos lograrlo. Conformamos entonces un nuevo "nosotros". Nos asociamos con otras organizaciones que, generosamente, acudieron en nuestra ayuda para compartir sus conocimientos, para fortalecernos, para enriquecer nuestra práctica.

No fue fácil ni para ellas, ni para nosotros. Construir en la diversidad de criterios, de estrategias, de códigos y a veces, hasta de objetivos, es un desafío.

Asociándonos con otros actores sociales fuimos encontrando la forma de sostener este proyecto educativo, de materializar este sueño.

El Instituto Movilizador de Fondos Cooperativos, creyó en nosotros y posibilitó que contáramos con el predio donde funciona hoy nuestra Cooperativa, cuyo objeto social es, en primer término, la educación. Y su presidente, Don Floreal Gorini, nos honró con su confianza, sin manifestarnos ni por un momento dudas acerca de nuestra capacidad de llevarlo adelante. Todo homenaje resulta insuficiente para con aquel que respetó nuestra estrategia y la avaló sin titubeos. "Un grupo de desocupados que no hacen una cooperativa de trabajo sino de educación... ¡Qué innovadores!" nos dijo y se jugó por nosotros. Cuando abrimos el Jardín Comunitario empezamos a amortizar esa confianza que nos brindara.

En distintos espacios fuimos ampliando nuestros conocimientos, con la Fundación Poleas, aprendimos a poner en palabras la experiencia de gestión de nuestros emprendimientos productivos. Con la Universidad de San Martín, entendimos que la educación diferente que pretendíamos debía tener la impronta de la democratización de las relaciones educativas. Es decir, reproducir en el proceso de enseñanza-aprendizaje, la organización democrática del Movimiento. Con el Centro Nueva Tierra, adquirimos técnicas participativas para asegurar el aporte de todos los integrantes de la comunidad. Con la Fundación Poder Ciudadano, cómo ejercer ciudadanía desde la construcción de ese concepto y su práctica cotidiana. Carlos March, su hoy ex Director Ejecutivo comprendió desde el primer encuentro, cuando escuchó a Toty (Flores) explicar nuestra política y nuestra experiencia, cuál era la esencia de nuestro Movimiento y nuestra práctica. Podría intentar explicar con mil palabras el "nosotros" que nos involucra, pero no lograría plasmarlo como el mismo Carlos (March) lo hace en este libro. Cuando lo leía, con gran emoción, sentía como se reflejaba ese "nosotros" que somos ahora.

La Comisión de Educación y más tarde, la Comunidad Educativa, integrada por miembros del Movimiento, académicos y amigos fue el "nosotros" que nos permitió ir delineando el proyecto educativo, confluyendo en una praxis que amalgamara educación y trabajo, trabajo y educación. Para así seguir construyendo la realidad distinta que nos proponemos cotidianamente, para sistematizar la experiencia, para decir a todos: la realidad en la que creemos se produce. Compártanla con nosotros. Recréenla. Multiplíquenla. *Es posible*.

Hacia finales del primer ciclo del Jardín Comunitario escribí para un boletín un artículo al que titulé:
"A la Comunidad Educativa ¡¡SALUD!!" En él reflexionaba acerca de esa experiencia. Ahora, unos meses después creo importante incluirlo porque cuenta, sin habérmelo propuesto en aquel momento, como se fue construyendo este "nosotros" tan diverso y tan entrañable.

"Comunidad es lo opuesto a individualidad. El desafío era atreverse a construir colectivamente una especie de isla, que no sólo fuera capaz de flotar en el mar del individualismo ¿triunfante? de la época en que vivimos, sino también de tender puentes solidarios que fueran borrando los límites entre el adentro y el afuera de la experiencia, para impedir cualquier forma de exclusión indeseada.

Entonces, empezar a caminar un nuevo nosotros, construido entre los compañeros del MTD y los vecinos, los conocidos, los grandes y los pequeños, fue la aventura más riesgosa y provocadora que se nos presentó este año. Y la transitamos. Con muchos miedos, incertidumbres, traspiés, muchos errores y muchos logros que festejamos con desbordante alegría.

Nos propusimos el consenso y lo ejercitamos, todos han reído y aplaudido escuchando la historia del nombre del Jardín, consensuado por parte de la Comunidad Educativa, y digo parte porque no nos atrevimos a trabajarlo con los niños. Es una deuda que deberemos afrontar más adelante, cuando nosotros mismos hayamos crecido un poco más. Pero finalmente, de los 18 nombres propuestos, de los 15, de los 11, de la aplicación de técnicas grupales, de renunciar a "este es mi nombre y no lo cambio", de renunciar a ganar, pero también evitar que alguno de nosotros pierda, es decir, después de desaprender lo viejo y aprender lo nuevo, tuvimos un nombre trabajado, armado, apropiado por todos y tuvimos un "nosotros": "Crecer imaginando en libertad".

Muchas veces partimos desde puntos de vista aparentemente muy distintos, darnos tiempo para la escucha, para la pregunta, para la aclaración, nos fue acercando a tomas de decisiones colectivas, sin vencedores ni vencidos. Esta, creo, fue nuestra manera de acercarnos a esa otra realidad que deseamos para nuestros hijos, para nuestros nietos, para nosotros mismos. Una realidad sin perdedores, sin aquellos a los que siempre les ha tocado quedarse "afuera" de algo. Una realidad distinta, donde cada uno tiene el valor de ser único, irrepetible y por lo tanto muy importante para los demás.

Posiblemente nadie haya logrado exactamente lo que soñaba, y eso es bueno, porque no hay dos sueños iguales, pero seguramente todos hemos logrado parte de nuestro sueño, y eso lo hace indestructible, porque como todos hemos puesto parte de nosotros en lo logrado, todos estamos dispuestos a defenderlo. A sostenerlo. A mejorarlo en el porvenir.

Este sueño materializado entre todos, es una realidad incuestionable. Nuestro amigo Alfredo Grande escribe, "las creencias producen realidades", y cuando yo lo leo, nos veo el 18 de febrero de este año que termina, sentados en ronda bajo la sombra de nuestro eucalipto, creyendo que esas paredes peladas, sin techo y sin piso, sin puertas ni ventanas, albergarían nuestro proyecto. Nuestro sueño de un jardín distinto, donde los protagonistas fuésemos todos. Y digo, me digo, nos digo ¡¡¡Nosotros lo hicimos!!! ¡¡¡Nosotros podemos cambiar el mundo!!!"

Este "nosotros" de la comunidad educativa ha crecido este año con la aparición de nuevos niños y nuevos padres, con la experiencia del año anterior, con los afectos y las propuestas de los nuevos y viejos vínculos.

A ella se sumaron dos pilares, Francis Rosenberg e Irene Marín, que han venido a enriquecerla con sus saberes y sus experiencias.

No fue uno sino muchos "nosotros" que hicieron posible la experiencia asociativa del MTD. Porque los distintos tramos de este camino, han ido hablando de un mundo muy heterogéneo, impensable hasta que se lo crea y se lo transita.

Una tarde de otoño del año 2004, a través de Carmen Olaechea de la Fundación AVINA, tomamos contacto con la Fundación "Pelota de Trapo", cuando llegamos allí, pudimos ponerle imágenes precisas al sueño que soñábamos para nuestros niños y cuando nos enteramos que mucho de lo que allí se ofrecía se sustentaba con lo producido por una panadería y un centro de impresiones, comprendimos, maravillados, que nuestro proyecto no era una insensata improvisación, sino que otros, como nosotros, lo habían concretado. No quedó allí, en ese encuentro sorprendente, el vínculo con los compañeros de "Pelota de Trapo", desde entonces nuestros educadores contaron con becas para participar de sus seminarios de formación y llegado el día, la comunidad educativa en pleno, disfrutó de una jornada memorable para todos, grandes y chicos, en una de sus granjas. Ese día, una meta que sólo alentábamos quienes habíamos conocido con anterioridad las instalaciones de la Fundación, se hizo carne en toda la comunidad educativa. Una mamá así lo expresaba: "¿Por qué no?, también nosotros, poco a poco, podemos lograrlo".

Cuando de la mano de Carlos March y Poder Ciudadano conocimos al diseñador top Martín Churba dueño de "Tramando" y se puso en marcha el programa "Pongamos el Trabajo de moda –para siempre-", que involucraba a la Fundación Protejer y a la textil Arciel, muchos hablaron de "piqueteros fashion". Nosotros sentimos que habíamos logrado que otros desafiaran a quienes habían elaborado el nuevo paradigma del "fin del trabajo" para el "único mundo posible". Y reivindicamos la fuerza de esas otras voces levantando una consigna que se forjara en la génesis de nuestra identidad, porque somos trabajadores y nuestras necesidades sólo pueden satisfacerse en el ejercicio de nuestra potencia, el trabajo. Porque sabíamos que para los trabajadores, el trabajo es la capacidad de transformar la realidad y sólo a través de su ejercicio esta capacidad logra verificarse.

La búsqueda para asociarnos con otros trajo también sorpresas y alegrías. Recibimos el aporte solidario de muchos con los que nunca hubiéramos pensado contar, el presidente de la Confederación General Económica, Don Ricardo Faerman gestionó y dispuso un subsidio para la remodelación de las aulas y los baños que necesitábamos para comenzar el Jardín. Este encuentro con los empresarios transcurrió gracias al puente construido por el consultor Jorge Giacobbe. En ese entonces recién nos conocíamos y nos impresionó vivamente, pues formó parte del grupo que participó de las primeras conversaciones con Gas Natural BAN y defendió los intereses de nuestro Movimiento como el más aguerrido de nuestros compañeros. Su vehemencia ha pasado a formar parte de la historia oral del MTD y cuando se habla de "firmeza" en una postura, sale a relucir la claridad indiscutible de Jorge para exponer "su punto". Este hombre de genio vivo y espíritu apasionado, jugará luego muchas veces con "nuestra camiseta", desde la diversidad de concepciones y visiones y fundamentalmente desde la honestidad intelectual y la confianza en el vínculo.

De la mano de Ricardo Faerman, que se ha ido convirtiendo en protector y excelente propagandista del Jardín, llegó a nosotros una mirada llena de inteligente y generosa sensibilidad, Majo Faerman, es hoy, quizás sin proponérselo, la madrina de los niños y los padres de nuestra Comunidad Educativa. Sus manos amigas, colmadas del regalo preciso, que cubre una necesidad pero al mismo tiempo, es una caricia para el alma. Los juguetes más deseados, la ropa más bonita, pensados para cada uno de nuestros niños que en cada encuentro le dedicaran, desde sus ojitos encantados, el agradecimiento profundo de sus corazones colmados, acaso por primera vez. A ella y a su empresa de seguros debemos el contar con la tranquilidad de un seguro que cubre a nuestros chicos en todas las actividades que realizan en el Jardín C.I.E.L.

La Fundación "Raoul Wallenberg", sede Argentina, comprometió su esfuerzo para aportar al proyecto educativo y donó los sueldos de los educadores para los tres últimos meses del ciclo 2004, cuando todos los recursos del Movimiento se habían agotado, debido al esfuerzo de los meses anteriores.

Interesado en la experiencia del MTD La Matanza, se acercó la empresa GAS Natural BAN S.A. y nos propuso realizar con ellos una experiencia de "Educación para el consumo responsable" de gas, que estaba proyectado para varias manzanas del Barrio "La Juanita", con ellos y con la incidencia de Poder Ciudadano, logramos la rápida aprobación de los proyectos para la instalación de la red de gas natural en el Barrio y más tarde nos donó la "bajada" de la red para el Jardín y ocho estufas de tiro balanceado para calefaccionar todas las aulas de la cooperativa. Y a través de su Fundación Gas Natural Ban recibimos leche para todos nuestros niños del Jardín y sus hermanitos. Patricia Slocco de la Fundación, es también parte del nosotros que queremos un mundo solidario para todos.

A principios del 2005 realizamos una capacitación con la Fundación Compromiso, con su coordinador Juan José Bertamoni, "Yayo", logramos un "nosotros" desde la primera reunión. El fue el principal gestor de ese "lazo". Su sensibilidad, su sencillez y su paciencia lograron que nuestro "núcleo" de compañeros —autodenominado con orgullo "la armada Brancaleone" (en referencia a la mítica película del cine italiano de los años 70) símbolo de que la voluntad puede suplir muchas veces a la organización, aún a despecho de los resultados— condescendiera a dar pasos ciertos en un período de "institucionalización". Aceptamos el desafío de convertirnos en un modelo nuevo, donde sin perder la espontaneidad y la creatividad que nos caracteriza, podamos cumplir la tarea que nos convoca. Con Yayo Bertamoni fuimos "nosotros", de no haber sido así, jamás hubiéramos podido redefinir la misión de la cooperativa, esa que nos propusimos más allá de lo expuesto en su objeto social. Nos animamos a deconstruir y reconstruir juntos la propia historia, para llegar, agotados por el esfuerzo y orgullosos por el resultado, a definir como nuestra meta *"desarrollar en las personas una cultura comunitaria, reconstruyendo los lazos solidarios, a través de la educación y el trabajo"*. Adquirimos en el trayecto las herramientas para la autoevaluación y este nuevo conocimiento será parte ineludible para la evolución de nuestros proyectos de trabajo y educación. Ahora sabemos que mirándonos hacia adentro, con ojos críticos y honestos, podemos mejorar nuestras prácticas, para nosotros y para los demás.

Las experiencias asociativas generaron también espacios del "nosotros", muchos pueden decir que son coyunturales o tratar de restarles importancia, adjudicándolos a los beneficios del "marketing social". Nosotros preferimos anclar estas formas de relación en sentimientos afines: el respeto por la dignidad humana, el rechazo a las perversas políticas de exclusión que atacan a todos los sectores sociales en beneficio de cada vez menos personas. La voluntad de integración de los actores sociales en la búsqueda de un futuro mejor.

Son "nosotros" que se sostienen en la identidad común, en los mejores valores de la especie humana, **no es poco.**

Puentes que redimensionan el "nosotros"
Lazos que desconocen las fronteras

Siempre contamos la influencia que tuvo en nuestra organización, la participación en el 1º Foro Social Mundial, que luego se repetiría en todos los realizados, como aquel, en Porto Alegre, Brasil.

Allí conocimos al MTD de Porto Alegre cuando recién nacía. Hoy es una organización nacional. Con ese Movimiento nos une, además de la lucha por el trabajo, el compromiso de cambiar el mundo todos los días, creando conciencia, autogestionando una vida digna para nosotros y nuestros hijos. Tenemos historias y contextos diferentes pero una misma identidad: somos trabajadores en la lucha por la transformación de la realidad. Para el MTD La Matanza, ha sido una fuente de inspiración que potenció nuestras acciones. Nos mostró que era posible establecer espacios comunitarios, donde poner en práctica nuestros sueños. Que nuestra consigna "Por tierra, trabajo y libertad" era levantada por otros, en otros territorios. Que no estábamos solos. Que más temprano que tarde, el otro mundo posible, está construyéndose.

Siempre recuerdo, en los momentos de mayor desencanto, que no son muchos, pero los hay, un paseo con Lourdes Santin, una de las referentes del MTD de Porto Alegre, en su asentamiento del Dorado do Sul. En medio de ese lugar de magnífica belleza y paz, contándonos los obstáculos, las pequeñas batallas perdidas en el cotidiano, los logros, las alegrías, las satisfacciones, las incertidumbres que eran tan parecidas, a pesar de las diferencias y las distancias. Nos da mucha fuerza saber que compartimos tantas cosas, que la geografía no logra separarnos.

Cada encuentro decía Pichon Riviere, es un reencuentro, y en algunos casos, como con el MTD de Porto Alegre, ese reencuentro fue con nosotros mismos. Cada vez que nos sentamos a intercambiar experiencias, pensamientos, proyectos, hablamos de "nosotros", somos "nosotros".

Brasil nos ha dado amigos entrañables, Marta Zulami Gutierrez y Rosa Quintana, dos compañeras uruguayas, radicadas en Brasil, que fueron nuestras anfitrionas en aquel 1º Foro y a las que nos unen e involucran iguales sueños. En principio fue el idioma compartido, que posibilitó el vínculo. Recién llegados a Porto Alegre y sin entender siquiera el portuñol, –hoy somos capaces de comprender y participar en exposiciones gracias a este curioso "dialecto"– Marta y Rosa "nos adoptaron". Marta Gutiérrez iba y venía, infatigable, pues ella misma trabajaba en la oficina de traducciones del Foro, llevándonos y trayéndonos desde la "Puqui" –Universidad Católica de Porto Alegre– hasta el Acampamento, con todos nuestros bártulos (más de cincuenta kilos de libros, remeras y folletos explicativos de la experiencia fundacional de la Universidad Popular de las Madres de Plaza de Mayo, que nos habían encargado las Madres. Rosa, sabiendo que deseábamos hacer reportajes, para el programa semanal que el Movimiento transmitía desde FM Encuentro, "Encuentro con los Trabajadores Desocupados", nos trajo una noche al Acampamento, nada menos que al presidente del Partido de los Trabajadores de Porto Alegre, para que conversar con nosotros, poniendo a nuestra experiencia radial, en Laferrere, a la altura de la BBC de Londres. No sabremos nunca lo que le dijo, pero logró que fuera él quien viniera a darnos el reportaje, cuando, en realidad, nosotros estábamos dispuestos a ir adonde nos propusieran. Más tarde, en los Foros que vinieron, ya nunca más llegamos a "tierra extraña", pues teníamos allí dos amigas listas para recibirnos con los brazos abiertos y hacernos sentir "en casa". Es que el "nosotros" iba mucho más allá de la lengua, tenía raíces en la batalla de todos los días, de todos los años, de todas nuestras vidas, construyendo el mundo que soñamos.

Fuimos "nosotros" con Claudio, un arquitecto argentino que anda por París buscando crear comunidad en las calles impersonales y educadas de la vieja Europa. Estaba encargado de construir una especie de monumento recordatorio del Foro, con piedras aportadas por todas las organizaciones participantes. Pasamos con él muchos momentos de amena charla, contándonos la vida, las diferentes realidades de aquí y allí y los mismos sueños. Reflejamos ese "nosotros" en el primer libro de MTD Editora "1° Foro Social Mundial, desde los Desocupados", en el que publicamos un poema suyo que llegó de sopetón una madrugada para extender el encuentro y se quedó para siempre en nuestra historia.

Y con Renato De Nicola, al que pertenece otro de los poemas del libro. Renato es integrante de la organización Comitato Anti Wto, en Abruzzo, Italia. A él lo habíamos conocido en la Universidad de las Madres, unos días antes de viajar para el Foro, venía con la idea de aportar una piedra con el nombre de su organización y una frase "¡Ya basta!", a la propuesta de Claudio, el monumento de piedras. Buscamos para él esa piedra y gracias a ello, llevamos la nuestra. Cada tanto nos encontramos y nos abrazamos sin necesidad de muchas palabras, confiamos en que cada uno está dando lo mejor de sí en esta militancia de la vida.

Cuando hablamos de militancia de la vida no puedo dejar de recordar a un grupo de estudiantes de Porto Alegre, João, Favio, Arturo y más tarde a Angélica que conocimos en el 2° Foro. De ellos recibimos la caracterización del Movimiento como "militantes de la vida" y a partir de allí incorporamos esta definición que nos enorgullece. Los recibimos con alegría en La Juanita y nos seguiremos cruzando seguramente en el camino, sabiéndonos más cerca o menos cerca en lo conceptual, en lo coyuntural, pero con los que nos une un "nosotros" de tiempo compartido, de recuerdos comunes, de utopías —esas, que dice (Eduardo) Galeano, nos sirven para caminar.

También escribió para nuestro primer libro Joel Suárez, coordinador del Centro "Martin Luther King" de La Habana, Cuba. Le habíamos pedido un reportaje cuando lo encontramos en el "Acampamento de la Juventud" en el "Parque la Armonía", no pudimos concretarlo allí y finalmente lo hicimos en el Café Literario "Osvaldo Bayer", en la Universidad de las Madres, al regreso a Buenos Aires. Le contamos por correo que queríamos publicar ese largo reportaje en el libro que estábamos por editar y estuvo de acuerdo. Más tarde descubrimos que cuando él caracterizó al Foro de "multifacético y multicolor", había también señalando así, sin proponérselo, la impronta que tendría luego el libro. Porque éste resultó ser un conglomerado de voces y experiencias, que para algunos pudo significar un atentado a la empresa editorial en su conjunto, pero que a nosotros nos pareció maravilloso, por lo menos en aquella época. Hoy nos hemos vuelto más autocríticos. De Joel siempre recordamos y admiramos su capacidad integradora, es un bautista marxista revolucionario y eso, a nuestros ojos, es un ejemplo de sincretismo para sumar a nuestra identidad. Implica, también, una forma del "nosotros".

Conocimos a Eliel Machado, del Núcleo de Estudios de Ideologías y Luchas Sociales, de Saô Paulo, que nos aportó conocimiento y nos gratifica con su deferencia. Nos reencontramos con Renato Nucci, al que conocimos en el Tercer Encuentro de Trabajadores Desocupados, aquí en La Matanza, en el año 1997 y al que hemos recibido en nuestro CEFoCC. Con todos ellos nos hemos sentido "nosotros", porque nos hermana la misma concepción de sujeto y de mundo y la firme convicción de que es preciso luchar para construir una realidad capaz de albergarla.

Hemos transitado tantos "nosotros" diferentes, todos ellos con sus aportes, con sus enseñanzas, contribuyendo a forjar nuestra identidad, nuestro presente y el futuro por el que empeñamos toda nuestra vida. También hay "nosotros" para la pura broma, para la inocente travesura, para el juego. Anécdotas que forman parte de nuestra historia, de la mística de la alegría, que nos identifica, historia que no termina y se va construyendo de nuestros regocijos tanto como de nuestros grandes esfuerzos y fatigas de todos los días. La historia oral del MTD, compartida en largas sobremesas, da cuenta de un nosotros conformado por gentes de las más variadas latitudes.

En este recorrido por la historia, las múltiples historias del "nosotros", van apareciendo amigos entrañables, cómo no mencionar a Nelson Rojas y a su mujer María Delia de Rojas, dos uruguayos con los que compartimos muchas cosas. Son "libreros", militantes y autonomistas. Nos hemos encontrado en Foros, acá en La Matanza y allá, en su Montevideo, "el paisito" como lo llaman. A veces lejos y a veces cerca, siempre en un camino común que nos encuentra y nos reencuentra, siempre trajinados, empeñados en una tarea común, construir "otros mundos posibles".

De los que llegaron al CEFoCC desde muy lejos y se quedaron para "siempre", hay uno que ocupa un lugar muy especial en mi corazón, Vito Fodera, de Sicilia, Italia. Llegó a La Juanita directamente desde el Foro Social Mundial en el 2003, y se quedó con nosotros casi un mes. Tenía, en ese entonces, 21 años. Venía de participar activamente en las luchas de antiglobalización corporativa en Europa. Había estado en Génova, en aquella famosa represión, increíble para la civilizada Europa del euro. Era, como nosotros, un militante de la vida. Infatigable, con la fuerza, la curiosidad, la pasión, de sus pocos años. Con el compromiso de un militante fogueado en la lucha, con la sensibilidad de un niño, con la convicción de un hombre. Con él recorrimos no sólo la historia del país, del movimiento, desde su gestación hasta el presente, sino también la propia historia. La historia del pasado, la profunda admiración, el reconocimiento, la memoria viva, de nuestros 30.000 compañeros desaparecidos.

Eran tiempos muy difíciles para el Movimiento y su entusiasmo nos fortalecía internamente. Su visita nos sacó de un aislamiento que nunca antes habíamos conocido. Era el momento de mayor retraimiento del MTD, las Asambleas habían retrocedido y todavía no podíamos mostrar los resultados de nuestra experimentación. Con él visitamos las fábricas recuperadas, el barrio "Almafuerte", conocido como "Villa Palito". Las calles de nuestro territorio le llegaron a ser tan familiares, que nos tenía en vilo, con esa confianza campechana, que había ganado su corazón y que lo hacía volver de madrugada, solo, con la filmadora en la mano, saltando alegremente para golpear en la ventana con su: "¡Putana Madre! Despiértense, ábranme!". Sabiendo que no despertaba a nadie, porque allí estaba Miguelito González, atento a cualquier ruido extraño. Pero así era el Vito de entonces, espontáneo y alborotador.

Un día lo llevamos a una presentación de nuestro segundo libro "De la culpa a la autogestión", en aquella época recientemente editado. Y, de sorpresa, le propusimos que hablara en el panel. Sabíamos que lo había comprado y lo habíamos visto leerlo. Aceptó el desafío y sus palabras para con nuestra obra, fueron una de esas caricias al corazón, que jamás se pueden olvidar. Ese muchacho había captado la esencia de nuestra historia, la esencia de cada uno de nosotros mismos. Escuchándolo reafirmé la certeza de que son los jóvenes, como siempre ha sido, quienes luchan con la mayor vehemencia por convertir en realidad los sueños. Vito nunca se fue del todo, como prueba de ello dejó en un armario del CEFoCC su remera de "combate", la que llevaba puesta en Génova, en las jornadas de lucha Antiglobal. No quedó en el símbolo la construcción de ese "nosotros", Vito milita desde entonces para el MTD en Italia. Hizo traducir nuestro libro "De la culpa…" al italiano, realizó un trabajo de multimedia que lleva por título "La cabeza piensa, donde los pies pisan", una frase del pedagogo Paulo Freire, que se puede leer en una de las paredes de nuestra sala de reuniones. Es un trabajo de investigación exhaustivo, con reportajes a los compañeros, fotos, locaciones, ¡hasta cuenta las posibles raíces del nombre de nuestro municipio! Anda por su país contando sobre nosotros, lo que el capitalismo ha hecho a los trabajadores, lo que los trabajadores estamos haciendo, ¡nuestra apuesta a la vida! Trabajo y educación. Educación y trabajo. El proyecto educativo y los emprendimientos.

Con el producido de las ventas de su material, Vito ha aportado al Movimiento más de cinco mil pesos en estos años. Cada tanto recibimos largos correos donde nos cuenta sus andanzas, o algún llamado telefónico, largo casi como una visita, que debemos a la comprensión de sus padres, –Vito siempre nos llama cuando está en Sicilia, en su casa familiar—. En el CEFoCC se produce un gran revuelo, el teléfono va pasando de mano en mano, como si estuviéramos en la ronda, y cada uno da y recibe información acerca de la vida, las luchas y los proyectos, de un lado al otro del Atlántico. Nuestras voces viajan y se estrechan en un abrazo, en un "nosotros" que ya nada puede desdibujar. Ni el tiempo, ni la distancia, ni los largos períodos de silencio que transcurren entre una y otra "visita" mediática. Sabemos que Vito tiene proyectado terminar su carrera este año y venir a La Matanza. Acá está su remera, su lugar en el mundo y en nuestro corazón. Vito es nuestro militante internacional.

Una mañana de marzo del 2003, en medio de una lluvia torrencial, con los empapados pantalones arremangados hasta la rodilla, llegó al Centro una muchacha alemana, Friederike Habermann. Venía buscando experiencias autonomistas y es conocida la anécdota, se pasó la tarde conversando con nosotros, pero lo que más la fascinó fue haberle hecho un largo reportaje al compañero que ella eligió y enterarse, casi al final, que el compañero llevaba con nosotros sólo siete días. Para ella, la ausencia de voceros, la absoluta libertad para elegir con quién hablar y qué preguntar, había sido una demostración cabal de cómo se ejerce la autonomía, más allá de cualquier conceptualización, más allá de cualquier teoría declamada. Este "nosotros" significó dedicar un espacio para nuestra experiencia en su libro "Aus der Not eine andere Welt" —Gelebter Widesrstand in Argentinien—, que no hemos podido leer, aún cuando lo tenemos en nuestra biblioteca, porque está escrito, por supuesto, en alemán, y a la espera de alguna visita que pueda traducírnoslo. Sin embargo, que allá tan lejos, se nos conozca, que nuestro hacer se difunda, es otra forma del construir "nosotros", y es un aporte necesario porque conocemos la fuerza de los símbolos. Sabemos que todo lo que son capaces de hacer los que, como nosotros, lo han perdido todo, servirá de estímulo para muchos otros, condenados a quedarse "afuera" cuando los del "adentro", cada vez más pequeño, así lo determinen.

A mediados de ese mismo año, llegó a La Juanita Dennis Rodger, un antropólogo, mitad suizo, mitad inglés, que estaba en Argentina por varios meses, realizando una investigación sobre movimientos sociales y también interesado en la aplicación del presupuesto participativo. También Dennis escribe en este libro, por lo que me remitiré a contar algunas intimidades del "chele" pandillero, como lo conocieran en Nicaragua, donde vivió y compartió las vicisitudes del campo popular. Dennis nos visitó muchísimas veces en el CEFoCC, comió con nosotros, en la cooperativa y en casa. Fue como uno más y se atrevió a la aventura sin vacilaciones. Como aquel día en que le tocó hacer honores a un pejerrey de río que había pescado Elio Figueredo, nuestro vecinito, y cocinado Toty, por suerte con una salsa bien picante. Y digo por suerte porque el pobre pescado había vivido más en el barro que en el agua y no pudo ocultar en el sabor de su piel ese rastro. Elio se había mostrado tan entusiasmado de invitar al "extranjero" con el producto de sus habilidades, que Dennis no tuvo corazón para desilusionarlo. Dennis realizó largas entrevistas y acuñó para nosotros una caracterización de "esponjas" que adoptamos de inmediato. Las profundas diferencias, de contexto, de historia, de caminos, no lograron imponerse a ciertas semejanzas que descubrimos, a algunos placeres compartidos, un buen vino, un budín inglés hecho por mi vieja. De Dennis tengo además del afecto, un agradecimiento para siempre, cuando lo recuerdo a la puerta de la casa de mi madre, con un ramo de frescias en la mano, porque había tenido la delicadeza de recordar que esas eran sus flores preferidas.

En enero del 2004, poco antes del encuentro de organizaciones autonomistas, que se realizó en el predio de "Roca Negra", en la localidad de Lanús, que se convocó con el nombre de "Enero Autónomo", irrumpió en medio de nuestros preparativos para participar en dicho encuentro, una joven activista norteamericana, Jenny. Había traído un dinero con la idea de comprar remeras y estamparlas con el diseño que se había elegido como ícono del "Enero Autónomo", con lo producido de su comercialización, Jenny quería colaborar con los movimientos de trabajadores desocupados. Nos llamó para comentarnos su idea y ver si podíamos ocuparnos de estampar las remeras en serigrafía. Teníamos muy poco tiempo y bastante dificultad para comunicarnos. Cuando finalmente nos encontramos, ya no había forma de preparar el "shablón" —una matriz para la estampa— para la impresión. Su entusiasmo podía más que cualquier inconveniente. Recuerdo que corrimos un viernes a las siete de la tarde por la zona del barrio de San Telmo, buscando un taller que nos preparara la filmina —un elemento indispensable para hacer el trabajo—. Cuando llegábamos a una dirección, nos mandaban a otro lugar, hasta que finalmente nos dimos por vencidos. Pero Jenny no estaba dispuesta a renunciar a su proyecto. Se vino con nosotros a La Juanita. Insistió tanto que inventamos todas las formas artesanales que conocíamos e intentamos recuperar todos los viejos "shablones" que teníamos para realizar finalmente el trabajo. Algo hicimos, pero no logramos ni una sola impresión perfecta. Fuimos eliminando un error tras otro hasta lograr una imagen "pasable", que no convencía a ninguno de nosotros pero satisfacía a Jenny lo suficiente como para presentarlas en nuestro puesto, en Roca negra. Con compromiso militante varios participantes pasaron por allí para elegir la suya. Jenny no cubrió jamás los gastos, pero nos dejó su alegría, su determinación y una excelente información para trabajar el tema del ALCA con amigos y vecinos, puesto que es una experta en este tema. También quedaron como insumo, varias decenas de remeras blancas con el logo de "Enero Autónomo", que fueron ofrecidas en la feria que se realiza todos los días en el CEFoCC y aún hoy es posible verlas lucir entre nuestros agradecidos vecinos, pues si bien el estampado no resultó impecable como hubiésemos querido, la calidad del algodón compensó todas las fallas. Jenny, ha venido a visitarnos este año y también tuve la suerte de encontrarla durante el encuentro en Worcester. Está trabajando en un sindicato de trabajadores de la limpieza en New York, haciendo crecer el "nosotros" que compartimos.

El 18 de febrero del 2004, se realizó la primera reunión con los padres de los niños inscriptos en el Jardín Comunitario, para comenzar a construir con ellos la Comunidad Educativa que soñábamos. Lo que nunca hubiéramos soñado es que esa mañana, recibiríamos en nuestro Centro, la visita de cuarenta japoneses, recién llegados al puerto de Buenos Aires, en el "Barco de la Paz", el Peace Boat. Un crucero autogestionado por una Fundación del país del "sol naciente", que recorre el mundo repleto de pasajeros que, además de disfrutar de un paseo de tres meses alrededor del orbe, eligen conocer las diversas realidades de sus pueblos, más allá de los vistosos decorados citadinos. Al optar por este curioso servicio de turismo, subsidian a jóvenes que van subiendo en los distintos países, para recorrer con ellos un tramo del viaje, contándoles sus experiencias a otros y enriqueciéndose con ellas. ¿Se imaginan a cuarenta japoneses de paseo por las calles del barrio La Juanita? ¿se imaginan el asombro de los vecinos? El idioma, una vez más fracasó como barrera y juntos nos emocionamos en un encuentro que sirvió para sorprendernos mutuamente. Con la traducción de Ishiro Gutierrez, un japonés mexicano, de por medio, logramos entendernos para siempre. Desde entonces, el Peace Boat, nos visita cada vez que llega a Buenos Aires, siempre con un presente para obsequiarnos, siempre con sus sonrisas y sus reverencias amistosas, con una bandera o una canción, con materiales para el Jardín y sus pajaritas de papel y todos vivimos ese momento exótico con el mismo placer de aquella primera vez.

Cuando en el año 2004, abrimos el Jardín Comunitario del MTD, contamos con una profesora ad-hoc, de inglés norteamericano para nuestros niñitos. Kendra Ferher, militante de WoGAN, viajó todas las semanas desde la Capital, donde vivía y trabajaba, hasta La Juanita, para compartir con nosotros esta primera experiencia educativa. Formó parte del equipo de educadores. Convivió con nosotros en el CEFoCC, compartió el frío y la comida, las incomodidades, en fin, el cotidiano con todas sus buenos y no tan buenos devenires. Militó con nosotros. Tomó esta tarea militante como importante para su formación pedagógica. Es muy interesante que jóvenes como ella, que acceden a las universidades del super calificado imperio, vengan a "formarse" en los movimientos sociales –más cuando los hijos de la burguesía argentina, sueñan con el master obtenido en la universidad de Chicago, por ejemplo–. Kendra ha sido con "nosotros", y seguramente una parte importante de su militancia futura, transcurra donde transcurra, dará cuenta de ese "nosotros" construido. He tenido el placer y la alegría de compartir con ella largas conversaciones, aquí en La Juanita y en su casa en Worcester, siempre hemos descubierto cuánto de las prácticas de unos enriquecen e inspiran las de otros. Actualmente Kendra trabaja como pedagoga y toma como referencia constante la práctica que realizó en el MTD La Matanza.

En el invierno del 2004, también llegaron al CEFoCC, varios estudiantes estadounidenses interesados en nuestra organización. Entre ellos, Grace Cornell, de Seatle, y Alexis Lainoff, de California, EEUU. Grace, hablaba español con bastante pericia y Alexis recién estaba intentándolo. Cada una de ellas se integró a la vida cotidiana del Movimiento desde sus muy diferentes personalidades, pero ambas decidieron adoptar al MTD como base de su visita por Argentina. Con Alexis la relación pasó, en ese primer contacto más por los afectos y las simpatías que por el intercambio de palabras. Muy tímida y con las dificultades del idioma, la vimos acompañar en silencio las reuniones, las charlas, el hacer del día a día, nos conectamos desde el sentimiento. Grace se prodigó con su arrolladora personalidad en cuanta tarea se proponía. Dio clases de inglés, colaboró en todos los emprendimientos, preguntó y opinó como una más de nosotros. Ni siquiera una infección en las vías respiratorias que importó desde el sur de Chile, logró amedrentarla y confinarla en algún lugar más "conveniente" para su salud. De todos nuestros visitantes fue la más estoica, compartió el frío y la escasez con entusiasmo y prefirió "el calor humano" a la tentadora calefacción artificial de la ciudad. Nos ganó el corazón. Volvió en el verano, viajó con nosotros al 5° Foro Social Mundial, en Porto Alegre. Grace y Alexis estaban en Brasil en enero de este año y viajaron a Argentina sólo para visitarnos e ir junto con nosotros a Porto Alegre. A eso también le llamamos militancia, con ellas somos un "nosotros". Grace está, además, traduciendo nuestro segundo libro al inglés y en simultáneo éste, el tercero.

También en el 2004, conocimos a Harold Picchi, un argentino que estuvo viviendo en Italia y que trabaja para la Organización "Chicco Mendez" que se dedica a la comercialización de cadenas de valor de "precio justo" y trabajo no explotado. Con él estamos construyendo un proyecto muy importante que comenzó con la producción de unas muestras de remeras de nuestro taller, que ya han sido aprobadas y continuará este año, con una exportación de cien mil remeras y diez mil chombas. Este año, durante el mes de febrero llegó a la cooperativa con dos invitados italianos que no hablaban muy bien el español. Como se habían retrasado, los invitamos a pocos minutos de conocernos, a participar de la actividad que teníamos programada. Se trataba de una clase de capacitación para las educadoras del Jardín de Infantes. La clase requería de la participación de por lo menos diez compañeros, para que las capacitadotas pudieran desplegar toda la técnica. Todos los viejos y aguerridos militantes nos habíamos comprometido a participar. Así que nos sacamos los zapatos en la puerta del aula y entramos. Francis e Irene habían preparado un laberinto de cartón corrugado por el que fuimos invitados a deambular, acompañados de una música especial que reproducía los sonidos de una selva. Luego, avanzando en la técnica, nos fuimos convirtiendo en animales, en predadores más tarde y finalmente en una comunidad solidaria que compartía su territorio y se respetaba, complementándose. Finalizaba la experiencia con la composición de una maqueta común, donde estábamos todos los animales, en un plácido paisaje selvático. No hubo mucho para conversar, pero las miradas, el entusiasmo por sumarse a esa convocatoria inesperada, dio muestras de la facilidad que tenemos los seres humanos para congregarnos y unirnos en un proyecto común, en un "nosotros", cuando se crean espacios que lo hacen posible.

Un "nosotros" en el lugar menos pensado
El MTD en la Caravana Autonomista

A fines de septiembre del 2003, nos llegó una invitación de la organización Worcester Global Action Network. –WoGAN–, para participar de la Caravana Autonomista que se realizaría desde mediados de octubre hasta fines de Noviembre, por distintas ciudades de Estados Unidos. Proponían que un compañero del MTD interviniera en ella, para llevar la propia voz de los movimientos sociales en Argentina, aportando la experiencia, nuestras formas de organización y las acciones que realizábamos. La invitación incluía los gastos de pasaje y estadía, la visa, todo. Sólo se necesitaba tener el pasaporte. Después de una ronda de consulta resultó que la única que tenía el pasaporte en regla era yo, de manera que se decidió que viajaría.

(Recuerdo que en febrero de ese año había estado por cuatro días en NewYork, invitada por una cátedra de la Universidad de NY. La invitación me había llegado

por intermedio de Jhon Patrick, un alumno del Profesor Daniel Mato, un amigo que había incluido como lectura recomendada a sus estudiantes, nuestro libro "Primer Foro Social Mundial desde los Desocupados", en el que yo había escrito un texto titulado "Algunas reflexiones sobre la mística" que le había interesado, y había andado preguntando quién era la autora y qué andaba haciendo por la vida. Con Jhon mantuve durante largo tiempo correspondencia para preparar los detalles del viaje, que se complicaban por mi absoluta ignorancia del idioma. Nunca me atreví a decirle que las dos primeras veces que me llegaron los pasajes por correo electrónico los eliminé porque no reconocía el remitente, que era el de la agencia de viajes y estaba en inglés, por supuesto. Una vez allá me alojaron en la casa de un militante por los DDHH en Colombia, Gary y me trataron muy bien, pero el idioma fue una barrera importante. Sin embargo las traducciones durante el encuentro fueron muy profesionales y el resto del corto tiempo que pasé allí, logré comunicarme con mi anfitriona Jackie, que no hablaba una palabra de español, pero teníamos tantas ganas de hacerlo que utilizamos señas, un diccionario inglés-español y ¡hasta palabras en italiano!, y pudimos conversar como dos horas, y contarnos una pequeña parte de nuestras vidas, entre risas y exclamaciones de alegría cuando por fin dábamos con la palabra adecuada. Lo logramos y quizás ésta anécdota sea parte de nuestras historias, aunque tal vez nunca volvamos a vernos. He querido relatar esta pequeña anécdota porque fue la primera vez que nuestro Movimiento participó, como tal, en un evento internacional.)

Volviendo a mi participación en la Caravana, es importante mencionar que viajé aterrada, porque había estado ya en EE.UU. y sabía de las dificultades que tenía con la comunicación. Antes de partir había conocido a Kendra Fehrer, de WoGAN, que me acompañó y guió en la tramitación de la visa, asistiéndome para que viajara tranquila y no pasara "apuros" para afrontar los gastos que demandaba el traslado. Kendra es una muchacha muy dulce y sus maneras suaves y sosegadas, complementan un accionar disciplinado y eficiente que "relajan" a cualquiera. Muchos después se asombró cuando le conté mis temores y me alegró saber que por lo menos la había podido proteger, yo también a ella, de mis más negros presagios.

Pero esta vez todo fue increíblemente distinto. Cuando llegué a Nueva York, me esperaban en el aeropuerto dos jovencitos (la mayoría de los activistas norteamericanos que conocí son jóvenes) uno era R. J. (al que llamé "Archie", durante varios días, porque la fonética de sus iniciales sonaban, a mi durísimo oído argentino, como el del nombre de una revista de mi infancia) que hablaba muy bien el español y el otro un psicoanalista brasilero, Alessandro, militante de la lucha por la desmanicomialización, que hablaba un excelente "portuñol" a pesar de ser de Saô Paulo. Desde ese primer momento y por durante los quince días que duró mi estadía, siempre estuve acompañada por gente que hablaba mi lengua, que me traducía permanente e infatigablemente todas las conversaciones, R. J. primero, Matt Feinstein después, Joseph, todos con una infinita paciencia, y con la preocupación constante de buscar la palabra adecuada para traducir durante las charlas que fuimos dando, los "modismos", los "neologismos" propios de los movimientos sociales en Argentina que tienen tanto significado para nosotros pero que, muchas veces, resultan intraducibles.

En ese trabajo por construir códigos comunes, también se va hilando un "nosotros", un "nosotros, éstos que estamos aquí", separados por nuestra diversidad, por nuestra cultura, por el lenguaje y muchas, muchísimas veces hasta por las múltiples necesidades de contextos tan distintos, pero "nosotros" todos buscando la manera de cambiar la realidad, de transformar el mundo, de militar por la vida.

La noche que llegamos a Worcester nos presentamos en un centro colectivo de artistas que habían preparado un show musical y a su término una pequeña charla con nosotros. Allí me encontré con el abrazo increíble de Cha Cha Connor, una entusiasta activista de la organización WoGAN, que nos había visitado también en La Juanita, una cruda tarde de invierno, impresionando a los compañeros con su rubia cabellera, su contagiosa alegría y la voluptuosidad inocente de sus movimientos. Nadie olvidó jamás esta visita. Recuerdo que había llegado con un jovencito de pocas palabras y cándida sonrisa, que decidió volverse a dormir a Capital, pasadas las diez de la noche. Eso en La Matanza, en pleno invierno, es ser intrépido. Como no podíamos disuadirlo Toty se ofreció a acompañarlo y Cha Cha y yo nos quedamos conversando largamente, de la militancia, de nuestras experiencias y anhelos, durante las dos horas y media que les llevó encontrar un colectivo para el muchacho. A nosotras se nos pasaron en un suspiro, hasta tuvimos tiempo para que ella me enseñara a fabricar títeres con cartón para presentar la temática del ALCA con un lenguaje accesible y entretenido. Fue un gran placer encontrarla en su territorio y recrear la intimidad de esos momentos compartidos.

La sorpresa en ese primer viaje llegó antes aún de comenzar la gira, durante el primer fin de semana en, Worcester, Massachusetts, en la casa colectiva Go-Go, donde un grupo de personas comparten la vida, luchando codo a codo contra el individualismo operante en el corazón del imperio, - para mi sorpresa había visto los carteles a la entrada de NY, THE IMPIRE, de manera que éste término no es sólo una valoración subjetiva y personal -. Un llamado telefónico modificó, inesperadamente, mi itinerario. Graciela Monteagudo del Proyecto Argentina Autonomista, que se había sumado con su propia gira al programa de la Caravana, para aunar esfuerzos y no desperdigar voluntades, llamaba desde Montpelier, Vermont, para comentar que Neka Jara, del Movimiento de Trabajadores Desocupados de Solano, a la que había invitado para viajar con ella a Canadá y posteriormente unirse a nosotros, no podía llegar a tiempo y por consiguiente se había quedado sola para realizar esas presentaciones.

En realidad creo que Graciela, a la que conocí en ese momento, porque fui yo quien reemplacé a Neka, no necesitaba una compañera de argentina para las presentaciones, puesto que ella misma lo es, y aunque ya van para diez años que vive en EEUU, es una militante de toda la vida. Sino que lo que Graciela Monteagudo generosamente ofrecía era la posibilidad de que nosotros, los movimientos sociales, tuviésemos la oportunidad de expresarnos a través de la propia voz en un ámbito donde muchos acceden para hablar en nuestro nombre. Y afirmo esto porque además de ser licenciada en Filosofía, ella es una artista reconocida por su trayectoria y no sólo realiza durante sus presentaciones una excelente caracterización de los acontecimientos recientes y una síntesis impecable de la historia de Argentina, sino que presenta un show de títeres y dos canta historias que, más allá de emocionar al público desde el corazón, planta en sus cabezas a veces incrédulas y otras muchas impresionadas, las luchas, tribulaciones, muertes y renaceres de la vapuleada vida de la clase trabajadora en nuestro país.

En fin, que de improviso me ví en un bus primero y en un auto después, camino de Montreal, en compañía de una nueva amiga y compañera, coreando a voz en cuello las viejas canciones de la revolución española, a toda marcha sobre las rutas del dragón. Rápidamente nos reconocimos Graciela Monteagudo y yo, no por habernos visto antes, ni por la edad, porque ella es mucho más joven que yo, sino porque teníamos la misma lucha, cambiar este mundo por otro u otros, en los que los "arriba" y los "abajo", los "dentro" y los "afuera" indicaran el lugar de los objetos y no el de las personas como en el que padecemos.

Hoy con Graciela Monteagudo el MTD sigue realizando proyectos, recibiendo estudiantes que realizan investigaciones o desean fundamentar una tesis para sus carreras universitarias, académicos que quieren conocer más a fondo la experiencia del Movimiento, militantes de organizaciones sociales en su país. Tenemos un "nosotros" basado en la confianza, en las ganas de ser con el otro, de hacer con el otro, cimentado en los ideales que compartimos y convencidos de la potencialidad transformadora de la acción en común.

Mis primeras presentaciones para la caravana, las hice, con ella, primero en la Universidad de Saint Lawrence, en el norte de N.Y. y luego en Montreal, Canadá.

Durante la visita a Montreal, por primera vez sentí la fuerza del "nosotros" que la militancia imprime en cada uno de los integrantes del Movimiento y que genera un magnífico sentimiento de potencia cuando, lejos de casa, hablamos en nombre del MTD. La primera vez que supe de esa fuerza y la percibí en toda su magnitud fue en Montreal. Naomi Klein y su compañero Avi Lewis, presentaban un video mostrando la toma de la empresa Brukman e invitó a Graciela Monteagudo a presentar su show. Este evento tuvo lugar en un local no muy grande y esa noche estaba repleto del activismo autonomista de Montreal. Graciela Monteagudo quiso compartir su tiempo en el escenario con dos de las organizaciones que viajaban en la Caravana, Hipa un integrante de la comunidad Xavante, de Brasil y conmigo por el MTD La Matanza.

Recuerdo que tenía cinco minutos y estaba muy asustada porque no quería desperdiciarlos y sentía una tremenda responsabilidad de plasmar nuestra esencia en esos pocos instantes. Pero cuando me llegó el turno y me anunciaron, todo el local estalló en aplausos y yo descubrí en ese momento inolvidable que ese aplauso era para todo el MTD La Matanza, porque todos estábamos allí y no estaba sola como había creído, estábamos "nosotros". De allí en más disfruto cada presentación sostenida en la firmeza de ese sentimiento.

Conocí durante este viaje algunas universidades, varias organizaciones, pequeños grupos y pude sentir que ese "nosotros" de los que estamos en lucha contra el sistema capitalista es, —mucho más que grande o pequeño–, profundo, muy profundo, y hunde sus raíces tan adentro, que cuando sale a la superficie da cuenta de un mundo subterráneo de infinitas conexiones, capaz de extenderse más allá de los propios continentes, por debajo de mares y ríos, de montañas y valles, y que puede emerger en cualquier parte, allí donde haya una injusticia, una víctima, una necesidad insatisfecha. Donde se perpetre un delito contra la humanidad, donde se viole un derecho, donde se pisotee el valor de la vida.

En esa ocasión no pude llegar a la manifestación contra la Escuela de las Américas, que ese año se realizó en Miami, coincidiendo con una reunión cumbre de los voceros de ese nuevo atentado contra los pueblos americanos que es el Tratado de Libre Comercio de las Américas, el ALCA, que, como todos sabemos, encubre la voluntad indeclinable de los gobiernos yanquis de anexar definitivamente nuestros territorios a los arbitrios e intereses del imperio. Lo lamenté, pero a pesar de ello regresé con muchas ganas de compartir las buenas nuevas, había en el corazón del monstruo, muchos decididos a no darle tregua. Planeando acciones directas contra el imperialismo, contra la discriminación, contra el aparato represivo, contra la guerra por razones económicas, por la vida digna para los emigrantes, por la comida sana, por el cuidado de la ecología, por la vivienda, por el trabajo, por la educación. Otro mundo es posible ¡muchos siguen luchando por él!, y muchas de esas luchas no tienen que ver con la exclusión o la panza vacía, tienen que ver con los valores, con los principios, con la defensa de la condición humana a la que se resisten a envilecer, todo esto quería contar a mis compañeros del MTD.

El "nosotros" se extiende, crece, se retroalimenta y ya nadie lo puede parar.

En noviembre del año 2004, volví a participar de la Caravana. Esta vez viajé directamente a Vermont, para encontrarme con Graciela Monteagudo y comenzar la gira por Canadá. Estuvimos en Ottawa y Toronto primero y luego volamos a Vancouver. La presentación en Carleton University, en Ottawa tuvo la calidez de los eventos organizados por los estudiantes, su entusiasmo y su espontaneidad. En Toronto tuvimos el placer de compartir el programa con Naomi Klein y su esposo Avi Lewis, que esta vez estaban promocionando su película "THE TAKE", ("La toma"), recientemente estrenada en Canadá, que da cuenta de la experiencia de las fábricas tomadas, especialmente Cerámica Zanon y Brukman. Éramos un curioso "nosotros", dos argentinas, una radicada en EEUU y otra trayendo en las zapatillas la polvareda de La Juanita y dos canadienses, una investigadora y luchadora por los derechos humanos y un famosísimo locutor de televisión, todos frente a más de quinientas personas, entre los que se encontraban varios argentinos residentes en Canadá, hablando de la resistencia al sistema capitalista desde ángulos diferentes, complementarios, novedosos y creativos a la vez.

Esta presentación fue organizada por Shana Yael Shubs, –del CERLAC– (Center for Research on Latin America and the Caribbean) quien puso todo su empeño para que nuestra experiencia lograra difusión, y se comprometió tanto con nuestra práctica y el proyecto educativo que ha creado un fondo personal de aportes, para ayudar a la concreción de uno de nuestros proyectos para el 2005, la apertura de un servicio de acompañamiento escolar para nuestros primeros egresados, los doce niñitos que están hoy cursando su primer año de escuela primaria, servicio que aún no estamos en condiciones de ofrecer. Es importante destacar que este aporte no viene de una gran organización sino de un joven matrimonio, Shana y Fernando Álvarez, dos estudiantes que trabajan y comparten con nosotros el sueño de otra realidad. Hay aquí evidencias de un "nosotros" que no precisa de muchas conceptualizaciones teóricas ¿no es cierto?

Al día siguiente Graciela Monteagudo y yo volamos a Vancouver. Llegamos por la noche y fuimos recibidas por un grupo de compañeras y compañeros entre los que había varios argentinos residentes, estudiantes, traductoras y activistas de diversas organizaciones. En esa primera noche apreciamos con cuanta responsabilidad, interés y esmero habían preparado este encuentro. Graciela Monteagudo se hospedó en casa de su amigo Matt Herm, por intermedio de quien luego conocería dos experiencias muy interesantes de educación y autonomía. Yo fui alojada en la casa de dos mendocinos, Cecilia Pereyra y Santiago Touza. Su calidez, su entrañable afecto, estaban muy por encima de la simple cortesía, era el abrazo fraterno de quienes comparten un mismo horizonte. Vancouver fue una fuente de energía que me acompañó y alimentó durante toda esa experiencia de la segunda caravana autonomista. Conocí allí dos experiencias educativas autónomas que constituyen riquísimas fuentes donde abrevar para el desarrollo de nuestra propia propuesta pedagógica: Una escuela libre, que lleva treinta años de funcionamiento, donde los niños aprenden a partir de sus intereses y desde el total respeto por su propio proceso evolutivo, con la participación de padres, docentes y niños en las discusiones y resoluciones que gobiernan esta institución, llamada "Windsor House School". Y un Taller de Informática para jóvenes, que coordina Matt Hern, ""Purple Thistle" ("Cardo Púrpura") y en el que además de aprender los secretos del "sofward" y el "hardward", se construye pensamiento crítico, se debate, se interactúa, se combate el individualismo y se construye comunidad. Con las diferencias de contexto y de cultura, abordan problemáticas comunes a las nuestras y se proponen la formación de sujetos libres, capaces de transformar el mundo y transformarse, a partir de experiencias de enseñanza-aprendizaje basadas en el pensamiento crítico y valores y principios antagónicos al pensamiento hegemónico. Conocí a Bob Everton, que había vivido un largo tiempo en México y que había sido uno de los gestores del encuentro en Vancouver. Un viejo luchador con la fuerza militante de un joven pero con un corazón fatigado por las injusticias que combatió toda su vida. Bob, murió pocos meses después, dejando, junto al vacío irreparable del abrazo compañero, el compromiso de seguir luchando por los ideales compartidos.

La alegría de Vancouver se empañó con las desinteligencias surgidas en el seno de la propia organización de la Caravana. Una serie de correos electrónicos venían dando cuenta de desajustes de criterio entre las organizaciones que participábamos. En realidad estos desafortunados episodios eran ajenos al MTD La Matanza y tenían que ver con desacuerdos entre el MTD de Solano, el proyecto "Alerta Salta", que se había convertido en "Alerta Argentina", WoGAN y Proyecto Argentina Autonomista –de éste último, el MTD La Matanza integra el Consejo Asesor, y hasta ese momento también lo integraba el MTD de Solano–. Más allá de los detalles, que cualquiera podrá conocer en sus múltiples versiones, –según la fuente que consulte–, estos dimes y "diretes", en variado tono, que iban y venían, a mi entender indiscriminadamente, por la peligrosamente impune vía de la Internet, resultaron en la decisión de Graciela Monteagudo de abandonar la caravana al terminar la presentación en Vassar College. Yo misma sentía el fortísimo deseo de volver a casa. Consulté al Movimiento acerca de esta decisión y tenía vía libre para regresar cuando lo considerara necesario, para este momento ya había llegado Neka Jara a EE.UU. y era suficiente con una representante de los Movimientos Sociales en Argentina para cumplir con lo pautado en cada presentación. Matt Feinstein, que ya había tenido que cambiar todos los programas, pues en un principio la invitación había sido a Neka Jara, (quien según supe después había tenido inconvenientes con su propia agenda y su documentación, que le impedían cumplir los compromisos contraídos en Canadá y las primeras presentaciones en EEUU) insistió para que siguiera en la gira hasta el final. Graciela Monteagudo creía también que era conveniente cumplir con los programas propuestos. De manera que me despedí de Graciela Monteagudo y seguí con la Caravana.

En Mercy Collage fuimos recibidos por Delia March, otra argentina que reside en EE.UU. y que además de trabajar en Mercy, colabora con la empresa de turismo social "Global Exchange". Ella también había visitado La Juanita con un grupo de turistas, colaborando así para la difusión de nuestra experiencia, además de realizar una contribución económica reunida entre las participantes de la visita. Delia fue la entusiasta promotora y anfitriona durante la presentación en Mercy College, tendiendo un puente entre los académicos y nosotros.

Participamos en más de treinta presentaciones en total en los veintiún días que duró la gira. Nuevamente pude constatar la diversidad de movimientos en lucha a lo largo y ancho de EE. UU., en esta segunda gira, además de compartir la experiencia de nuestro Movimiento pude enriquecerme aún más profundamente que en el 2003, con el relato de las variadísimas experiencias que se están realizando en EE.UU. Una oportunidad valiosísima para ello fue el encuentro realizado por los activistas de Worcester en su universidad, entre cuyos organizadores estaban Kendra Ferher y el propio Matt Feinstein. Allí se plasmó un colorido mapa de las infinitas temáticas abordadas por los movimientos sociales en la construcción de nuevos mundos posibles, basados en la solidaridad, enriquecidos en la diversidad, sin explotación y en defensa del valor supremo de la vida y la libertad.

Fuimos un conglomerado de "nosotros" y un merecido homenaje a la humanidad pujando por derrotar a la barbarie deshumanizada del sistema capitalista.

Al último tramo de la gira se sumó un militante de la lucha antiglobalización corporativa Mike MacWire, con su guitarra y su humor aliviando la fatiga y las incomodidades. Me refiero al sinsabor que dejara una fuerte discusión en Worcester donde se evidenciaron las distintas posiciones que teníamos los movimientos participantes con referencia al rédito de la gira. Para el MTD éste rédito era fundamentalmente político y el destino de los beneficios económicos –aunque fueran importantes para la organización–, no determinaba en ningún sentido nuestra participación en ella, a la que tomábamos como parte de nuestra militancia.

Agradezco profundamente el esfuerzo de Matt, su absoluta dedicación y su ejemplo del hacerse responsable y a Mike que con sus canciones y su buen humor tanto me ayudaron a sobrellevar ese mal trago, sabiendo que también este cuidado estaba, más allá de mi, basado en el respeto por la organización a la que pertenezco.

Finalmente llegamos a la "Escuela de las Américas". Una vez más me impactó la diversidad allí reunida para denunciar a los asesinos impunes del sistema capitalista, a los mensajeros de la muerte. Al brazo ejecutor de la política genocida sobre los pueblos expoliados de nuestro continente. Una vez más pude palpitar, tan lejos de casa y tan cerca de cada uno de mis compañeros, la memoria viva de nuestros muertos, de nuestros desaparecidos, de nuestros presos y condenados luchadores sociales. Éramos cientos de miles, éramos "nosotros".

La esperanza se alimenta en "nosotros"
La realidad se construye en el hacer

Así es como estoy viviendo la construcción cotidiana del "nosotros" en el MTD La Matanza. Mientras escribía, cientos de rostros desfilaban por los ojos de mi corazón, no todos tienen un lugar en este relato pero todos están inscriptos en mi mundo interno y le dan un sentido a mi vida. Cuando me recibí de psicóloga social en la 1ª Escuela de Psicología Social "Dr. Enrique Pichon-Rivière", escribí mi proyecto, decía así:

Salir del centro,
ver desde los ojos
de los otros
la vida que se agita
y nos agobia,
la vida que se aquieta
y nos margina.
Mirarse en las manos
de los otros
que suplican.
trabajan, amenazan,
esperan.
Unir mi queja al
grito de esos otros
que reclaman
justicia, dignidad,
esperanza.
Salir de vos,
de mi,
de los mundos pequeños de
nosotros,
trascender con los
otros,
ser con ellos,
NOSOTROS.

El MTD La Matanza, ya lo estaba haciendo realidad, sólo tuve que conocerlos y caminar este nosotros.

Como decía al principio de este ejercicio de la memoria, que he intentado compartir desde lo realizado, lo pensado y lo sentido, ¡hay tantos "nosotros" posibles! Vislumbrados algunos. Alumbrados otros. Es en ésta condición de posibilidad en la que "nos" siento tan poderosos, ¡tan potentes! En este sentimiento de potencia se alimenta nuestra lucha día a día. Nace de mirarnos hacia adentro, hacia adentro de los movimientos sociales, hacia adentro de las organizaciones grandes o pequeñas, hacia adentro de ese "nosotros" increíblemente inmenso del que sólo se ven algunos emergentes, que, como las "puntas del iceberg", asoman aquí y allá, rompiendo la monótona y majestuosa hegemonía de las aguas oceánicas. Y en ese emerger, aparecen sobre la superficie de las aguas, cada vez más inmensos círculos concéntricos cuyas proyecciones tienden inexorablemente a juntarse con otras, comunicándose. Así también nos vamos juntando los que construimos cotidianamente nuevas formas del ser con otros. Y, como los círculos concéntricos en la superficie del agua, al tocarnos, iremos comunicando la buena nueva de un "nosotros" colosal, y en este hacer, habremos cambiado el mundo.

Soledad Bordegaray
Julio 2005

LA DEMOCRACIA
DE LOS DESAPARECIDOS

CARLOS MARCH*

Para poder contextualizar el presente texto, entender desde dónde se escribe, es necesario para el autor realizar algunas aclaraciones y exteriorizar ciertas reflexiones. Y a la vez, es necesario que el lector interprete estas líneas como si se trataran de una catarsis social para no caer en el suicidio de la impotencia.

Soy integrante de esa clase media argentina que en lugar de sentirse media porque ocupaba el privilegiado lugar de ser puente y polea de transmisión entre los extremos sociales, prefirió sucumbir en la mediocre actitud social de ocuparse y pre-ocuparse sólo de su propia suerte. Por consecuencia, soy militante social de una típica organización no gubernamental de clase media, que se siente dueña de una fuerte identidad, pero cuando se pregunta qué es Poder Ciudadano más allá de su circulo íntimo y allegados, la derecha dice que somos una fuerza de choque, la izquierda que somos los cajetillas de Plaza Francia, los nuevos espacios de participación que somos usados para legitimar el sistema, los políticos dicen que somos los grandes ignorantes de la política y la propia clase media, como de costumbre, desde su amplio abanico de confusión, nos asemeja a un partido político o nos cree un revitalizador sexual. Para subsistir frente a este panorama de ambigüedad, nunca me preocupé por saber lo que era, sino por entender lo que hacía. Así conocí a Héctor "Toty" Flores, líder del M.T.D. La Matanza.

A Toty le debemos el título de este texto, que es parte de una descripción descarnada realizada frente a un empresario que administra un fondo de inversiones de millones de dólares y frente al presidente de uno de los estudios de abogados más importantes del país. Toty sintetizó en siete palabras el status social de más de siete millones de argentinos piqueteros y trabajadores desocupados: "nosotros somos los desaparecidos de la democracia".

* **CARLOS MARCH**: Director Ejecutivo de la Fundación Avina, ex Director Ejecutivo de la Fundación Poder Ciudadano. / 38 años, nacido el 11-05-67. / Vive en Gascón 1227, Palermo, Ciudad de Buenos Aires. / Es periodista. / Es autor del libro «Quien es quién en la Justicia», Editorial Perfil y Fundación Poder Ciudadano, 1997; participó en el libro «Jueces y periodistas: cómo se informa y cómo se juzga», Héctor Ruiz Nuñez y Fundación Poder Ciudadano, 1995. / Entre 2000 y 2005 fue director ejecutivo de la Fundación Poder Ciudadano y desde abril de 2005 es representante en Buenos Aires de la Fundación AVINA.

Y es desgarradoramente cierto. Los excluidos son casi exclusivamente tratados como un porcentaje. Se los entierra vivos bajo las estadísticas, donde suele concluirse que si usted tiene dos autos y yo ninguno, entonces los dos tenemos uno. Los perversos análisis cuantitativos de los organismos oficiales, ocultan el desgarrador análisis cualitativo de la realidad.

Muchos argentinos viven la democracia como una dictadura hipócrita. Porque así como los militares convirtieron a los centros de detención en los patíbulos clandestinos de los derechos humanos, los dirigentes políticos transformaron a los partidos y a las instituciones de la democracia en los patíbulos de los derechos sociales, políticos, cívicos, culturales y económicos. La tortura ya no se materializa en la picana, sino en la marginación que produce degradación y exclusión social. A la destrucción de las redes sociales que implica todo régimen dictatorial, la ineficacia de nuestra democracia le ha sumado el aniquilamiento de la estructura moral, psíquica e intelectual de los miles de desocupados argentinos. El Estado, durante la dictadura, se dedicó a torturar y asesinar militantes. El Estado de la democracia se ha dedicado a hacer desaparecer ciudadanos.

Ser pobre es carísimo

¿Qué pasa cuando una democracia al cabo de veinte años de ejercicio exhibe al 60% de su población en condiciones de indigencia, pobreza y exclusión?

Hay dos fuentes de recursos que definen la calidad de vida de los ciudadanos: la inversión privada que genera puestos de trabajo, y el presupuesto público, que en buena parte, se aplica a obras de infraestructura. El trabajo fija los estándares de la calidad de vida individual; la obra pública y los servicios públicos determinan la calidad de vida colectiva. Un trabajador puede decidir que marca de cocina comprar, pero es desde los recursos públicos invertidos en obra pública desde donde se podrá construir la red que lleve gas a las hornallas.

Hace treinta años que en Argentina el Estado no impulsa obras públicas programando un desarrollo armónico y equitativo del país. Así, la infraestructura se fue consolidando en las poblaciones de mayores recursos, mientras que los sectores excluidos se vieron al margen de la inclusión tecnológica y del desarrollo de infraestructura básica. Esta agudización de la brecha social se pudo disimular en las décadas del 70 y 80, en las que se mantuvieron controlados los índices de desocupación, por lo que la mayoría del pueblo trabajaba y estaba en condiciones de acceder a las garrafas de gas envasado mientras esperaba la llegada de las redes de gas natural. Pero en los últimos diez años se dispararon los índices de desempleo y muchos que antes vivían en zonas con tendido de redes de gas natural, debieron mudarse a zonas abastecidas a gas envasado, y una gran cantidad de pobladores que podían pagar con sacrificio las garrafas de gas, debieron limitarlas o eliminarlas de su presupuesto. Es decir; que los que estaban incluidos pasaron a la marginalidad y los que estaban marginados pasaron a la exclusión. A ello hay que sumarle una regla invariable en los países subdesarrollados y de alta corrupción pública: ser pobre es mucho más costoso que ser rico. El gas envasado que debe usarse en las zonas más carenciadas cuesta cuatro veces más que el gas natural que abastece a las zonas donde viven las clases más pudientes.

Frente a un Estado incapaz de garantizar condiciones que promuevan la inversión del sector privado, y que tampoco genera políticas de inclusión desde el desarrollo social y mejoramiento de la calidad de vida colectiva por medio de la obra pública, la democracia exige a los ciudadanos participar más allá del voto y obliga a las organizaciones de la sociedad civil a trabajar la inclusión cívica para la inclusión social.

El Estado, capturado por redes de dirigentes que ponen las instituciones al servicio de intereses individuales o sectoriales, no está preparado para orientar políticas públicas hacia el interés común. Si los ciudadanos que sufren la exclusión no comienzan a ser capacitados cívicamente para que puedan definir acciones de incidencia y lograr que el Estado los incluya y mejore su calidad de vida, la inclusión será sólo privilegio de unos pocos.

Así, para una organización como Poder Ciudadano, creada en el año 1989 con la misión de construir ciudadanía y promover la participación en el control de la gestión de gobierno y la incidencia en políticas públicas, la crisis de diciembre de 2001 significó un punto de inflexión. O seguíamos trabajando sobre una agenda que sólo interesaba a una mínima parte de la clase media, avasallada y enceguecida en ese momento por el corralito financiero que había atrapado sus ahorros, o ampliábamos nuestras acciones y llevábamos nuestra agenda de institucionalidad a los sectores más vulnerables de nuestra sociedad. Conforme a lo sucedido durante las últimas dos décadas, no es desubicado pensar que en los próximos veinte años, el grueso de la sociedad argentina tiene más posibilidades de ir camino a las carencias del Barrio La Juanita de La Matanza, que de acercarse a las comodidades de las barrancas de San Isidro.

Para Poder Ciudadano la experiencia con la Cooperativa La Juanita fue y es un intenso aprendizaje y un permanente descubrir puertas abiertas a lo posible. Pero este aprendizaje se construyó, no desde una acción puntual o un hecho único, sino que ambas instituciones apostaron a la construcción de un proceso. Un proceso que surgió, quizá, desde la audacia, desde la aventura de la innovación, tal vez, desde la pretenciosa jactancia del vanguardismo creativo, pero lo que es seguro, es que este proceso se inició desde la desconfianza de quienes necesitan creer en los hechos más que en las palabras, y desde la inseguridad y temor de quienes podemos generar expectativas que superen nuestras capacidades.

Como el agua y el aceite

En la medida en que se fue avanzando en los hechos, los medios de comunicación comenzaron a interesarse en la experiencia conjunta desde algún razonable preconcepto prejuicioso sintentizado en una pregunta: "¿Qué tiene que ver Poder Ciudadano con el MTD?" La respuesta que dábamos con Toty no era menos sintética que la pregunta: "todo".

Pero si fuésemos objetivos hasta el dogma en el análisis e interpretación de las misiones de ambas entidades, el periodismo tenía razón. ¿Qué tienen que ver el agua y el aceite? El MTD La Matanza reúne a ciudadanos que hace tiempo fueron expulsados de sus trabajos y de sus derechos básicos y tiene como principales proyectos, recuperar la cultura del trabajo y buscar la inclusión desde la educación. Poder Ciudadano tiene por misión promover acción colectiva y generar información cívica para construir ciudadanía.

Por un lado, las necesidades de corto plazo, y por el otro, el ideal de construir instituciones a mediano y largo plazo; la necesidad de cambiar la coyuntura versus la aspiración de un futuro mejor; la necesidad de inclusión social versus el trabajo para promover participación cívica; la necesidad de luchar por políticas públicas sectoriales versus la estrategia de impacto en políticas de institucionalidad. Necesidad versus ideales, aspiraciones, trabajo, estrategia. Desde el superficial enfoque del *versus*, éramos el agua y el aceite. Desde la profundidad del *con*, somos el aceite y el vinagre: el condimento adecuado para una sociedad que se ha vuelto una ensalada. La alianza MTD-Poder Ciudadano es la alianza del *con*: necesidad *con* ideales; necesidad *con* aspiraciones; necesidad *con* trabajo; necesidad *con* estrategia.

El MTD La Matanza se centra en promover la cultura del trabajo y eso es poseer ideales estratégicos. El MTD La Matanza busca la inclusión desde la educación y eso es cumplir con la aspiración de una construcción social a largo plazo. Poder Ciudadano impulsa acciones para mejorar la institucionalidad, y eso es una necesidad atemporal.

Si en los próximos veinte años, la sociedad va hacia el MTD, Poder Ciudadano tiene la obligación de ir a La Matanza. Si en los próximos veinte años, organizaciones como Poder Ciudadano no recuperan la democracia, el MTD tiene la obligación de ir por la recuperación del Estado. Si en los próximos veinte años el deterioro de la calidad de vida de la sociedad profundizara la brecha y la división social, el MTD y Poder Ciudadano tienen la obligación de estar juntos en la lucha por la recuperación de la calidad de vida individual y colectiva.

La primera acción concreta: la agenda institucional

La pregunta era cómo podíamos empezar a estar juntos.

Con Toty nos conocimos en una charla pública convocada por el Centro de Estudios de Estado y Sociedad (CEDES), a fines del 2002. Ni siquiera compartimos el panel. Y eso fue una suerte, porque pude escucharlo con la atención que permite el rol de espectador. En su charla, Toty se reivindicó como piquetero y al mismo tiempo se diferenció. Explicó por qué el MTD La Matanza no negociaba planes asistenciales, dejando contundentemente en claro que desde su óptica, el asistencialismo era el camino inverso a la recuperación de la cultura del trabajo. Luego avanzó en relatar el sueño del gran proyecto: crear en La Juanita un Complejo Educativo que fuera sostenido por emprendimientos productivos.

Cuando finalizó la charla, quedamos en encontrarnos en esas usinas de ideas que tiene la Ciudad de Buenos Aires: los cafés. Fue en alguno de ellos, en una charla que no llegó a durar una hora, que acordamos la primera acción conjunta sin saber que en realidad, lo que estábamos acordando era el futuro. Poder Ciudadano no podía apoyar con dinero los emprendimientos productivos del MTD La Matanza, ni tampoco podía ayudar a desarrollar la escuela, porque la Fundación no cuenta con recursos para donar, ni tampoco se dedica a la educación. Pero entendíamos que a falta de capital financiero sobraba capital social, y encontramos que un bien de Poder Ciudadano podía ser puesto al servicio del MTD La Matanza: la agenda de contactos institucionales.

Así fue como comenzamos con Toty a recorrer despachos oficiales y oficinas de donantes y empresarios. Así fue como Poder Ciudadano comenzó a cederle a Toty quince minutos en aquellas reuniones que podían ser útiles para que el MTD La Matanza contara a determinados actores sociales sus proyectos y objetivos. Así fue como empezamos a pensar a quiénes de nuestros "agendados" podría interesarle conocer a Toty, y cuáles de los nombres que figuraban en la agenda poseían las inquietudes y la sensibilidad sociales necesarias para acompañar al MTD La Matanza y convertir la pesadilla que vivían muchos de sus miembros en los sueños que todos soñaban despiertos.

El objetivo comenzó a cumplirse. Era necesario que mucha gente conociera el proyecto del MTD La Matanza y a su vocero y referente, Héctor "Toty" Flores, y lo estábamos logrando. Frente a la necesidad de ampliar el caudal de contactos, invitamos a Toty a sumarse al Consejo Asesor de Poder Ciudadano, un espacio integrado por cerca de cuarenta personas de una amplia diversidad profesional. Esto sería otro acierto, como veremos más adelante.

El primer impacto positivo de este vínculo que comenzaba a construirse en base a las relaciones de uno y el tiempo del otro, fue la reunión con el Ministro de Educación de la Nación, Daniel Filmus. Y es importante distinguir la diferencia entre impacto y resultado. Porque el resultado fue mínimo y diferido: sirvió para que el ministro tomara conocimiento del proyecto del Complejo Educativo, orientara el trámite hacia la Dirección General de Educación de la Provincia de Buenos Aires y manifestara formalmente su predisposición a acompañar el proyecto. Pero el impacto de la reunión fue contundente e inmediato: para los integrantes del MTD La Matanza haberse reunido con el ministro fue una inyección de ánimo colectivo y de reafirmación de las condiciones de viabilidad del proyecto.

Laboratorios cívicos

Poder Ciudadano quería involucrar en su agenda a los sectores vulnerables pero no sabía como hacerlo. Y comenzaron a exteriorizarse hacia el interior de la organización dos sensaciones absolutamente legítimas: una era la que respondía a ligar los programas a los objetivos institucionales de trabajar por la institucionalidad de la democracia, y sostenía que muchas de las acciones que eran necesarias para construir el vínculo entre Poder Ciudadano y los sectores vulnerables equivalía a malversar recursos humanos y de tiempo, a distraer a la organización de su misión y fines específicos. La otra, la que optaba por explorar la creación de vínculos aunque en el corto plazo significara sacrificar el impacto en políticas públicas ligadas a la institucionalidad, priorizaba el hecho de convertir a organizaciones como Poder Ciudadano en laboratorios cívicos, que permitieran sumar a la vida democrática activa a ciudadanos excluidos, aunque éstos sintieran como motivación primaria incidir en políticas públicas sectoriales e incluso, necesitaran acompañamiento en proyectos privados para el mejoramiento de sus condiciones de vida. La tensión interna se resolvió desde la omisión en los primeros, que dejaron hacer, y desde la acción en los segundos, que hicieron. Sin embargo, Poder Ciudadano deberá en lo inmediato, revisar la estrategia a mediano y largo plazo de cómo impregnar con su agenda en las poblaciones golpeadas por la exclusión.

250 cuadras:
La distancia entre dos mundos y el poder de conectar

Frente al grado de deterioro social que vive la Argentina, nadie es tan fuerte como para hacerlo solo, pero nadie es tan débil como para no ayudar.

El problema de la institucionalidad en el país que queda planteado en este texto no está generado por un individuo inepto o corrupto puesto a administrar alguna institución del Estado, sino que se trata de redes de ineptitud y corrupción que se han apoderado de la mayoría de las instituciones públicas para ponerlas al servicio de minorías, de intereses individuales o sectoriales.

Esta situación muestra por un lado, a un minúsculo grupo de dirigentes que concentra el absoluto poder discrecional sobre la administración de la cosa pública, y que está en condiciones de gobernar desde la imposición a partir de organizarse en redes. Por el otro, la sociedad, que aún siendo mayoría en cantidad, cualitativamente carece de herramientas y estrategias de participación con impacto a escala, no cuenta con posibilidades de acción institucional y concentra un alto grado de deterioro en su calidad de vida individual y comunitaria. Semejante asimetría hace que la sociedad vea anulada su capacidad de concertación porque no es capaz de convertir sus reclamos en incidencia.

Si la democracia no le garantiza a la sociedad desarrollar su capacidad de concertación con quienes deciden sobre los asuntos públicos, las sociedades pierden el control sobre las circunstancias. Por ejemplo, la circunstancia de sectores viviendo en estado de pobreza no tiene que ver con una ecuación económica sino con una definición política. Pero para poder incidir sobre esa circunstancia exigiendo políticas públicas de inclusión y no medidas económicas de distracción, como son los planes sociales, la capacidad de concertación que debe desarrollar la sociedad debe basarse en redes de actores capaces de crear nuevos focos de poder y no en individuos u organizaciones aisladas.

Esta construcción de nuevas formas de poder a partir de redes exige una instancia fundamental que es la de encontrar actores que conecten. Actores capaces de generar un liderazgo desde la articulación, pero ya no organizando a pares, sino ligando a opuestos. Toty Flores lideraba el MTD en La Matanza y entre sus emprendimientos productivos tenía un taller de costura. Martín Churba diseñaba ropa en Tramando, instalado en un elegantísimo petit hotel de Recoleta. Ambos existían antes de que Poder Ciudadano los conectara. Pero existían cada uno haciendo lo suyo. Churba, ignorando la existencia del taller de costura enclavado en ese mundo de necesidades básicas insatisfechas que es La Matanza, y Flores prejuzgando la insensibilidad social del mundo de la moda. Dos mundos separados nada más que por doscientas cincuenta cuadras. Doscientas cincuenta cuadras que Martín y Toty se atrevieron a desandar.

Tal vez la tarde en la que fuimos con Toty a ver a Martín a Tramando por primera vez no sabíamos bien para qué. Ellos ni se conocían, y lo mío no pasaba de una intuición y una expresión de deseos. La intuición de que ellos, en el fondo, compartían la misma necesidad: desarrollar creatividad social. Y el deseo de que esa creatividad social pudiera plasmarse en un proyecto sustentable. Hablamos los tres durante casi dos horas. La charla se planteó tan francamente, que nadie se atrevió a franquear la frontera del potencial. A Martín le quedó claro que Toty no venía a pedir, sino a convencerlo de la necesidad de desarrollar la cultura del trabajo. Toty no se llevó trabajo para su taller, pero retornó con la riqueza de una charla y la seguridad de que Martín había comprendido el concepto. Apenas diez días después, nacería una alianza condenada al triunfo: Tramando-La Juanita. Pues no sólo habíamos estado en Tramando. Habíamos estado tramando, como le gusta decir a Martín.

Pongamos el trabajo de moda para siempre

La segunda reunión entre los tres fue muy concreta. Churba terminó de darle forma y socios a la primera charla. Había identificado a una prenda que simbolizara la cultura del trabajo: el guardapolvo. Había decidido que a esa prenda básica, se le podía sumar diseño y convertirla en algo visualmente atractivo, sin que perdiera su valor simbólico. Había convencido a los organizadores de Buenos Aires Fashion para que cedieran un stand a Poder Ciudadano para que se exhibieran los guardapolvos a cambio de una donación de cincuenta pesos, que se destinaría al taller del MTD La Matanza, Cooperativa La Juanita. Había sumado a una empresa para que donara la tela y a otra para que donara la confección de los guardapolvos, porque el tiempo impedía que se pudieran elaborar en el taller del MTD. Faltaban diez días para la inauguración de la Feria de la Moda. Teníamos todo menos el nombre de la campaña. El slogan se armó con la moda que ponía Martín y con el trabajo que le negaban a Toty: "Pongamos el trabajo de moda para siempre". Contundente.

El programa fue lanzado en la Semana de la Moda-Buenos Aires Fashion que se realizó en el predio ferial de La Sociedad Rural de Palermo, en la Ciudad de Buenos Aires, entre los días 8 al 11 de marzo de 2004. Se consiguió la donación de 350 guardapolvos que fueron estampados con diseños de Martín Churba, de los cuales 200 se donaron al personal de Buenos Aires Fashion para que los utilizara durante la Feria y 150 prendas fueron canjeadas por donaciones destinadas al taller de costura "La Juanita" del MTD La Matanza. Paralelamente, Casa Quintás, que donó la confección de los guardapolvos, ofreció capacitar a los trabajadores del taller de costura del MTD La Matanza para que pudieran alcanzar los estándares de calidad necesarios para recibir derivaciones de trabajo. Esto garantizaría continuidad laboral e ingresos permanentes de dinero al taller, más allá de los ciento cincuenta guardapolvos. Poder Ciudadano brindó el marco de institucionalidad al programa y acompañó el desarrollo de todo el proceso, poniendo foco en la difusión de la campaña y en la creación de espacios para la reflexión estratégica de la alianza.

La primera difusión que tuvo la experiencia fue un texto estampado en cada uno de los guardapolvos y una tarjeta manuscrita por los miembros del taller de costura hecha con papel de molde reciclado. Ni en los mejores sueños, nadie imaginó que luego llegarían más de cuarenta notas televisivas, radiales y gráficas.

El texto del guardapolvo que contaba la experiencia bajo el slogan "Pongamos al trabajo de moda para siempre", es el siguiente:

"COOPERATIVA LA JUANITA, generadora de puestos de trabajo visita a la FUNDACION PODER CIUDADANO para complementarse en la capacidad de construir ciudadanía. Invitan a TRAMANDO a diseñar un ícono que simbolice el trabajo. Suman a ARCIEL que dona la tela para la confección de estas primeras trescientas prendas y CASA QUINTAS capacita a los trabajadores de la COOPERATIVA para que transformen la tela en GUARDAPOLVO. Este programa es una campaña para reinstalar la cultura de trabajo en la ciudadanía a través del uso del GUARDAPOLVO.

El programa es presentado en FASHION BUENOS AIRES y te lo podemos explicar gracias a que la FUNDACION PRO-TEJER colaboró con el estampado que estás leyendo".

El momento cumbre de la presencia de los guardapolvos en Fashion Buenos Aires se alcanzó cuando Churba finalizó su desfile, asomando en la pasarela al final de la fila india conformada por la veintena de modelos que habían lucido sus diseños, con un detalle: el guardapolvo puesto. La alegría en el saludo de Martín penetró por cada uno de los poros de la piel de gallina de las costureras del taller de costura La Juanita que se confundían entre el público.

Pero sería contar la mitad de la historia si cerráramos este texto en este punto. También hubo desencuentros, cuestionamientos, aprendizajes que no fluyeron desde el placer de soñar, sino desde la sensación de molestia que parte del hacer sin tener en claro muy bien el qué ni el cómo. La experiencia comenzaba a calar hondo en La Juanita y en Poder Ciudadano.

En Poder Ciudadano nos preguntamos: ¿Nos estaremos volviendo frívolos?

Cuando se definió que la campaña "Pongamos al trabajo de moda para siempre" sería presentada en Fashion Buenos Aires, buena parte del staff de Poder Ciudadano reaccionó negativamente. La postura mayoritaria sentenciaba que nos estábamos volviendo frívolos. ¿Qué es esto de que Poder Ciudadano tenga un stand en la feria de la moda?

Recién un día antes de la inauguración de la Feria, en la conferencia de prensa realizada en la sede de Poder Ciudadano para informar a los medios en qué consistía la campaña, retornó la tranquilidad al equipo de trabajo de la Fundación.

Lo que no logró el propio director ejecutivo de la Fundación explicando el sentido de la movida, lo pudieron hacer Churba, Toty, los representantes de Arciel y Casa Quintás y sobre todo, los propios guardapolvos que, sobre el final de la conferencia, habían salido de los maniquíes para pasar a vestir a algunos de los miembros del staff, que hasta ese momento no habían podido interpretar que la movida tenía un sentido.

Había quedado claro que Poder Ciudadano no concurría a la Feria de la Moda a vender guardapolvos, ni que de ahora en más se dedicaría al diseño de indumentaria, sino que la Fundación llegaba a un espacio atípico y nuevo con el mensaje típico y de siempre.

Si el diseño tiene que ver con el trabajo, entonces también tiene que ver con la democracia.

Diseño con contenido social

El mensaje que resultó convincente para ese auditorio militante y crítico fue el siguiente:

Con el guardapolvo y la campaña "Pongamos al trabajo de moda para siempre" se busca revalorizar el trabajo, construir ciudadanía promoviendo el trabajo, incentivar emprendimientos productivos, generar una experiencia replicable y demostrar que puede existir moda con contenido social.

Se priorizó revalorizar el trabajo porque es un medio para acceder a una calidad de vida digna que posibilite ejercer una ciudadanía plena; porque construye identidad individual y colectiva; porque es una herramienta de integración social, cívica y política; porque es condición necesaria para recuperar la plena inclusión de los ciudadanos; y porque, con 60% de la población en situación de pobreza, construir ciudadanía también es ocuparse de la promoción del trabajo.

Es necesario construir ciudadanía promoviendo el trabajo porque garantizando el acceso al trabajo se crean las condiciones básicas para la participación plena en democracia. Y al mismo tiempo, así como la inclusión social contiene a la inclusión cívica, la inclusión cívica genera inclusión social.

La campaña incentiva emprendimientos productivos convirtiéndose en un caso testigo del trabajo conjunto entre diferentes sectores para generar una alianza. También difundiendo la iniciativa y su génesis para promover su replicabilidad, mostrando la autosustentabilidad del proyecto, generando una cadena productiva que haga visible el valor que aporta cada uno, tomando conciencia de que el todo es mucho más que las partes y permitiendo que emerjan posibilidades inadvertidas.

El desafío de generar una experiencia replicable aspira a generar trabajo en escala, permite el desarrollo de un compromiso social y obliga a que la iniciativa tenga carácter sustentable.

La campaña también consolida el concepto de moda con contenido social, porque en definitiva la moda es expresión y reflejo de nuestras costumbres y nuestra forma de ser, porque un sector como el textil y un mercado como la moda necesitan de una identidad enmarcada en el contexto, y porque la moda se hace más moda si representa a más integrantes de la sociedad.

Y finalmente, por qué el icono elegido para la campaña fue el guardapolvo. Porque frente a la sensación de desamparo, brinda protección. Porque se identifica con diversas formas de trabajo. Porque nos une en la diversidad. Porque es el común denominador de la transversalidad. Porque es perdurable. Porque denota oficio. Porque connota trabajo. Porque se luce cuando está limpio y se legitima cuando está sucio.

En La Juanita nos preguntamos: ¿Qué pasa cuando queremos incluir a una persona que hace ocho años no trabaja?

Cuando en el taller de costura, (uno de los cuatro emprendimientos productivos, que tiene el MTD La Matanza junto con la panadería, el taller de estampados y la editorial), puso en marcha el programa "Pongamos al trabajo de moda para siempre", nació la esperanza de ver consolidado definitivamente el emprendimiento. En la conferencia de prensa, dos importantes actores de la industria textil como Arciel y Casa Quintás coincidieron en apreciar que si existieran mil talleres de costura y confección, habría trabajo para los mil.

Como parte del programa, Casa Quintás, una tradicional fábrica de guardapolvos, ofreció a La Juanita capacitar a las trabajadoras del taller para que pudieran alcanzar los estándares que exige la producción industrial. La prueba piloto se inició, pero algo no funcionó. La gente de Quintás no pudo capacitar a las costureras del taller. En la primera reunión de evaluación, las propias integrantes de la experiencia sacaron sus incipientes conclusiones:

Para poder recuperar la cultura del trabajo hay que recuperar al trabajador desde lo individual. Después de ocho años sin trabajo, viviendo de changas, "se te lima el bocho, se te parte la cabeza". "Siento que estoy vacía, que no tengo estructura interna para poder concentrarme tres horas para asimilar conocimientos". Estos testimonios reflejan que, aún en agrupaciones totalmente concientizadas sobre la necesidad de recuperar la cultura del trabajo, no está garantizado el hecho de poder alcanzar la disciplina de la producción. Esta experiencia demuestra que las acciones que se desarrollen desde el sector privado para incorporar a los desempleados estructurales, sirven de muy poco si desde el Estado no se acompaña con políticas públicas de inclusión laboral pensadas en escala masiva, pero con foco en crear las condiciones de posibilidad a nivel individual. A partir de esta experiencia está claro que la pobreza estructural no tiene que ver sólo con la falta de infraestructura externa, sino también con la ausencia de estructura interna en cada uno de los desempleados y excluidos.

En esa primera reunión en búsqueda de conclusiones, parecía que quedaba sumamente claro que las incapacidades eran propias. Que todavía faltaba mucho para pegar el salto que daba nombre al segundo libro del Movimiento: "De la culpa a la autogestión". La culpa perduraba, mientras que la autogestión no llegaba.

Sin embargo, estas primeras conclusiones serían drásticamente modificadas transcurridos seis meses de consolidación de la alianza Churba-La Juanita. Porque en esos seis meses, entre mayo y noviembre de 2004, no sólo Martín ayudaría a descubrir las potencialidades del taller de costura, sino que Poder Ciudadano capacitaría a una de los líderes del MTD La Matanza mediante una pasantía de tres meses en su sede, y Toty conocería en una de las reuniones del Consejo Asesor de la Fundación al consultor Jorge Giacobbe, quien le presentaría a Ricardo Faerman, presidente de la Confederación General Económica (CGE) y miembro de la Fundación Raoul Wallenberg, instituciones que ayudarían a abrir el Jardín de Infantes.

Necesidad con estrategia

La Cooperativa La Juanita es la herramienta que se dio el MTD La Matanza para ganar una carrera que tiene tres metas.

La primera y básica es mejorar la calidad de vida individual con la generación de fuentes de trabajo por medio de emprendimientos productivos. En este punto se logró consolidar la panadería, activar el taller de confección y comenzar desde la editorial a preparar el tercer libro del Movimiento.

La segunda y fundamental es mejorar la calidad de vida colectiva con la capacitación cívica para reclamar inversión pública y políticas inclusivas al Estado y a las empresas prestadoras de servicios públicos. En este objetivo Poder Ciudadano trabajo muy fuerte con el Movimiento para lograr incidencia sobre el Concejo Deliberante y la Municipaliad de La Matanza, para que se aprobara la ordenanza que permitía a la empresa GasBAN la ampliación de la red de gas natural. Sancionada la ordenanza, la empresa ofreció donar la conexión para el jardín de infantes y los vecinos de La Juanita se organizaron para pagar mensualmente la cuota de conexión a la red de gas natural de sus viviendas y poder gritar chau garrafa.

La tercera meta, la de asegurar un futuro de vida con calidad, educando a las niñas y a los niños de los miembros de la organización y del barrio en el

Jardín de Infantes, primer paso del Complejo Educativo, se alcanzó en mayo y son los propios integrantes del Movimiento los que evalúan su impacto y le ponen contexto en lo que sigue, que es la síntesis de la segunda reunión de evaluación de la alianza MTD La Matanza y Poder Ciudadano. La reunión duró casi tres horas y se realizó en el Barrio La Juanita sobre finales de agosto de 2004. Es sin duda alguna, el mejor cierre que puede tener este texto.

¿Cuál es el límite de la inclusión social?

Transitar las vivencias que se fueron dando en el último semestre del año 2004, le permitió a los miembros de la Cooperativa La Juanita comenzar a poner las cosas en claro, sacarse las culpas de encima y colocar las responsabilidades donde correspondía.

Tres miembros del taller recibieron la capacitación ofrecida por Casa Quintás durante un mes y la presente minuta recoge las reflexiones que motivó esta experiencia:

El programa cambió la realidad del Taller de Costura, hecho que disparó un proceso de reflexión general en el MTD La Matanza. Si bien "la experiencia con la industria textil fue un quiebre que permitió al grupo salir de la protesta y ver que había posibilidades concretas de trabajo", enfrentó al Movimiento a un diagnóstico tal vez sospechado, pero seguramente no deseado: "el ofrecimiento repetía el modelo que el MTD La Matanza rechaza: trabajo excesivamente reglamentado y leoninamente pago, que sumerge al trabajador en el tradicional modelo de explotación".

Esta conclusión no partió de una postura ideológica, sino de una condición que debía cumplirse para ingresar al mercado de trabajo: por cada guardapolvo confeccionado dentro de los estándares de calidad requeridos, el Taller recibía un peso con cincuenta centavos ($1,50 por unidad). No fue necesario efectuar demasiadas cuentas para llegar a la conclusión de que "esa cifra no cubría costos ni garantizaba trabajo digno". Situación que se agravó cuando se hicieron otros cálculos: un guardapolvo confeccionado por la propia Cooperativa dejaba de utilidad ocho pesos ($ 8,00).

La respuesta que los miembros de la Cooperativa dan a la pregunta consignada precedentemente es la siguiente: "a pesar de que muchos de los compañeros hace ocho o diez años que no tienen trabajo, todavía conservamos el NO. Así no".

¿Por qué así NO?

La respuesta va tomando forma en las palabras de algunas compañeras y de algunos compañeros, pero también en el silencio de otros.

"Luego de tantos años planteando la autogestión y sosteniendo la lucha por una forma diferente de trabajo solidario y sin explotación, volver a las mismas condiciones que antes, o peores, dado que las actuales condiciones son mucho peores a las que existían cuando nosotros perdimos el trabajo, sería un retroceso".

¿Por qué así SI?

Los microemprendimientos de la Cooperativa… Interrumpen y corrigen: "la Cooperativa no desarrolla microemprendimientos sino emprendimientos productivos, porque al denominárselos microemprendimientos ya estaríamos poniéndole un límite a su desarrollo". Los responsables de los emprendimientos productivos de la Cooperativa saben que eligieron el camino más largo: el trabajoso camino de la autogestión. Es el camino del si. Del así si.

Hay dos premisas que identifican y distinguen a la autogestión: la libertad: "libertad de enseñar, aprender y crear"; y la solidaridad: solidaridad hacia afuera: "pensamos poder capacitar a las personas del barrio" y solidaridad hacia adentro: "en la Cooperativa los emprendimientos colaboran entre sí, como por ejemplo la panadería, que está más estabilizada, cuando tiene un ingreso extra, lo deriva al Jardín de Infantes". Los emprendimientos productivos desarrollados desde la autogestión están basados ante todo en un modelo solidario: "En las relaciones laborales tradicionales el trabajador dice "yo hago esto por tanto". Acá se busca otro modelo, basado en la solidaridad".

"En el Taller se trabaja con libertad: uno elige el trabajo y la dedicación horaria. El monto total de los excedentes, por ahora, se distribuye de acuerdo a las horas trabajadas por cada uno. Como no hay jerarquización del trabajo, lo que cada uno obtiene no depende de la tarea que eligió sino de la cantidad de horas que trabajó."

Para los miembros del taller el modelo es un permanente aprendizaje. Exige responsabilidad: "cada uno se anota las horas que trabajó". También unidad: "el grupo humano es muy homogéneo". Exige respeto: "no se imponen tareas pero existen códigos de respeto y responsabilidad".

Los desafíos de construir distinto

El modelo no escapa a ciertas tensiones: "nos está costando armar una línea de producción porque hay ciertas resistencias a la persona que debe organizar". Pero saben que tienen que encontrar una solución porque son plenamente conscientes de algo: "si producís más, hay más excedente y te llevás más".

Los ocho o diez años de desempleo o subempleo han dejado un surco profundo: "la pérdida de la organización laboral es casi total y su recuperación es paulatina".

Todos saben que la recuperación de la cultura del trabajo depende en gran medida de encontrar de alguna forma —no de cualquier manera— la disciplina de la producción: "La disciplina se da a partir de querer trabajar y de la relación de respeto hacia los compañeros. La forma de producir no puede separarse de la ética del cuidado. Cuidar el taller, las relaciones, al compañero".

Los emprendimientos sostienen la educación

Los emprendimientos de la Cooperativa no compiten, se acompañan y ayudan.

"La panadería tiene su propia dinámica dada en años de trabajo y el Taller de Costura está arrancando". "El taller tiene mucha rotación y dinámica. Todavía no estamos organizados para una producción masiva".

Las diferencias entre los emprendimientos comienzan a ser medidas en terminología y con criterios económico-financieros: "La panadería se pudo poner en marcha sin capital previo y tiene retorno cotidiano. En cambio el taller de confección necesita una inversión previa para arrancar con el trabajo".

La autogestión, así como requiere de códigos que los trabajadores respetan, también es firme en los criterios para definir a sus clientes: "se apuesta al vínculo, a la empatía y no a una relación comercial" y ponen como ejemplo a Martín Churba: "Martín contempla que en nuestro taller pueda desarrollarse la creatividad". Esto no es un dato menor y fue tal vez la mayor traba para que la capacitación y la producción de tipo industrial en la que parecía encaminarse el taller de confección no siguiera adelante. Churba aprendió de la experiencia y fue desde su sensibilidad, intérprete del mensaje: producción con creatividad.

Pero las sospechas de ingenuidad sobre la construcción de este tipo de vínculos en el mercado se desvanecen cuando afirman que el desafío será "lograr un equilibrio entre la relación afectiva y la relación económica".

Mirando hacia atrás y recordando la primera reunión, los miembros de la Cooperativa La Juanita y particularmente el emprendimiento Taller de Confección, cambiaron considerablemente. Ya no se echan la culpa de no poder avanzar en la capacitación ofrecida por la industria textil. Asumen que tienen nuevas aspiraciones, renovada identidad y grandes desafíos. Asumen que la cultura del trabajo no es volver a lo de antes, sino ir hacia algo nuevo. A eso nuevo que denominan autogestión.

El gran objetivo: el Complejo Educativo

Todos los que trabajan en los emprendimientos productivos saben que "cuando se generen las condiciones de excedente superior a lo que debe llevarse cada uno por su trabajo, los fondos sobrantes se derivarán al Complejo Educativo".

Actualmente está en funcionamiento el Jardín de Infantes y se proyecta poner en marcha la escuela en el ciclo lectivo 2006. Pero aunque escasos y dispersos, "hoy, cuando hay excedentes, se transfieren al Jardín".

El MTD La Matanza, desde la apertura del Jardín de Infantes, sabe que elevó el piso de sus responsabilidades. Hay más de cuarenta chicos concurriendo y un fuerte trabajo con sus padres, a tal punto, que las maestras del Jardín afirman que "los primeros alumnos del Jardín fueron los padres". Lo que es cierto, pues antes de su inauguración el 3 de mayo de 2004, durante tres meses las maestras trabajaron con los padres de los futuros alumnos para definir reglas que permitieran que "lo inculcado en el Jardín no se perdiera en las casas. El modelo del Jardín exige que la familia se involucre también en el proceso de formación de los chiquitos".

El Jardín ocupa el presente del Movimiento: "El compromiso cotidiano lo da el Jardín". Pero también enmarca las acciones futuras: "la estrategia de lucha pasa por el prisma del jardín". Y en el nombre con el cual fue bautizado se aúnan presente y futuro: Jardín de Infantes "Crecer Imaginando en Libertad".

En el 2004 pasó de todo y quedó mucho

Hasta marzo del 2004 el MTD La Matanza debatió ideas, ideología, sueños.

Pero ese mes significó un punto de inflexión para el Movimiento. La alianza establecida con la Fundación Poder Ciudadano que puso a su disposición la agenda de contactos institucionales, comenzaba a generar resultados concretos. El riesgo no era menor: el Movimiento tenía que comenzar a plasmar sus ideas en acciones; a cotejar contradicciones entre ideología y aliados estratégicos; a dejar de soñar recursos para pasar a administrarlos. El Movimiento tenía que evitar que los sueños de la imaginación se convirtieran en las pesadillas de la realidad.

A partir de la obtención de recursos, de tener que planificar acciones, los encuentros donde los miembros del Movimiento discuten sus ideas cambiaron: "las reuniones son menos interesantes en discurso y más profundas en propuestas".

Una de las alianzas fue con la Fundación Raoul Wallenberg y la Confederación General Económica (CGE). La primera de las instituciones, para efectivizar la donación que permitió construir las aulas y los baños donde funciona el Jardín de Infantes, pidió que llevara su nombre. Esto motivó una serie de discusiones internas hasta que se resolvió aceptar la propuesta. Transcurrido cierto tiempo, el MTD La Matanza sostiene que la alianza "no nos hizo perder identidad. Las condiciones internas no cambiaron. La gente no cambió. Las actividades no cambiaron".

Por el contrario, una serie de hechos ayudaron a reforzar la imagen del Movimiento en la comunidad. La Fundación Wallenberg invitó a la Argentina a un cardenal enviado desde el Vaticano por el propio Juan Pablo II. Una de las visitas programadas fue al Jardín de Infantes del MTD: "La visita del Cardenal fue muy impactante para el barrio. Ver a los vecinos alegres por haber recibido una cruz bendecida por el Papa te hace replantear juicios y prejuicios, y te hace ver que uno tiene que darse permiso para correrse de lo que uno cree, para que otros puedan tener su lugar en base a sus creencias". El tema es analizar bien "con quién uno hace alianzas, porque hay alianzas con sectores diferentes pero que tácticamente pueden servir".

Algo que se discute fuerte en el MTD La Matanza es el grado de institucionalización que exigen estas alianzas: "cuando uno inicia el camino de la institucionalización hay amigos y no tan amigos que están viendo cuando uno pisa el palito."

Pero más allá de los riesgos, las alianzas derivaron en "impactos que se fueron dando por distintas vías: los medios de comunicación; la llegada a la superestructura política; comenzamos de alguna manera a convertirnos en referentes entre organizaciones pares; percibimos un mayor apoyo de la comunidad en cuanto a cuidado y acompañamiento en el sostenimiento del proyecto. Podemos decir que lejos de atentar contra la confianza en el Movimiento, las alianzas permitieron fortalecer la credibilidad", analiza uno de los miembros del Movimiento.

Credibilidad que se logra tanto en la comunidad como en los que decidieron apoyar el proyecto porque todos pueden ver que "las donaciones se pusieron en los emprendimientos y en las obras".

La estrategia de alianzas en el Movimiento, además de este presente, tiene su historia: "hace años que el MTD busca alianzas. En un principio se fueron dando por afinidad. Hace algunos años comenzamos a interactuar con espacios que no conocíamos. Fue un camino de búsqueda. Tomábamos lo sucedido en Chiapas como modelo de integración de actores diversos. Lo que genera transformación social es el consenso social". Por eso, cuando se comienzan a concretar las alianzas menos afines, "cuando se generan las posibilidades de alianzas, ya estaba desarrollado el pensamiento".

Seduciendo al capital. El neoliberalismo pone la "o" y nosotros ponemos la "y"

Uno de los aliados clave para el Jardín de Infantes fue la Confederación General Económica (CGE). Los integrantes del MTD La Matanza no tienen dudas: "La CGE probó que el problema de la desocupación es estructural".

"Hay que recuperar el pensamiento humanitario en todos los sectores porque los problemas atraviesan a todos los sectores sociales".

En el MTDLM se ponen las cartas sobre la mesa cuando se trata de hablar sobre sus tácticas para lograr inclusión social: "estamos seduciendo al capital, y eso es muy bueno hacerlo público".

Existe como un deseo de transferir la experiencia para discutirla, analizarla, conceptualizarla, probarla. Parten de una pregunta disparadora: "¿Qué pasa cuando seducís al capitalismo?": Lo primero que relatan es el proceso de aprendizaje: "se aprendió a construir una relación. Analizar cómo se plantean las contradicciones. No cuestionamos la estructura ni las herramientas, sino las relaciones y en manos de quién estamos."

Tienen en claro los límites que no deben superarse respecto de la ayuda que reciban: "queremos emprendimientos productivos pero no a cualquier costo. La plata no condiciona la autonomía". Se reservan en el vínculo con el capitalismo el derecho al veto: "las decisiones políticas y económicas las toma la Cooperativa, y los aliados deben jugar un rol de facilitadores y de colaboradores. Cuando más discuto sobre capitalismo me doy cuenta de que la autogestión es el modelo a seguir".

El aprendizaje de como interactuar con organizaciones que representan al capitalismo continúa y los entusiasma: "aprendimos a negociar. Cuando nosotros cedíamos, el representante de la CGE avanzaba. Luego empezamos a negociar y comenzamos a aprender a poner límites. El intento de control se licuó en el funcionamiento horizontal de la agrupación y así se evita llegar al punto de ruptura. El representante de la CGE es un operador que sistematiza sus reclamos. Él pone su impronta y elije caminos que no pasan por la diversidad. Él está acostumbrado a convivir y aceptar un liberalismo que es la competencia del todos contra todos. Él pone el "o" y el Movimiento pone el "y". Él dice hagamos esto o lo otro y nosotros le respondemos hagamos esto y lo otro". No dudan de que la interacción genera un mutuo aprendizaje cuando sostienen que "el representante de la CGE se debe estar preguntando si con el neoliberalismo no lo habrán cagado a él también".

Desde cada uno

Cuando se le pregunta al grupo hay un discurso sólido, casi monolítico, pero cuando se le pide a cada uno que cuente su vivencia de los últimos meses, los discursos se unen en la diversidad:

"En los últimos meses se ampliaron las oportunidades, y a partir de ello te preguntas qué libertad tiene uno cuando no tiene laburo ni acceso a la vida digna. Te das cuenta que caés en un reduccionismo para mantenerte vivo: yo hago lo que quiero. ¿Cómo uno hace lo que quiere si no puede decidir si come o no come?".

"Se recuperó la capacidad de poder hacer cosas. Pero al mismo tiempo, con la práctica y las nuevas oportunidades se aumentaron los niveles de responsabilidad, porque adquirir la capacidad del trabajo desde lo autónomo, desde lo autogestivo, depende de un gran desarrollo de la responsabilidad".

"La ayuda que comenzó a concretarse se convirtió en un punto de inflexión de proyección hacia el futuro. Otros nos empezaron a fijar las pautas y nos obligó a repensarnos. No nos ganó el todo vale. Entramos en el proceso de madurez que exige empezar a discriminar. Se superó el miedo a enfrentar el nuevo panorama. Quedó comprobado que cuando uno trabaja en colectivo el pensamiento no tiene fisuras. El desafió es convertir en sustentables los emprendimientos. Demostramos que no tenemos límite en nuestra capacidad creativa. Hay que sistematizar la creatividad."

"Ya no busco a quien putear, sino que me hago cargo de lo que me está pasando. Resalto el aprendizaje de construir compañerismo. Sería importante que se puedan trasladar estas experiencias. Este no es un lugar donde se viene a joder. El desafío, cuando aceptas ayuda, es poder responder al riesgo que asume el otro."

"Desde que se inauguró el Jardín existe una mayor cohesión en el grupo. Se está desarrollando una fuerte vivencia de la tolerancia. Al principio nos preguntábamos ¿cómo vamos a convivir con los chicos del jardín?".

"Tenemos que destacar que la ayuda que recibimos para los emprendimientos y el Jardín no hicieron que abandonemos los aspectos de construcción de ciudadanía y seguimos reclamando por lo social. No nos quedamos en progresar nosotros y olvidarnos del afuera, sino que estamos experimentando para llevar progreso al barrio".

"Se construyeron fuertes lazos de solidaridad y compromiso. Está claro el propósito y esto da muchas fuerzas. El grupo vio su proceso de maduración del sentido de representatividad. Estamos en condiciones de sistematizar toda nuestra práctica. Esto es un gran experimento."

"Como llega gente, se va gente. El desafío es llegar a romper con los viejos esquemas. Es un cambio profundo en tu vida cotidiana pero también en la cabeza. Pasar del concepto de autogestión a la práctica te pone en la obligación de repensarse permanentemente porque ahora las cagadas impactan. Es un camino de grandes gratificaciones y grandes frustraciones. En el día a día no notas lo que vas construyendo, pero si hacés historia el avance se nota."

"El día que inauguramos el jardín se consolidó el concepto de la credibilidad hacia adentro y hacia afuera del Movimiento. La gente se dio cuenta, comprobó que el Movimiento era cierto."

"El Movimiento es una herramienta para cambiar la vida de uno y tratar de romper con lo que te metieron en la cabeza".

"Hay seguridad en el camino que se está recorriendo. Hay un proceso de maduración interna, personal. El hecho de asumir responsabilidades te fortalece para seguir adelante y saber que podés."

Justamente "vos podés" es el slogan que utiliza Poder Ciudadano. Que nos hayan invitado a escribir estas páginas, que reflejan sólo una parte de las acciones y apenas un breve lapso del recorrido del MTD La Matanza y de su Cooperativa La Juanita, es un orgullo y un halago.

Estas páginas son una pequeña parte de un nuevo libro que se convertirá en uno de los capítulos de las obras completas de este Movimiento integrado por personas que eligieron, en lugar de luchar por la inclusión a un sistema económico ajeno, incluir a quienes lo quieran a un modelo de vida propio.

PARA SUPERAR LA
"CULTURA DE LA SOBREVIVENCIA"

MARIEL FITZ PATRICK *

La experiencia de un movimiento de desocupados que le dijo no a los planes

El MTD La Matanza es una de las organizaciones piqueteras más antiguas que viene llevando adelante una experiencia de desarrollo autónomo a través de distintos emprendimientos autogestionados y comunitarios. A diferencia de otras agrupaciones de su tipo, se distingue por no aceptar planes sociales ya que se niegan a "entrar en la lógica del clientelismo político con la que se manejan". Para este Movimiento, el asistencialismo como política del estado "va contra la cultura del trabajo" y "reconstruye desde las propias organizaciones sociales, una cultura de domesticación".

A partir de su rechazo a los subsidios asistenciales y ante la necesidad de solucionar el problema del hambre y la falta de trabajo, comenzaron a elaborar propuestas de autogestión y a adoptar una postura basada en la cooperación y la "vuelta a la tierra", con el objetivo de poner en marcha emprendimientos colectivos que dieran respuesta a la nueva situación.

Con el objetivo de encontrar nuevas herramientas para la práctica política, se vincularon con grupos de estudiantes y docentes universitarios, agrupaciones de derechos humanos, organizaciones sociales y de la sociedad civil, intelectuales y profesionales de distintas disciplinas, lo que les permite contar

---

* **MARIEL FITZ PATRICK** : Nació en Avellaneda, Provincia de Buenos Aires, en 1968. / Es periodista recibida en TEA. Trabajó en diversos medios gráficos como redactora y fue directora periodística de la agencia de noticias electrónica referida al Tercer Sector, Infocívica, de Poder Ciudadano. / En el medio audiovisual, se desempeñó como productora de informes de investigación y programas periodísticos-documentales, entre ellos, "Historia de una nota" que se emitió por Canal (à) durante el 2005. Participó en la investigación y búsqueda de material de archivo de producciones cinematográficas. / Es coautora del "Manual de Monitoreo de la Cobertura Informativa de la Campaña Electoral", de Editorial La Crujía, y colaboró en la elaboración de distintos libros de investigación. / Es docente en la Carrera de Periodismo de la Universidad Nacional de Lomas de Zamora y en la Escuela de Periodismo TEA. / Se contactó por primera vez con el MTD de La Matanza a través de la Asamblea de Palermo Viejo, de la que es miembro. Escribió este informe sobre los orígenes y la historia del MTD como colaboración para el libro "El festival de la pobreza. El uso político de los planes sociales en Argentina", de Martín Di Natale, publicado por La Crujía en 2004.

con un elaborado discurso político, desarrollado a partir de sus propias prácticas y experiencias.

Constituyen una organización horizontal, sin jerarquías, donde las decisiones se toman en asamblea. Políticamente, se definen como «autónomos», ya que no están encuadrados con las organizaciones piqueteras más grandes —como la Corriente Clasista y Combativa (CCC), la Coordinadora Aníbal Verón o el Bloque Piquetero Nacional—, ni alineados con ningún partido político. Tienen una visión crítica hacia la concepción tradicional de los partidos y la militancia que sustenta su actividad en la "captación".

Los orígenes del Movimiento

Los orígenes del MTD La Matanza se remontan a 1995, cuando comenzaron a surgir junto a las primeras agrupaciones de desocupados por la agudización de la crisis que hizo estragos en los niveles de empleo en todo el territorio nacional y, entre las zonas más castigadas, el conurbano bonaerense. Sus primeros integrantes se juntaron espontáneamente como vecinos que compartían un mismo problema, la imposibilidad de pagar las facturas de la luz. Los asistentes a esos encuentros tenían un rasgo común: estar desempleados.

El surgimiento del Movimiento tuvo que ver, entonces, con la necesidad de dar respuesta a ese nuevo fenómeno que se instaló a lo largo y ancho del país: el aumento de la desocupación que trepaba al 18 por ciento a nivel nacional, con picos en algunas localidades que superaban esa cifra récord. En el segundo cordón del conurbano bonaerense —el más pobre y donde está el partido de La Matanza— la medición de octubre de 1996 del INDEC arrojó que el 42,4 por ciento de las personas se encontraba bajo la línea de pobreza; el 12,3 por ciento debajo de la de indigencia, y la desocupación trepaba al 18, 8 por ciento.[1]

Héctor «Toty» Flores, uno de los integrantes más antiguos del Movimiento, recuerda que, en ese momento, nadie se había planteado conformar un movimiento de desocupados. "En un principio, todos creíamos que el desempleo era un ciclo en el proceso de la economía y salimos a la calle a pedirle

---

[1] Esas cifras empeoraron: en mayo del 2002, el porcentaje de personas viviendo bajo la línea de pobreza en el segundo cordón del conurbano bonaerense ascendió el 68.4 por ciento, el porcentaje de personas debajo de la línea de indigencia llegó al 33,4 por ciento, mientras que el desempleo era del 22 por ciento, el más alto de la historia (datos del INDEC).

al Estado que modificara su política para que pudiéramos volver al trabajo. Pero, después, nos dimos cuenta de que la desocupación de los '90 había venido para quedarse y que no había una salida desde el Estado para el conjunto de la población».Y agrega: "Fue entonces que los economistas comenzaron a hablar de que sobraba gente para el funcionamiento del modelo".

Otro de los elementos que contribuyó a la conformación del MTD –reflexiona Flores– fue lo que consideraban como "una falta de respuestas" de los partidos, los sindicatos y la propia Iglesia, que los llamó "los nuevos excluidos". Esto determinó que adoptaran una posición de"autonomía" respecto de los partidos políticos y las distintas corrientes sindicales. «No nos consideramos excluidos o marginales de la sociedad, sino desocupados, mano de obra que no encuentra quien los tome porque ya no hay fábricas», agrega.

Incluso, la decisión de llamarse MTD implicó toda una discusión entre los propios miembros de la organización y otras agrupaciones de su tipo. "Nosotros reivindicábamos nuestra condición de trabajadores, a la que considerábamos parte de nuestra identidad y que nos la querían sacar. Mientras que la prensa nos bautizó "piqueteros", nosotros reivindicábamos nuestra condición de trabajadores desocupados que queríamos producir porque estaba intacta nuestra capacidad de trabajo", señala Flores.

En un análisis posterior, el MTD analizó así el aumento de los índices de desempleo y el surgimiento de las agrupaciones de desocupados: "Los cambios producidos en la sociedad a partir del fenómeno de la desocupación como consecuencia de la implementación del plan económico neoliberal, que contiene en su génesis la necesidad de grandes masas por fuera del mercado laboral como mecanismo de control social y reserva de mano de obra al menor costo, dieron curso al surgimiento de distintas expresiones sociales. Entre ellas, destacamos la aparición de millones de desocupados estructurales, cualitativamente diferentes al bolsón de marginalidad que históricamente tuviera el país".[2]

El lanzamiento público del MTD tuvo lugar el 1º de mayo de 1996, en un acto en Plaza de Mayo, en el que participaron unas 2000 personas de agrupaciones de La Plata, Beriso, Ensenada, Quilmes, Florencio Varela, Solano y La Matanza. En esa oportunidad se dio a conocer una proclama con una serie de reivindicaciones, entre las cuales figuraban la ampliación de la población beneficiaria del seguro de desempleo y su aumento a 500 pesos, la

---

[2] "De la culpa a la autogestión", MTD Editora.

eximición de impuestos a los desocupados, un boleto para que éstos pudieran viajar gratis en el transporte público, salud y educación gratuitas.

Un año después, y a partir de la experiencia de Cutral-Có, en Neuquén, y de Jujuy[3], el MTD La Matanza cambió su postura y, en lugar de reclamar por subsidios, comenzó a pedir "trabajo digno". Más tarde, abandonaría el reclamo al Estado por entender que éste era el causante de la situación que vivían, por lo que no iba a darles "ninguna respuesta" para cambiar su condición de desocupados.

Las respuestas de los desocupados frente al problema del desempleo

La experiencia del MTD La Matanza fue una construcción básicamente empírica que, recién con posterioridad, fue seguida de una elaboración teórica sobre el problema de la desocupación y las formas de abordarlo. En este proceso de reflexión participaron estudiantes de las Facultades de Ciencias Sociales y de Filosofía y Letras de la UBA, a quienes el MTD se había acercado en la "búsqueda de alianzas con quienes tenían el poder del conocimiento teórico", tras "el abandono de la lucha de los desocupados por parte de las organizaciones de izquierda".[4]

El MTD analizó que "pasado el primer impacto que produjo la expulsión del mercado laboral en la subjetividad de los trabajadores y una vez conscientes de la imposibilidad de retrotraerse a su condición anterior", surgieron al menos tres variantes en las estrategias de los desocupados para enfrentar el desempleo:

1) Un primer gran grupo consideró que era una cuestión individual y se replegó sobre sí mismo, asumiendo como propia la responsabilidad de quedarse sin empleo. La culpa que generaba esta situación, anulaba al desocupado y le impedía organizarse en la búsqueda de una respuesta colectiva. En muchos casos, el impacto de la desocupación en la autoestima personal y en el núcleo familiar tuvo derivaciones hacia la violencia familiar o el alcoholismo.

Esta respuesta fue incentivada por el sistema que pregonaba que "había trabajo" y que no trabajaba el que no quería. Pero cuando el desocupado salía

---

[3] Muchos de los piqueteros que habían tenido protagonismo en las rebeliones de Cutral-Có, Salta y Jujuy recibieron dádivas del Estado o cargos políticos a cambio de deponer las protestas y los cortes de ruta.
[4] Ídem 2

a buscar trabajo, como no había puestos disponibles, aumentaba "su culpa" por no conseguir nada.

Esta tesis de la culpa del desocupado como "un instrumento que el sistema utilizaba para la dominación", desarrollada en un trabajo realizado por estudiantes de la Carrera de Sociología de la UBA, fue suscripta por los integrantes del MTD que la consideraron "la primera apropiación importante" que hicieron del conocimiento científico. A partir de ese momento, identificaron que era "la culpa la que dificultaba ver a la desocupación como un problema social" [5].

2) Otro sector adoptó la cultura del asistencialismo recurriendo al Estado para que le diera paliativos que les permitieran acceder a un mínimo de recursos. En esta alternativa el MTD La Matanza veía una contradicción, al considerar que "no había que pedirle soluciones a quien había generado el problema de la desocupación" y "había decidido una política de abandono a las mayorías empobrecidas". Según su visión, la política asistencial implicaba "una nueva forma de dominación, la cultura de la sobrevivencia".

3) Una tercera respuesta fue el surgimiento de los movimientos autónomos de trabajadores desocupados, a partir de 1995 y los dos años subsiguientes, que luego la prensa bautizaría "piqueteros". Estos grupos planteaban la necesidad de "una vuelta al trabajo" y, en los primeros cortes de rutas, no pedían planes sino puestos de trabajo. Comenzaron a realizar políticas de autogestión y cooperación "como una nueva forma de acceso al trabajo digno".

El MTD La Matanza, enrolado claramente en esta última opción, empezó a ver al desempleo, no como algo coyuntural, sino como "intrínseco al sistema" y así lo analizaron: "La persistencia en el tiempo del fenómeno de la desocupación y la magnitud de la cantidad de personas desocupadas, le daban un carácter cualitativamente distinto al de "ejército de reserva" del capitalismo". [6]

"Empezamos a ver que la masa de desocupados era funcional al sistema económico ya que permitía bajar los salarios de los trabajadores", asevera Flores. A partir de esta convicción, el MTD La Matanza comienza a construir un discurso de ruptura con el Estado e identifica a la política económica, en

---

[5] "De la culpa a la autogestión", MTD Editora.
[6] Ídem 5

particular hacia los desocupados, "como un genocidio, sin salida para los que quedaban afuera del sistema". En este sentido, Flores advierte: "La desocupación era el costo social necesario para estar en el primer mundo. Y no nos habían avisado".

La vinculación con otras organizaciones

En esa búsqueda de respuestas que explicaran el fenómeno de la desocupación, el MTD La Matanza se vinculó con otras organizaciones sociales del ámbito local y continental, como la Asociación Madres de Plaza de Mayo, el Movimiento Zapatista de Liberación Nacional (MZLN) de México, el MTD de la ciudad brasileña de Porto Alegre y el Movimiento de los Sin Tierra (MST) de ese país, que se convirtieron en referentes en la nueva forma de entender la realidad y las consecuencias de las políticas neoliberales aplicadas en la región.

Del zapatismo aprendieron, entre otras cosas, a "buscar el consenso social" para que su "lucha no quedara aislada" y a "construir una estrategia y sostenerla más allá de cuánto tiempo lleve lograrla".[7]

El acercamiento al MST definió que el Movimiento tomara como "una de sus proposiciones fundacionales la recuperación de la tierra para ponerla a producir, para tener trabajo y autoabastecer las necesidades de alimentos" de sus militantes y familias.[8]

Esta definición desencadenó que el 1° de enero de 1997 —aniversario del alzamiento zapatista en Chiapas— el MTD decidiera organizar su primera toma de tierra: los terrenos del cuartel de La Tablada que estaban en litigio entre el Ejército y la intendencia. El operativo fue reprimido y no pudo concretarse, lo que trajo aparejado una gran desmoralización y el inicio de un período de dispersión del Movimiento. No obstante, continuaron apoyando intentos llevados a cabo por otras agrupaciones y, en 1998, planificaron una nueva toma de tierras con el objetivo de cooperativizarlas, que finalmente no se concretó.

Muchos de los vínculos que establecieron con organizaciones del país y del exterior se vieron reflejados en su paso por el programa de radio que el

---

[7] Ídem 5
[8] "De la culpa a la autogestión", MTD Editora.

MTD La Matanza llevó adelante, durante 1997 y por cuatro años, llamado "Encuentro con los Trabajadores Desocupados". Ese espacio que alquilaban en la FM local Encuentros, "se convirtió en una tribuna absolutamente abierta a todos los luchadores".[9]

1997, el año que marcó un punto de inflexión

En 1997, los MTDs que se consideraban autónomos de los partidos políticos, comenzaron a darle mayor importancia a la nacionalización del proceso de organización de los trabajadores desocupados. La realización del 3° Encuentro Nacional de Desocupados, en noviembre de ese año, tuvo lugar en el Club Chaqueño de Isidro Casanova, en La Matanza, y estuvo a cargo del MTD local. A partir de la venta de su Boletín y fiestas que organizaron un grupo de estudiantes de la Facultad de Ciencias Sociales y de Filosofía de la UBA, juntaron casi 3.000 pesos que fueron destinados a pagarle el pasaje a los militantes del interior del país y la comida durante los dos días que duró el evento. Participaron unos 300 desocupados de Jujuy, Córdoba, Concordia, Neuquén, Misiones, Santa Fe, Mar del Plata y del conurbano bonaerense.

En ese Encuentro, el MTD se dividió debido a diferentes visiones sobre qué hacer con los planes asistenciales. El grupo mayoritario, liderado por el MTD Teresa Rodríguez de Florencio Varela[10], planteó que había que "disputarles" los planes a los punteros políticos. Según recuerda Flores, hasta ese momento "era común el rechazo al clientelismo político, pero los hechos de Cutral-Có y Jujuy, donde hubo una fuerte política de focalización del conflicto y cooptación por parte del Estado con Planes Trabajar, marcaron un punto de inflexión".

En la ciudad neuquina de Cutral-Có[11] estaba, en ese momento, el movimiento piquetero más importante del país y su experiencia era valorada por las agrupaciones más jóvenes. Flores se lamenta que "los propios compañeros de Cutral-Có nos alertaron en ese encuentro que advertían las consecuencias

---

[9] Ídem 8
[10] El MTD Teresa Rodríguez luego pasaría a llamarse directamente Movimiento Teresa Rodríguez (MTR)
[11] En abril de 1997, en Cutral-Có, fue asesinada de un balazo policial la empleada doméstica Teresa Rodríguez. El gobernador de Neuquén, Felipe Sapag, insistió en culpar por la violencia a los "activistas de izquierda que llegaron armados a la provincia" y también a la "inflexibilidad de sus reclamos por parte de los docentes", que habían encabezado la protesta. La policía negó toda participación en el crimen. Después se comprobó que varios policías habían disparado con armas de fuego. Desde Buenos Aires, el entonces presidente Carlos Menem advertía sobre los conflictos que se multiplicaban en el sur y en el norte del país que "el desempleo no puede ser cuestión de agitación".

de esa cooptación", que terminaría en una desarticulación de ese Movimiento, hasta su casi desaparición. "Miren que es terrible porque hay que gerenciar la miseria, les dan veinte puestos para doscientos compañeros, ustedes tienen que elegir a esos veinte y el culpable para el vecino terminás siendo vos", recuerda que le dijo un piquetero de Cutral-Có.[12] "Nos dimos cuenta de que la necesidad de que alguien te dé, iba a terminar con la autonomía", afirma Flores, que tuvo la premonición que, por ese camino, el Estado los iba a "institucionalizar".

Para el MTD La Matanza, ese encuentro fue "una decepción". "Los temas propuestos a instancias, fundamentalmente, de los MTR de Florencio Varela y de Mar del Plata fueron cuántos Planes Trabajar debíamos pedir, si se podrían incorporar a los compañeros beneficiarios a la planta permanente de las municipalidades, y si se debía discutir o no de política –como si se pudiera separar lo político de lo económico y de lo ideológico–".[13]

Mientras la mayoría discutía si decirles sí o no a los planes, el MTD La Matanza fue el único que, en esa ocasión, planteó otro eje de debate: "volver a la tierra". Éste era un proyecto que habían preparado bajo la influencia del Movimiento de los Sin Tierra (MST) de Brasil, tras la confirmación de que las fábricas no volverían a abrirse, y que se traducía en la consigna que lanzaron en el encuentro: "Por tierra, trabajo y libertad". Flores la explica así: "Tierra porque era el único elemento de producción que podíamos tomar para paliar el hambre; trabajo porque había que reconstruir la cultura del trabajo, pero un trabajo distinto, cooperativo, solidario y autogestivo; y libertad porque creemos en la lucha por las libertades democráticas y pensamos que vivir en libertad es quizás la mayor aspiración de vida que puede tener el hombre".

En una entrevista al periódico "En la calle" (órgano de difusión del Anarquismo Organizado), que cubrió el Encuentro de organizaciones de Desocupados en Matanza, Flores afirmaba: "No nos podemos pasar toda la vida delante de los municipios, en las últimas elecciones nuestra consigna fue "no cambiamos votos por comida". Queremos una alternativa que esté ligada a la autogestión, a la autodeterminación, a las formas cooperativas de producción y a la lucha por la tierra".

---

12 "De la culpa a la autogestión", MTD Editora.
13 "De la culpa a la autogestión", MTD Editora.

El asistencialismo divide posiciones

El Encuentro de La Matanza dividió posiciones en relación al tema de los planes sociales y su efecto en las organizaciones sociales que los reclamaban. En palabras de Flores, "nos hizo reflexionar sobre hasta dónde estábamos atravesados por la cultura dominante y cuánto se podía ser funcional al poder. Pretender incorporar a los beneficiarios de los planes Trabajar, que ese entonces ganaban 200 dólares, a la planta municipal, era rebajar el sueldo de sus trabajadores a casi un tercio".[14]

En efecto, programas de este tipo —más cuando son masivos, como luego lo sería el Plan Jefes y Jefas— tienen la propiedad de fijar el salario mínimo de la economía y el monto del subsidio establece el límite mínimo de remuneración para cualquier trabajo en relación de dependencia, ya que por debajo de él, los trabajadores preferirían recibir la asistencia estatal.

Ese año —1997— el Estado había iniciado una política de dar planes a las organizaciones piqueteras que consideraba más "potables" y a aislar a los movimientos más autónomos. Entre las organizaciones que empiezan a recibirlos estaban la Corriente Clasista y Combativa (CCC) y la Federación de Tierra y Vivienda (FTV)[15], las dos con fuerte base en La Matanza, que comienzan a distribuirlos entre sus militantes. Si bien ambas tenían un origen sindical, con una estructura previa, por su masividad se convierten en las principales agrupaciones de desocupados del país. No obstante esta característica, ninguna de estas dos agrupaciones participó del 3º Encuentro Nacional de Trabajadores Desocupados.

Según Flores, esta ausencia se debió a que "también en las organizaciones de desocupados se actuaba con la misma lógica que en las organizaciones de izquierda y los sindicatos, se le daba a la desocupación un carácter coyuntural, aunque en los discursos se afirmara que era una cuestión que no se podía resolver en el marco del capitalismo".[16]

Para el MTD La Matanza, "así como desde las organizaciones de la clase obrera y de los partidos negaban y se adaptaban a esta realidad, subestimando la capacidad de respuesta de los sectores agredidos, desde el poder se diseñaban políticas para domesticar al sujeto social transformador que estaba

---

[14] Ídem 13
[15] La Corriente Clasista y Combativa está ligada al Partido Comunista Revolucionario y la Federación de Tierra y Vivienda está vinculada a la Central de los Trabajadores Argentinos (CTA).
[16] Ídem 13

naciendo. El Estado, aprovechándose de una cultura instalada en nuestro pueblo que "todo viene de arriba", instrumentó un plan de dominación político cultural, de profundas consecuencias para los sectores populares que quieren organizarse: el *asistencialismo* o *clientelismo*".[17]

En opinión de Flores, "más allá de que la CCC y la FTV sostienen que reparten planes teóricamente con otra política, en la práctica, repiten hacia su interior la lógica clientelar de los partidos que dicen combatir". Sin embargo advierte que, independientemente de las actitudes de sus dirigentes, "sí existe en la base de otros movimientos piqueteros la idea de generar trabajo genuino".

En ese 3° Encuentro Nacional de Trabajadores Desocupados, el MTD quedó en una posición absolutamente minoritaria –fueron los únicos– en relación a su postura de no gestionar planes sociales. Esa derrota hizo que renunciaran a la conducción del encuentro e iniciaran un camino independiente del resto de las agrupaciones de desocupados.

Por qué el rechazo a los planes

No obstante esta postura de rechazo al sistema asistencialista de subsidios del Estado, EL MTD La Matanza no critica a quienes sí los reciben ni se opone a que un integrante del Movimiento sea uno de los beneficiarios. Simplemente, advierten que los planes generan que «los desocupados abandonen la búsqueda y reclamo de trabajo genuino» porque "se acostumbran a vivir de un plan por más que tampoco les permita salir de su situación de pobreza".

En este sentido, Flores destaca que "el propio Plan Jefes y Jefas tiene una cláusula por la cual si te das de baja, no podes volver a pedirlo, lo que lleva a que quien consigue un trabajo en condiciones precarias y sin saber por cuánto tiempo, no lo tome para no darse de baja del plan y perder un subsidio que tiene asegurado". Esta situación –sostiene– genera "una cultura de la sobre vivencia" entre los desocupados. «Sobrevivir se convierte en una tarea que insume todo del día y ocupa el lugar del trabajo», explica en referencia al tiempo que implica conseguir los bolsones de comida, los remedios y las colas para reclamar por los 150 pesos del Plan Jefes y Jefas. Para Flores, esta situación fue «una derrota cultural ante la imposibilidad de asentar nuestras vidas en la cultura del trabajo».

---

17 ídem 13

Según señala el CELS en un estudio sobre el Plan Jefes y Jefas[18], este Programa (también denominado "Derecho de Inclusión Social: Plan Jefes y Jefas Desocupados") presenta "características similares a los numerosos programas asistenciales implementados durante la última década y no cumple con los estándares legales mínimos para hacer efectivo el derecho a un nivel de vida adecuado".

Y si bien la ONG admite que "existen diferencias destacables, principalmente ligadas a la magnitud del Programa Jefes y Jefas, a la profusa legislación que lo reglamenta y al cambio discursivo que, por primera vez en materia de programas sociales, incorporó el lenguaje de derechos como elemento justificante de la creación del programa", advierte que continúa reproduciendo las "falencias propias de los programas focalizados". Entre éstas enumera: "el monto asignado no es suficiente para cubrir las necesidades básicas alimentarias de una familia; no es universal sino que está dirigido a una población objetivo definida (desocupados con menores a cargo, inscriptos con anterioridad al 17 de mayo de 2002); es transitorio (finaliza conjuntamente con la emergencia laboral que actualmente está declarada hasta el 31 de diciembre de 2003)[19]; no está prevista la posibilidad de recurrir administrativa ni judicialmente en caso de rechazo de la inscripción del plan; carece de mecanismos transparentes de asignación y fiscalización, y de producción de información para evaluación de resultados".[20]

El CELS reconoce que el Plan Jefes y Jefas lanzado en el 2002 "ha implicado un esfuerzo importante del Gobierno Nacional por extender prestaciones asistenciales a un número significativo de personas, característica que, probablemente, sea uno de los pocos elementos que lo diferencian de los programas que configuraron la política de la década del noventa en esta materia". Sin embargo, advierte que fue creado "no sólo como herramienta de la política social, sino principalmente como instrumento para apaciguar un con-

---

[18] El Programa de Jefes de Hogar fue lanzado en abril del 2002, a comienzos del gobierno de Eduardo Duhalde, para ser aplicado hasta el 31 de diciembre de ese año en todo el territorio nacional y en el marco de la declaración de la emergencia alimentaria, ocupacional y sanitaria. Su vigencia fue prorrogada, primero hasta el 31 de diciembre del 2003 y luego hasta el 31 de diciembre del 2004. Consiste en el pago de una ayuda económica "no remunerativa" de 150 pesos por cada titular, a cambio de una serie de contraprestaciones que deben realizar los "beneficiarios". Los destinatarios son los jefes o jefas de hogar desocupados con hijos menores a cargo. El programa persigue asegurar la concurrencia escolar de los hijos, así como el control de la salud. También alcanza a los jefes de hogar cuya cónyuge, concubina o cohabitante se encuentre en estado de gravidez. Para poder acceder al Plan, los postulantes debieron inscribirse con anterioridad al 17 de mayo de 2002. Actualmente, los beneficiarios del plan suman 1.763.020 personas.
[19] Fue prorrogada hasta el 31 de diciembre del 2004.
[20] "Plan Jefes y Jefas ¿Derecho social o beneficio sin derechos", CELS, Mayo 2003.

flicto social de características inéditas que ponía en juego la continuidad del sistema político institucional. De esta manera, se transformó en un aspecto central de la política del Gobierno de transición".[21]

La posición de rechazo a los planes sociales le iba a costar al MTD La Matanza una sangría muy importante de miembros y el rótulo de "duros" por no aceptar "negociar" por planes. Esta posición fue reforzada por una denuncia penal que presentaron en 1996 contra el ex hombre fuerte de La Matanza, Alberto Pierri, y el entonces gobernador Eduardo Duhalde, por los "aprietes" reiterados que sufrían los militantes del Movimiento "Ollas Populares de los Barrios de La Matanza", antecedente del MTD en el distrito.

Esta denuncia no sólo identificó públicamente al MTD como denunciando "las actitudes mafiosas del poder político local", sino que le valió que patotas vinculadas al Mercado Central que respondían a Pierri golpearan a compañeros del Movimiento. Pero, además, la decisión de ir a la Justicia abrió una brecha entre los movimientos piqueteros ya que, por ejemplo, la CCC les recriminó la postura de confrontación con el gobierno y la negativa a abrir otros canales de diálogo y negociación. "(Raúl) Castells hablaba con los gerentes antes de tomar un supermercado y luego simulaba la toma", recuerda Flores, para quien ese accionar "no era ético porque generaba una falsa expectativa en otros movimientos". Hasta conocer este manejo, Flores admite haber realizado algunas acciones en supermercados con el actual líder del Movimiento Independiente de Jubilados y Desocupados (MIJD)[22].

Flores recuerda que "a poco de que el CCEFoCC se pusiera en marcha, a fines del 2001, hubo gente que se acercó al Movimiento esperando recibir un plan. Cuando se dio cuenta que a través nuestro no lo iba a conseguir, se fue". Este ex obrero de 50 años admite que esta decisión les valió perder muchos compañeros y que los miembros del MTD La Matanza hoy no superen el medio centenar. "Tras la aparición de los planes Trabajar y nuestro rechazo a recibirlos para no entrar en la lógica clientelar, hicimos el recorrido de ser muchos a quedar muy pocos", reconoce. Sin embargo, argumenta que no es el objetivo sumar miembros a cualquier costo: «Creemos que la pertenencia a una organización debe ser consciente y no forzada».

---

[21] Eduardo Duhalde había sido elegido por la Asamblea Legislativa el 1 de enero del 2002 y asumió en forma interina tras la renuncia sucesiva de cuatro presidentes y con la tarea de llamar a elecciones una vez normalizado el país.
[22] El Movimiento Independiente de Jubilados y Desocupados (MIJD) en ese momento integraba la CCC.

«Para nosotros —agrega Flores—, los planes representan, por un lado, una política perversa por parte del propio Estado que generó esta situación y nos expulsó a la calle, y por el otro, reproducen la misma lógica de clientelismo político que repudiamos basada en darte un subsidio a cambio de no pensar. El que te entrega el plan decide por vos. Nosotros creemos que es importante desarrollar un pensamiento crítico".

Al reflexionar sobre esta política, opina que "lo perverso no es, si una organización de desocupados obtiene o no plan social para paliar el hambre de sus compañeros. Tampoco se trata de negar la necesidad y aceptación de la ayuda solidaria de otros sectores que no piden nada a cambio. Lo perverso y peligroso es aceptar pasivamente la política del enemigo, y además creer que se está haciendo otra contraria a la delineada por los centros de poder, cuando se la reivindica como triunfo y se justifica como técnica de acumulación".[23]

En este sentido, Flores advierte que "muchos compañeros planteaban la cantidad "arrancada" de planes sociales como un salto de calidad" y recuerda que, al principio, el gobierno otorgaba más planes que los solicitados "poniendo en aprietos a las propias organizaciones para encontrar a los "beneficiarios" que estuvieran de acuerdo en inscribirse".

A su vez, esta cuestión traía aparejada el debate sobre los criterios con que se eligen a los beneficiarios de los planes. Uno de los utilizados por varias agrupaciones - y cuestionado por el MTD La Matanza- es el sistema de "puntaje", otorgado en función de la participación en las asambleas o las movilizaciones. El MTD considera que este sistema, al ser de carácter coercitivo, "reproduce la misma política que la de los punteros" e "introduce en las organizaciones sociales, con el consenso de los interesados, el concepto de la competencia entre pares, contrario a la filosofía de cooperación y solidaridad".[24]

Según Flores, el reparto de "cupos" en los barrios hizo "resurgir" a los punteros políticos que habían caído en desgracia ante la crisis de los partidos políticos y el cuestionamiento a sus dirigentes. "Estos punteros son los que tratan de cooptar a los mejores activistas para la política de fragmentación, a cambio de hacer exitosa su gestión. La medida del éxito de la lucha está referida a cuántos planes Trabajar se consiguen, siendo el Estado quien legitima la

---

[23] "De la culpa a la autogestión", MTD Editora.
[24] ídem 23

representatividad de los dirigentes y de las organizaciones", sostiene. En su opinión, permitir esta situación, "es dejarle al enemigo la capacidad de elegir a aquellos que más sirven a sus intereses". [25]

La falta de controles y la ausencia de transparencia por parte del Estado en los mecanismos de asignación de los planes, así como los criterios para atorgarlos ante situaciones de similar necesidad, han potenciado la discrecionalidad y el manejo clientelar de los planes. En el caso del Programa Jefes y Jefas, el CELS advierte que el decreto 565/02 que lo crea, no contempla mecanismos formales de reclamo por parte del solicitante en caso de que la inscripción al plan sea rechazada. "Si bien podría argumentarse que, como cualquier acto de la administración, dicha resolución estaría sujeta a las impugnaciones previstas en las leyes de procedimiento administrativo, (…) la omisión en establecer de manera expresa tal alternativa no ha sido ingenua. La norma descripta sugiere la intención del Gobierno de desincentivar la presentación de reclamos y reservar la asignación de los planes para el manejo discrecional. (…) En la práctica, la falta de información determina que los postulantes a los que se les deniega el plan no utilicen las vías legales de reclamo y que, en definitiva, los tribunales de justicia no puedan revertir el manejo clientelar de los planes". [26]

En su informe, la ONG afirma que según "numerosos testimonios recogidos en forma verbal, existirían casos que darían cuenta de mecanismos clientelares en los cuales los beneficiarios deben "abonar" un porcentaje, que muchas veces supera el 20% del subsidio, en carácter de "pago" por acceder al plan. Asimismo, este mecanismo se repetiría en casos donde los beneficiarios abonan un «peaje» para acceder a los emprendimientos comunitarios y, de esta manera, evitar la caída del plan".

La relación con el poder político local

Si bien el MTD La Matanza no tuvo enfrentamientos con el actual intendente, Alberto Balestrini, como sí los había tenido con su antecesor Héctor Cozzi —hombre de Alberto Pierri en el distrito—, tampoco existe acercamiento o diálogo. Y aunque reconoce que la gestión de Balestrini es "muy distinta" a la anterior, señala que "estamos en el corazón del Gran Buenos, donde el clientelismo es la forma de sacar votos" y advierte que "la

---

[25] ídem 23
[26] "Plan Jefes y Jefas ¿Derecho social o beneficio sin derechos", CELS, Mayo 2003.

estructura del aparato justicialista bonaerense, en alianza con la Policía corrupta, conforma un poder para-estatal de características mafiosas que sigue existiendo".

Las dos organizaciones que sí tienen diálogo con Balestrini son la CCC y la FTV. Al punto que uno de los grandes cortes de la Ruta 3 protagonizados por estas agrupaciones en el 2000, durante el gobierno de la Alianza, le permitió al intendente conseguir 5 millones de pesos en Aportes del Tesoro Nacional (ATN) para el Municipio. Esa buena relación se traduce en la distribución de planes para los desocupados de La Matanza: un 50 por ciento son manejados por el Municipio y el aparato partidario; otro 25 por ciento por la FTV, y el 25 por ciento restante por la CCC. [27]

Durante 1999 y el 2000, con la Alianza (UCR-Frepaso) en el gobierno, volvieron los cortes de rutas y se masificaron. La presencia de los movimientos piqueteros en las calles era cada vez más numerosa y fueron varios los intendentes y gobernadores provinciales de signo opositor que utilizaron las movilizaciones piqueteras para presionar al Gobierno nacional a fin de obtener recursos económicos para sus municipios que, según afirma Flores, "eran destinados a sus negocios políticos, utilizando con fines fraudulentos el hambre y la desesperación de los sectores más carenciados".

Para el 2001, la situación socioeconómica se agravaba y el gobierno de Fernando De la Rúa no acertaba con sus políticas. Las protestas piqueteros se reproducían en todo el país y acaparaban la atención de los medios de comunicación. En su Boletín de Informaciones el MTD La Matanza escribía que la política de los planes Trabajar había "colapsado" por resultar insuficiente ante la agudización de la crisis y no ser "ya útil a las necesidades de disciplinamiento como se la había utilizado hasta entonces". En ese contexto de recrudecimiento de los piquetes, se realiza la Asamblea Nacional de Piqueteros en La Matanza, en la que el MTD decide participar para sumar su apoyo a las agrupaciones de desocupados y salir nuevamente a la ruta para acompañar el reclamo de planes. Sobre los motivos de esa decisión, Flores explica que, en ese momento, estaban "convencidos de que ya no había salida a través de los planes y que la exigencia de un número mayor de éstos, no iba a poder ser satisfecho e iba a agudizar la confrontación con el gobierno".

---

[27] Según cifras del Ministerio de Trabajo de la Nación de mayo del 2004, en La Matanza hay 78.239 personas que reciben el Plan Jefes y Jefas, sobre un total de 1.763.020 beneficios otorgados.

Beneficios vs Derechos

Para Flores, el clientelismo es "estructural" y para romper con él se requiere de "una transformación en las relaciones sociales y culturales". Esta transformación –sostiene– implica un proceso de educación para que los subsidios no sean implementados y percibidos como un "beneficio" sino como un "derecho". "Dejar de verlos como un regalo para no tener que deber nada", señala.

Esta visión es coincidente con el análisis que hace el CELS sobre el Plan Jefes y Jefas, en el que discute "la aptitud" del Programa para garantizar el derecho social a un nivel de vida adecuado y subraya que "si bien la normativa que da origen a este plan refiere la creación de un "derecho familiar a la inclusión social", (...) en modo alguno los beneficios asignados alcanzan para definir el reconocimiento de un auténtico derecho social".[28]

Para la ONG, el concepto de inclusión social que considera el Plan Jefes y Jefas es "limitante" porque "la exclusión de los miembros de la sociedad de todos –o ciertos– beneficios sociales no se resuelve únicamente a partir de la entrega de una ayuda económica en pesos o bonos, sino que resultan necesarias un conjunto de acciones articuladas para abordar integralmente una problemática de tamaña complejidad como es la inclusión social". En este sentido, advierte que en este Programa "no existe ninguna mención a los mecanismos de acceso a las instituciones sociales, indicador que estaría garantizando el ejercicio del mencionado derecho".

El trabajo destaca que "los problemas que hacen a la integración social son problemas de derechos (especialmente sociales y políticos) que están ligados a la construcción y reproducción de ciudadanía. Por ello, su solución debe evitar el accionar asistencial-cortoplacista que, usualmente, reproduce la exclusión menguando las condiciones más extremas de la pobreza estructural".[29]

Según el CELS, "la "ayuda económica no remunerativa" establecida por el Programa de Jefes y Jefas opera en los hechos como un subsidio, por lo que no posibilita el ejercicio del derecho a un nivel de vida adecuado. Para lograr esto último, resulta necesario que cada persona acceda efectivamente a todas las instituciones sociales", para lo cual advierte sobre la necesidad de "iniciar acciones de consolidación de derechos y no de reproducción de beneficiarios/as de programas asistenciales".

---

[28] "Plan Jefes y Jefas ¿Derecho social o beneficio sin derechos", CELS, Mayo 2003.
[29] ídem 28

En este sentido, observa que "lejos de la pretensión de consagrar un derecho, el plan se limita a distribuir beneficios asistenciales precarios, que no alcanzan a cubrir las necesidades mínimas de la población en situación de indigencia" y "lejos de proponer una verdadera política de ingresos (...) ha sido escasa su incidencia para disminuir la pobreza e indigencia".[30]

Como constatación de este hecho, el informe cita la medición de la Encuesta Permanente de Hogares (EPH) de octubre del 2002 que reveló que, a pesar de la implementación del Programa de Jefes y Jefas, el 57,5% de la población se encontraba por debajo de la línea de pobreza, y el 27,5% era considerado indigente, lo que implicaba un aumento considerable con respecto a la medición de mayo de 2002.[31]

En relación a los índices de desocupación, el CELS realiza la misma reflexión ya que, según la EPH de octubre de 2002, el desempleo alcanzó al 17,8% de la población económicamente activa (PEA), mientras que el subempleo abarcó al 19,9% de la PEA[32]. "Estos valores fueron mostrados por el Estado Nacional como un éxito en la política tendiente a reducir la cantidad de población en situación de desempleo. Se argumentó que en la medición de mayo de 2002 el desempleo alcanzaba al 21,5% de la PEA, por lo que la reducción era significativa. Sin embargo, este análisis se contradice con el aumento de la pobreza y la indigencia acontecido en el mismo período", advierte el estudio realizado por la ONG.

Sin embargo, es necesario tener en cuenta que en la medición de octubre del 2002 fueron incorporados como empleados los beneficiarios del Plan Jefes y Jefas, por lo que a los fines de determinar cuál era su incidencia en los índices de desempleo, el INDEC realizó un cálculo alternativo donde no se tuvo en cuenta este programa y el resultado fue que el 23,6% de la PEA se encontraba sin trabajo. "Esta cifra revelaría que la supuesta baja en la tasa de desempleo que se habría verificado en el mes de octubre de 2002 sólo se explica a partir de contabilizar como empleados a los beneficiarios de los programas sociales que, cabe reiterar, sólo perciben una asignación de 150 pesos, menos de la mitad de lo que necesita una familia de cuatro personas

---

[30] Ídem 28

[31] Según el mismo informe del CELS, "la comparación entre los resultados obtenidos en mayo y octubre de 2002 permite concluir que, a pesar de la implementación del Programa de Jefes y Jefas, los niveles de pobreza e indigencia en la Argentina se han mantenido en constante aumento. En efecto, en mayo de 2002 el 53% de la población se encontraba por debajo de la línea de pobreza y 24,8% era considerado indigente. Seis meses más tarde, en octubre de 2002, estas cifras habían crecido al 57,5% y 27,5% respectivamente".

[32] Datos del INDEC.

(dos adultos y dos niños) para superar el umbral de la indigencia. Ello permite entender, por ende, la razón por la cual una supuesta baja en la tasa de desempleo se puede verificar al mismo tiempo que un aumento en los niveles de pobreza e indigencia", concluye el CELS en su informe sobre el Plan Jefes y Jefas.

En opinión de Flores, "desde arriba no se generan mecanismos para salir de la pobreza y de esta forma de dominación que ejerce el Estado". A lo que Jorge Lasarte, miembro del MTD que ahora es uno de los que lleva adelante la panadería, agrega: "Por eso nos dimos la política de generar nuestros propios trabajos". Lasarte cree "difícil que los mismos que generaron esta forma de dominación, le den libertad y dinero a la gente", en alusión a la posibilidad de que en lugar de un subsidio, el Estado ayude a los desempleados a montar proyectos productivos y aliente su autonomía.

En este sentido, el CELS es también crítico de las características de "programa asistencial" que tiene el Plan Jefes y Jefas porque, si bien considera "destacable la figura de la contraprestación que debe realizar el beneficiario", advierte que los derechos sociales —y el de "inclusión social" que se propone garantizar este Plan lo es— "no se encuentran sujetos al cumplimiento de condición alguna por parte del titular". Y agrega que, en todo caso, "una forma de lograrlo es que los beneficiarios desarrollen tareas socialmente útiles que les permitan 'integrarse' en una dinámica laboral". De esta manera, según la ONG, "se evitarían las denominadas 'trampas del desempleo', esto es, que el desempleado perciba el dinero mensualmente "sin hacer nada a cambio".[33]

Sin embargo, no sería este el caso del Plan jefes y Jefas —agrega el CELS— ya que "el análisis de las tareas asignadas, a partir de la escasa información oficial, los testimonios recibidos y la información publicada en medios periodísticos, permite determinar que la mayoría de ellas posee baja calificación o bien se trata de tareas precarias. Por lo mismo, la idea de contraprestación pierde peso en tanto no hay formas productivas estables para absorber a esta fuerza de trabajo desocupada".

Para la ONG, si se considera que el derecho familiar a la inclusión social comprende "la inclusión en el conjunto de instituciones sociales, el tipo de tarea que deben realizar para acceder a los 150 pesos no garantiza en abso-

---

33 "Plan Jefes y Jefas ¿Derecho social o beneficio sin derechos", CELS, Mayo 2003.

luto la inclusión, ya que además de no promover ni el acceso a la salud o al sistema previsional, tampoco les da continuidad".[34]

Por otro lado, el CELS advierte que "la exigencia de la contraprestación, está reemplazando puestos genuinos de trabajo, profundizando aún más el proceso de precarización y flexibilización laboral. De esta manera, los beneficiarios del plan trabajan por la suma irrisoria de 150 pesos, mientras que la contraprestación no implica una relación de trabajo formal, ya que no garantiza cobertura previsional ni sanitaria"[35].

La necesidad de capacitación

La ausencia de actividades de capacitación o la inserción en el sistema educativo es señalada por el CELS como otra de las deficiencias del Plan Jefes y Jefas. "Hasta tanto no se otorguen estas condiciones, la contraprestación seguirá actuando como mecanismo clientelar –al cual los beneficiarios están obligados a someterse para garantizar su permanencia en el programa–, permitiendo diversos abusos por parte de los empleadores y generando una estigmatización de los 'beneficiarios' del plan en desmedro de su integración".[36]

La ONG analiza que "al encontrarse (los destinatarios) desocupados y viviendo en condiciones de alta vulnerabilidad social, son colocados en una situación en la que no tienen más remedio que aceptar las condiciones dadas (transitoriedad, clientelismo, test de recursos) que son contrapuestas a sus intereses (acceder a un trabajo estable), ya que saben que de lo contrario serán reemplazados por otro individuo que aceptará esas condiciones, en desmedro de su propia subsistencia".[37]

Este aspecto de la formación es también destacado por el MTD La Matanza, aunque Flores advierte que "las capacitaciones muchas veces están al servicio del fracaso", porque el dinero está destinado a los capacitadores y no a los propios emprendimientos, por lo que éstos luego fracasan por falta

---

[34] ídem 33

[35] En el informe del CELS se cita un artículo del 19 de enero del 2003 publicado en el Suplemento Cash de Página/12, en el que se afirma que «si el plan se extendiera indefinidamente, quienes realizan tareas comunitarias nunca podrían jubilarse porque están en las mismas condiciones que los trabajadores en negro, pero «empleados por el propio Estado».

[36] ídem 33

[37] "Plan Jefes y Jefas ¿Derecho social o beneficio sin derechos", CELS, Mayo 2003.

de un capital previo. Por su parte, Vilma Anzuátegui, una de las jóvenes del Movimiento, señala que "te capacitan para cosas que no son viables para nosotros y no se adaptan a nuestra necesidad".

En relación a la propuesta del **Seguro de Empleo y Formación del Frente Nacional contra la Pobreza (FRENAPO)**[38], Flores opina que "sería mejor que cualquier plan asistencial", aunque cree que debería tener una fecha tope, "que no sea para siempre", y que esté acompañado de una capacitación que permita una inserción real en el mercado laboral.

Consultado sobre el **Plan Manos a la Obra** que lanzó el Ministerio de Desarrollo Social en agosto del 2003[39], advierte que para conseguir el subsidio "también hay que pasar por el Municipio, por lo que exige tener una buena relación con el intendente o pertenecer a alguna agrupación como, en el caso de La Matanza, la CCC o la FTV". Y aunque se mostró escéptico y opinó que "los propios punteros políticos que entregan planes no pueden meterle a la gente en la cabeza la idea de trabajar, porque entonces perderían votos cautivos", lo consideró una alternativa válida "si te dan la posibilidad de armar un emprendimiento con el objetivo de independizarte".

El camino de la autogestión

En sus comienzos, durante los años 1995 y 1996, el MTD La Mataza contaba entre sus filas, durante las marchas o los cortes de ruta, con unas 2.000 personas. Hoy, ocho años después, son unos cincuenta. "Pero sin nin-

---

[38] El Frente Nacional contra la Pobreza (FRENAPO) se conformó con organizaciones de la sociedad civil, de derechos humanos, partidos políticos, centrales sindicales de trabajadores, organizaciones de base con el objetivo de desarrollar una propuesta de lucha contra la pobreza. Ésta consiste en la implementación de un seguro de empleo y formación para los jefes/as de familia desempleados de 380 pesos, una asignación por hijo de 60 pesos para todos los trabajadores y una asignación de 150 pesos a todo adulto mayor sin jubilación. Bajo la consigna "Ningún hogar pobre en Argentina", el Frenapo realizó, en diciembre de 2001, una Consulta Popular en todo el país con el objeto de que la población se pronuncie sobre la propuesta y que tuvo como resultado que 3.083.191 personas apoyaran la iniciativa. El Frenapo sostiene que la pobreza es la consecuencia de la desocupación, y que la desocupación se ha convertido en el instrumento de disciplinamiento social más fuerte, tanto en lo político como en lo cultural y económico. "Económicamente —puntualizan— porque la desocupación sirve para sobreexplotar a los ocupados, en lo social porque fractura a las familias y diluye a las organizaciones populares; en lo político, porque ¿qué clase de ciudadanía es la que se ejerce en un país con la mitad de la población viviendo por debajo de la línea de pobreza? En lo cultural, finalmente, porque apela al terror de aquel genocidio que fue la hiperinflación se continúe con este genocidio que es la planificación de la desigualdad actual."
[39] El Plan Manos a la Obra, también llamado Plan Nacional de Desarrollo Local y Economía Social, apunta a "financiar proyectos productivos que favorezcan la inclusión social nacidos a partir de las distintas experiencias, oficios, recursos y habilidades de los vecinos y de las características propias de cada municipio y localidad".

gún tipo de coacción para permanecer en el Movimiento", aclara Flores. "A los que quedamos, nos unió la misma idea de dignidad y de autonomía, aunque quizás sin siquiera una postura ideológica común", agrega.

En realidad, el número de militantes empezó a decrecer en 1997 cuando se generalizan los planes Trabajar y los denominados Barrios Bonaerenses, que pasaron a convertirse en los más importantes de la Provincia. La decisión del MTD de no recibirlos, generó una diáspora en la agrupación.

1998 fue el año más duro para la agrupación. A la dispersión de militantes, se sumó la percepción de que la desocupación "ya no era un problema" por el descenso del índice de desempleo[40] –debido a que se incluyó en la medición a los beneficiarios de los planes asistenciales– por lo que el MTD decidió llevar adelante un cambio de orientación y priorizar la formación ideológica del Movimiento. Con la convicción de que "las movilizaciones, los cortes de ruta, las tomas de edificios públicos, aunque fueran importantes no alcanzaban", decidieron avanzar en "el terreno de la formación y la cultura para, desde allí, construir un polo alternativo de poder que demostrara que lo que sugerimos como salida era posible".

Los que se quedaron en el Movimiento fueron los que decidieron iniciar el camino de la autogestión y el trabajo cooperativo que desarrollan en la sede que el MTD tiene, desde septiembre del 2001, en Juan B. Justo y Del Tejar, en el barrio La Juanita de la localidad de Gregorio de Laferrere. Allí funciona el CEFoCC, un proyecto gestado en el 2002 con el objetivo de "brindar a los vecinos la posibilidad de acceder a cursos, talleres, seminarios de capacitación que permitan el surgimiento de proyectos de autogestión comunitaria y, en ese sentido, privilegia la formación de una cultura que se base en la solidaridad, la cooperación y la ayuda mutua, como parte de una estrategia que lleve a producir cambios cualitativos en la concepción de lo político y social".[41]

Los barrios adyacentes al CEFoCC, donde viven unos 20.000 habitantes, se caracterizan por haberse formado a partir de asentamientos, sin planeamiento alguno, por lo que la mayoría no cuenta con servicios públicos.[42] El bajo nivel de acceso a la formación de esta población, debido a la falta de recursos económicos para trasladarse al centro económico del Partido, San Justo, distante a casi 10 kilómetros, fue uno de los datos tenidos en

---

40 Según datos de lINDEC, en octubre de 1998 descendió al 12,4 por ciento de la PEA.
41 Proyecto CEFoCC incluido en el libro "De la Culpa a la autogestión", MTD Editora.
42 El 47 por ciento de la población de La Matanza no tiene acceso a la red de agua potable.

cuenta a la hora de pensar en un Centro de estas características en pleno centro de La Matanza.

El terreno donde está emplazado tiene unos 1000 m2, de los cuales menos de la mitad está construido. Fue comprado y cedido en comodato al MTD por el Instituto Movilizador de Fondos Cooperativos (IMFC), en abril de 2002, unos ocho meses después que el MTD hubiera ocupado el predio que estaba abandonado y fuera disputado por los sectores más marginales del barrio. Allí había funcionado anteriormente una escuela privada que, tras haber sido cerrada y abandonada por su dueños, había comenzado a ser desmantelada como consecuencia de los robos reiterados.

En la estructura del edificio que quedó en pie, alrededor de un amplio patio de tierra al aire libre, hoy funcionan una panadería, un taller de costura, otro de serigrafía, un lugar de reunión con biblioteca y, desde mayo de este año, uno de sus proyectos más ansiados: un jardín de infantes comunitario, al que asisten 55 niños de entre dos y cinco años, muchos de ellos hijos o nietos de integrantes del Movimiento. Este jardín es el primer paso de un Complejo Educacional y Productivo, inédito en el país, que aspira ser "una escuela modelo y popular" que se organice alrededor de los principios de la cooperación y la "educación permanente".

Pero para el MTD La Matanza, el CEFoCC es más que el espacio que alberga la escuela y los emprendimientos productivos. "Es el lugar de formación de militantes e intercambio de experiencias, un terreno de conocimientos teóricos y prácticos, de elaboración de una cultura comunitaria", explica Flores. Según puede leerse en los lineamientos del proyecto, el Centro tendría "una doble finalidad, la de crear condiciones reales de acceso a la formación profesional, en los talleres de serigrafía, de imprenta, de diseño, la carrera de cooperativismo, los cursos de huertas ecológicas comunitarias, etc. por un lado, y la formación de cultura de la solidaridad y ayuda mutua por otro, que se constituiría en el sostén ideológico de todo el emprendimiento".[43]

Una escuela modelo y popular

La relación del Movimiento con la educación popular se gestó en el primer centro comunitario que el MTD había abierto en una casita de la calle

---

[43] Proyecto CEFoCC incluido en el libro "De la Culpa a la autogestión", MTD Editora.

del Tejar, su primer trabajo territorial, "convencidos de la tarea histórica comprometida de construir poder popular en estos barrios que, desde mucho antes, eran bastiones de los punteros peronistas, y prácticamente inaccesibles para quien quisiera reinvindicar una ideología diferente y cuestionar la ideología de la dominación"[44]. Allí, junto a un equipo de educadores populares de la Universidad de las Madres de Plaza de Mayo, descubrieron "la pedagogía del oprimido".

En esos primeros talleres realizados en 1998, el MTD comenzó a pensar en la posibilidad de crear una escuela «distinta», que pregone otros valores y les dé una salida laboral a los hijos de los que hoy están desocupados. El propósito era ejercer "el derecho a una educación popular y democrática", que incluya la participación de la comunidad en el proceso de enseñanza-aprendizaje, promueva valores como la autogestión, la solidaridad, el cooperativismo y el cuidado del ecosistema, y genere un futuro distinto para los sectores excluidos del mercado laboral.

«Hoy la educación no se adecua a los nuevos tiempos y las escuelas de La Matanza son depósitos de niños que van a comer y en las que los docentes tienen tres turnos de trabajo», analiza Flores, él mismo padre de cuatro hijos y abuelo de seis nietos. «Queremos una escuela modelo porque creemos que tenemos derecho a tenerla», asevera. "Modelo" en el sentido de "excelencia", aclara Soledad Bordegaray, una de las mentoras del proyecto e integrante del equipo docente, quien explica que "no tomamos un modelo de educación popular, ni queremos hacer un modelo a seguir".

Para esta psicóloga social, que desde que se acercó al Movimiento en el 2000 no se fue más, "la escuela actual no satisface nuestras necesidades" por lo que "es hora de que el Movimiento social en su conjunto asuma en sus manos la necesidad de la educación y se reconozca como sujeto pedagógico". En este sentido, señala que "el proyecto educativo del CEFoCC apunta a sistematizar estos valores que practicamos".

«En este proyecto, el MTD La Matanza expresa su firme voluntad de realizar una experiencia diferente que pueda demostrar que las limitaciones no constituyen límites, por lo que es posible abordarlas y atenderlas debidamente hasta su paulatina superación. (…) Queremos una escuela capaz de contribuir a la formación de ciudadanos libres, democráticos, capa-

---

[44] "De la Culpa a la autogestión", MTD Editora.

ces de ser sujetos protagonistas de su historia», escribieron al plasmar por escrito la iniciativa.

La discusión sobre las características de la escuela estuvo atravesada por un gran debate sobre si debía o no inscribirse en la educación formal. Finalmente se resolvió que tendría el doble carácter de formal, pero con metodología de educación popular.

En enero del 2002, veinte integrantes del MTD fueron propuestos para fundar la Cooperativa "La Juanita", que le daría un marco legal al proyecto de la escuela y permitiría enmarcar los distintos emprendimientos productivo que venían llevando a cabo. Y, para avanzar en el trámite de habilitación, a mediados del año pasado, el MTD se reunió con el Ministro de Educación de la Nación, Daniel Filmus, quien se comprometió a ayudar con la gestión para obtener el reconocimiento oficial, que actualmente está tramitándose en la Dirección General de Escuelas Públicas de Gestión Privada de la Provincia.

La inauguración este año de las tres aulas del jardín de infantes fue posible gracias a la colaboración y coordinación de numerosos actores que se comprometieron con el proyecto. Además del IMFC, el Centro Nueva Tierra, el Movimiento de Documentalistas (que registró el proceso y elaborará un video sobre tema), docentes, estudiantes universitarios, profesionales de distintas disciplinas y la Fundación Poder Ciudadano que gestionó la donación de 15.000 pesos por parte de un grupo de empresarios vinculados a la Confederación General Económica de la República Argentina (CGERA). hicieron posible la concreción de la escuela. El proyecto recibió también el apoyo de la Fundación internacional Raoul Wallenberg. En honor a este diplomático sueco que salvó a 100.000 personas durante el Holocausto, el Complejo Educacional y Productivo lleva su nombre.

Si bien no rechazan recibir ayuda estatal, la decisión de querer elegir los lineamientos del proyecto educativo, hasta ahora les cerró las puertas a un posible apoyo económico del Municipio o la Provincia. Dato que Flores señaló durante la inauguración del jardín al aclarar que se abría "con la solidaridad de vecinos, amigos, organizaciones, sin el aporte de un solo peso del Estado argentino". De hecho, el año pasado, el entonces titular del Consejo Escolar de La Matanza y ahora senador provincial Jorge Pirosolo, estuvo en el CEFoCC y se interiorizó del proyecto, pero advirtió que el Municipio no podría colaborar con el pago del sueldo de los docentes, por no ser un establecimiento estatal, sino comunitario.

Para su financiamiento a mediano y largo plazo, el MTD está buscando ayuda de alguna ONG dispuesta a solventar los sueldos de los docentes. Por ahora, tiene previsto pagar los salarios y los gastos de funcionamiento del edificio con el excedente de producción de la panadería, el taller de costura y las ganancias que deja la venta del libro editado por ellos "De la culpa a la autogestión".

No obstante las dificultades económicas, para el 2005, el MTD aspira abrir el preescolar y los tres primeros años de la EGB 1. "Hasta la Universidad no paramos", dice entusiasmada Bordegaray.

La idea es que el establecimiento incluya, además, una escuela de oficios. «Nosotros concebimos esta escuela modelo como un paso definitivo en la reinserción social de los trabajadores desocupados y el ejercicio del derecho a una vida digna para nosotros y nuestros hijos», agrega Flores.

Para el dirigente, "con la puesta en marcha de la escuela, estamos dando comienzo a un proceso mucho más abarcativo. Desde un grupo de desocupados empezamos a construir un proyecto, que es modelo de la capacidad de trabajo que tenemos".

Con esta experiencia, el MTD La Matanza aspira a «generar un fuerte impacto simbólico para todos los desocupados, al mostrar que se puede hacer y, al mismo tiempo, mostrar que los que están sin empleo no sólo piensan en conseguir planes o beneficios políticos».

Los emprendimientos productivos

Desde sus orígenes y durante varios años, la única forma de autofinanciarse que tuvieron fue la venta del Boletín del Movimiento, que durante un tiempo imprimieron gratis en la imprenta de la Asociación Madres de Plaza de Mayo, y donde informaban sobre sus actividades y posiciones políticas. Si bien Flores reconoce que la venta de ese Boletín le permitió a muchos miembros del MTD ganar lo mínimo como para vivir, "era autofinanciarse para la sobrevivencia que perpetuaba el quedarse afuera". En este sentido advierte que "una vez instalada la cultura de la sobrevivencia, no se podía pensar en un futuro, no había proyecto".

Con esa convicción, comenzaron a pensar en emprendimientos productivos que fueran autogestionados y autofinanciados, que les permitieran tomar la producción de trabajo en sus propias manos. La falta de experiencia previa no los desanimó. "La autogestión se aprende", afirma Flores al tiempo que reconoce el esfuerzo y los fracasos de los primeros emprendimientos del Movimiento. "Defendemos nuestro derecho a equivocarnos, argumenta con la convicción de que "en ese hacer colectivo se avanza en la construcción de ciudadanía".

Su acercamiento al Instituto de la Cooperación, Fundación educativa dependiente del IMFC, los hizo resignificar el cooperativismo y, a partir de la experiencia del MST en Brasil, pensarlo al servicio de los movimientos sociales. "Desde entonces iniciamos un camino donde la cooperación no sólo representó una respuesta económica a las necesidades de la vida, sino que fue la forma organizativa que fuimos encontrando para romper el aislamiento y contrarrestar la política del individualismo neoliberal, predominante en la sociedad".[45]

Tras ese descubrimiento, la autogestión —como sinónimo de cooperación— se transformó en "una forma de vida" para el MTD La Matanza. Los proyectos autogestionarios se convirtieron así, no sólo en una forma de volver al trabajo, sino en "una herramienta para fortalecer la organización" y "acumular fuerzas para confrontar con el poder".

El primero de los emprendimientos productivos que pusieron en marcha, una vez instalados en el CEFoCC, fue la panadería, que comenzó en el 2001 y hoy, tras dos fracasos previos, es uno de los más exitosos. Al punto que, ahora, el objetivo es aumentar la producción para lo cual ansían reemplazar el amasado manual por una máquina que les permita incrementar la cantidad de pan y facturas que elaboran diariamente. "Queremos generar mayor cantidad de bocas de expendio y la posibilidad de que trabajen muchos más compañeros que los seis que están hoy en la panadería", explica Jorge Lasarte, de profesión herrero y fotógrafo devenido en uno de los panaderos de la cooperativa.

Pero no sólo la conciben como una fuente de ingreso para los que están trabajando en ella —que se dividen las ganancias en partes iguales—, sino también como un servicio para el barrio , ya que el kilo de pan y la docena de facturas que cocinan en el horno de barro se venden a un peso, en un barrio donde las carencias son muchas y el desempleo penetró en todos los hogares.

---

[45] "De la Culpa a la autogestión", MTD Editora.

En este sentido, Soledad Bordegaray destaca la función social de los emprendimientos. Cuenta que cuando el precio de la bolsa de harina tuvo un fuerte aumento, el grupo de panadería discutió si subir o no el precio y, finalmente, resolvieron aumentar la producción y vender el doble para que generar la misma ganancia sin dejar de ser solidarios con los vecinos. Esta actitud le valió a la panadería que fuera adoptada por muchos vecinos de La Juanita. "Al mantener el precio, rompimos con la lógica del capitalismo. Para nosotros es fundamental reconstruir los lazos sociales y mantener una concepción solidaria", señala.

Sin embargo, no siempre el resultado fue exitoso. El taller de serigrafía, uno de sus primeros orgullos, no pudo sobrevivir debido al aumento del costo de los materiales y actualmente está parado. Una de sus principales producciones había sido la impresión de remeras para llevar al 1° Foro Social Mundial de Porto Alegre, que se realizó en el 2001 en Brasil, adonde habían sido invitados por un grupo de estudiantes de la Universidad Popular de Madres de Plaza de Mayo. Este emprendimiento, junto al de la imprenta, fueron los que tuvieron mayor impacto en los jóvenes del Movimiento, aunque ambos se encuentran virtualmente inactivos por falta de insumos y de dinero para invertir en ellos.

También llevan adelante una huerta comunitaria para autoconsumo que ya va por la segunda cosecha, a partir de semillas del Movimiento de los Sin Tierra que habían plantado el año anterior. Al fondo del patio del CEFoCC es posible ver cómo crecen las cebollas, lechugas, zanahorias, calabazas, zapallos y acelgas, alrededor de un espantapájaros con una bandera roja y una remera del MTD con la leyenda "No a la guerra. No al ALCA"

Muchas de esas verduras son cocidas en los almuerzo colectivos que se preparan en una innovadora cocina solar, una media esfera gigante de aluminio espejado instalada en medio del patio, regalo de otro comedor que no le daba uso. El secreto es su concavidad y el ángulo preciso que la olla debe tener sobre ella, y el único requisito es que haya sol, al menos durante las dos horas y media que les lleva la cocción del puchero en esta suerte de cocina ecológica que no les demanda otro combustible que los rayos de febo.

Otro de los emprendimientos es el taller de costura que se puso en marcha en el 2002, tras recibir una capacitación de la Universidad de San Martín para crear una línea de indumentaria. Al principio, utilizaron las máquinas que les prestaron algunos vecinos hasta que llegó una donación de la Embajada de Suiza que les permitió comprarse las propias.

Pero la imposibilidad de contar con un mínimo capital y un mercado donde ubicar la producción frenó el desarrollo del emprendimiento hasta marzo de este año, cuando a través de una gestión de la Fundación Poder Ciudadano, el MTD de La Matanza estableció una alianza con el diseñador Martín Churba, a la que se sumaron luego la fábrica de telas Arciel, la empresa textil Casa Quintás y la Fundación Pro-tejer. Producto de ella, se lanzó la campaña "Pongamos el Trabajo de Moda para siempre", por la que se confeccionaron 300 guardapolvos, diseñados por Churba, cuya venta permitió poner en marcha nuevamente el taller de costura del MTD. Casa Quintás se ocupó de la capacitación de las costureras y las perspectivas del taller son alentadoras ya que la Confederación General Económica (CGE) también se comprometió a darle su apoyo a este emprendimiento. Este vínculo con la CGE ya dio sus primeros frutos: tuvieron dos pedidos de 100 guardapolvos cada uno, uno para la Asociación de Concesionarios de Automotores de la República Argentina (ACARA) y el otro para una Federación Médica.

"Para nosotros, es importante probar que si nos entregan máquinas, los desocupados podemos poner en marcha nuestro propio trabajo. Reivindicamos nuestro derecho a experimentar. Queremos transmitir la experiencia de que se puede y de que trabajar vale la pena", destaca Flores.

Sin embargo admite que no es fácil y reconoce las dificultades de aquellos que se quedaron desocupados para reinsertarse al mercado laboral y adoptar la disciplina que impone la exigencia de cumplir con una determinada producción. "Es necesario romper con el problema cultural que implica la falta de costumbre de trabajar", destaca este ex obrero metalúrgico que cuando se quedó desocupado, en 1995, se compró una máquina de coser con la indemnización por un accidente laboral y montó un pequeño emprendimiento de costura en su casa.

Pero Flores va más allá y afirma: "Se trata de recomponer, desde la educación, la cultura del trabajo, en la que lo más importante es el hombre". Y en este punto, subraya el rol de la educación en la reinserción social y la revalorización del sujeto y su autoestima.

La experiencia del microemprendimiento de costura del CEFoCC es un buen ejemplo de este recorrido emprendido por el Movimiento con vías a la recuperación de la auto confianza y la reinserción laboral. Si bien el entusiasmo inicial se frustró con la posterior parálisis provocada por la falta de insumos y demanda, las cinco costureras integrantes del Movimiento no cerraron sus máquinas. Hoy, tras la novedosa alianza con Martín Churba, la producción se puso en marcha y está prevista una exportación de 50 guardapolvos a Japón, un modelo exclusivo del joven diseñador de vanguardia, cuya confección se hizo en el taller del MTD. Ahora confían en que esa primera muestra abra la puerta a nuevos encargos de compradores extranjeros interesados en productos confeccionados de manera solidaria.

Todavía sorprendidos por esta inesperada puerta que se les abrió en el exterior, no descuidan la posibilidad de colocar su producción a través de alianzas con otras organizaciones locales e incluso el propio Estado. Gracias a la gestión de la cooperativa La Asamblearia, que comercializa productos de la Economía Solidaria, confeccionaron 2.500 bolsos para el Programa Nacional de Alfabetización del Ministerio de Educación. Y existiría la posibilidad de que este pedido se ampliara a 10.000 guardapolvos más. De concretarse, están evaluando la posibilidad de sumar a otros vecinos con máquinas de coser o asociarse a pequeños talleres que actualmente están parados por la falta de demanda.

Este nuevo panorama para el Movimiento se completa con la presentación a una licitación del Plan Manos a la Obra para fabricar guardapolvos escolares. De ganarla, hay posibilidades de conseguir un subsidio para comprar más máquinas, lo que les permitiría ampliar la cantidad de gente que trabaja en el taller que, actualmente, tiene seis puestos fijos y otro seis que se incorporaron para el proyecto de los guardapolvos.

Una de las características de los emprendimientos es que son abiertos y los vecinos pueden acercarse a aprender cómo se llevan adelante. "Tratamos de democratizar nuestro saber y el pequeño poder que tenemos", señala Soledad Bordegaray.

"Con nuestra experiencia probamos que es posible sostener emprendimientos desde la dignidad y creemos que eso impacta en el resto de los compañeros, así como en otros colectivos de trabajadores desocupados", afirma convencido Flores.

Si bien los miembros del MTD conformaron una cooperativa, los emprendimientos son autosustentables y autónomos entre sí: cada uno organiza la producción y decide qué hacer con el excedente de dinero. La ganancia se reparte en partes iguales entre los que trabajan en él y, en algunos casos, se decide reinvertir parte de ella en el propio emprendimiento. El Movimiento no recibe un porcentaje de lo generado.

El único emprendimiento del Movimiento cuyos ingresos se destinan a la propia organización es el sello editorial MTD Editora. El libro "De la culpa a la autogestión», que recoge la trayectoria de la agrupación desde sus orígenes hasta fines del 2002, lleva vendidas más de 1000 copias. El anterior, titulado "1° Foro Social Mundial, desde los Desocupados", agotó los 500 ejemplares de su primera edición. Ahora, están en elaboración del tercero sobre la experiencia concreta del Movimiento en el desarrollo de los emprendimientos autogestivos, que incluirá los fundamentos de su postura en contra del sistema asistencialista de planes sociales. Una vez que lo tengan terminado, saldrán a buscar fondos para imprimirlo.

Los ingresos que genera la venta de los libros son los que permiten pagar los gastos comunes y de movilidad de la organización, así como de mantenimiento del CEFoCC. A partir de este año, confían en que también puedan solventar con esas ventas algunos de los gastos de la escuela.

El tema de los fondos a disposición del Movimiento y su "acumulación" generó un debate interno ya que, en distintas oportunidades, pensaron en tener un fondo de reserva, pero desistieron. Según explica Flores, "esto planteaba, por ejemplo, la cuestión de que viniera un compañero y lo pidiera para una operación urgente. ¿Qué se hacía en ese caso?". Para evitar esos dilemas, resolvieron no juntar dinero sino es para un fin específico o un evento particular.

Por otra parte, Flores también admite que, a través de la experiencia, se dieron cuenta de que "es necesario llevar los emprendimientos a otra escala". Y allí es donde se encuentran a menudo con fuertes escollos para la expansión, ya que necesitan contar con un pequeño capital previo, insumos, maquinaria y alternativas para ubicar la producción, más allá del barrio.

Para salvar esta limitación económica, aceptan donaciones de particulares, instituciones, embajadas, organizaciones sociales y de la sociedad civil, tanto del país y del extranjero, así como la articulación con otros sectores, como el fuerte vínculo que estrecharon con la Asociación Madres de Plaza de Mayo, la articulación con el IMFC, o la alianza con Churba y Poder Ciudadano para poner nuevamente en marcha el emprendimiento de costura.

Datos sobre La Matanza

El partido de La Matanza, ubicado en el oeste del cordón que rodea la Ciudad de Buenos Aires, tiene catorce localidades y es el más extenso y populoso de la Provincia de Buenos Aires. Su superficie es de 323 km2 y su población alcanza los 1.500.000 habitantes.

Posee uno de los índices de desocupación más altos del país: el 34 por ciento (según datos de la Consultora EQUIS de Mayo del 2001 en base a las cifras del INDEC) tiene severos problemas de empleo.

Fue una zona industrial de importante desarrollo en los 70´s, ya que en su territorio se instalaron numerosas fábricas metalúrgicas, automotrices y textiles, que luego fueron cerradas dejando a una enorme población obrera sin trabajo.

El 39,8 por ciento de la población se encuentra en situación de pobreza: 27% de pobre y 12,8 de indigentes.

El 35,8 por ciento de los niños menores de hasta un año y el 32 por ciento de los menores de 12 años tienen necesidades básicas insatisfechas (NBI).

El 48, 5 de los chicos menores de 14 años residente en La Matanza viven en hogares debajo de la línea de pobreza, y el 24 por ciento de adolescentes de entre 14 y 18 años viven en hogares pobres estructurales. (Datos de EQUIS de mayo 2001)

La urbanización de los barrios se realizó sin planificación por lo que crecieron sin los servicios públicos esenciales. El 47 por ciento no tiene acceso a la red de agua potable.

Informe realizado por Mariel Fitz Patrick
Mayo 2004

FUENTES:
— Entrevista con Héctor "Toty" Flores.
— "De la culpa a la Autogestión", MTD Editora, Diciembre 2002.
— Notas de la Agencia Infocívica: "Desocupados quieren abrir una escuela modelo" del 10 de septiembre de 2003; "Programa para revalorizar la cultura del trabajo" del 5 de marzo de 2004; "Primer jardín de infantes de piqueteros" del 3 de mayo de 2004.
— Plan Jefes y Jefas. ¿Derecho social o beneficio sin derechos?, Informe del CELS, Mayo 2003.
— "El Ojo de la tormenta. El actual Perfil Socioambiental de La Matanza", Artemio López, Equipos de Investigación Social, Mayo 2001.
— Datos del INDEC y del Ministerio de Trabajo de la Nación.

¡SON COMO UNA ESPONJA!

NOTAS ANTROPOLÓGICAS EN TORNO DE
DIÁLOGOS CON EL MTD LA MATANZA

DENNIS RODGERS*

Entre mayo y septiembre de 2003, desarrollé una investigación antropológica sobre el MTD La Matanza, como parte de un proyecto de investigación más amplio sobre las formas alternativas de organización socio-política emergentes a nivel local en la Argentina pos-diciembre 2001.[1] Durante cinco meses, dos o tres veces por semana, iba a pasar el día con el MTD en su CEFoCC en el barrio La Juanita, partido de La Matanza, provincia de Buenos Aires. Interactué con los integrantes del Movimiento, participé en diversas actividades, hice entrevistas, y observé todo lo que podía. Mi objetivo era entender el MTD como organización, es decir como se concebía, qué motivaba sus acciones y prácticas, qué tipo de individuo la integraba. Lo que propongo aquí son algunos primeros apuntes sobre la cuestión.

El MTD es, sin duda, un grupo fascinante, con fuertes tendencias iconoclastas. Un artículo reciente del sitio Internet de periodismo alternativo, www.lavaca.org, lo resume muy bien:

"Los integrantes del MTD La Matanza son unos verdaderos osados. Comenzaron a cortar rutas en la provincia de Buenos Aires cuando el común de los bonaerenses no sabía qué era un piquete... Cuando esa medida de protesta se transformó en una acción cotidiana para reclamar planes sociales, el MTD los rechazó por considerarlos 'una herramienta de dominación del sistema'. Y ahora, que empieza a ser un hábito la toma y el escrache de compañías multinacionales, la agrupación matancera se anima a realizar alianzas con algunos sectores empresarios."[2]

* DENNIS RODGERS: Es profesor asistente de desarrollo urbano, London School of Economics, Gran Bretaña. / Es un antropólogo por formación, y ha desarrollado investigaciones sobre violencia urbana en Nicaragua y política local en Argentina. / Nació en 1973 en Thailandia, de padre inglés y madre francesa, y vive actualmente en Londres, Gran Bretaña.

[1] Esta investigación fue financiada por el Programa de Estados en Crisis, London School of Economics, Gran Bretaña.
[2] "Seduciendo al capital: El MTD de La Matanza y sus alianzas con los empresarios", www.lavaca.org, 13 de julio de 2004. Esas nuevas alianzas del MTD con los empresarios son en verdad solamente las últimas

Pero lo que verdaderamente hace que el MTD sea un movimiento tan inusual tal vez no sea tanto su manera de ponerse a contracorriente sino más bien su capacidad para absorber nuevas ideas y prácticas de todas partes e integrarlas de manera sincrética dentro de un proceso de evolución casi constante. Los integrantes del MTD no buscan tanto oponerse, sino más bien exponerse siempre a nuevas experiencias, con el propósito de descubrir nuevas percepciones del mundo que, en el choque con sus propios modos de saber, les permitirán desarrollar maneras de actuar alternativas.

Otra manera de describir este proceso, más metafórica, es ver al MTD como una esponja. Eso era la metáfora que les sugerí medio bromeando después de haber ido al CEFoCC y encontrado a la mayoría de los integrantes tomando clases dadas por dos representantes de una consultoría de gestión sobre "como manejar una pequeña empresa". En respuesta a mi sorpresa frente a algo que me parecía claramente contradictorio con el discurso anticapitalista del MTD, me dijeron que el hecho de tomar las clases no significaba aceptar las ideas y las ideologías que se enseñaban pero que visto que el modelo capitalista era hegemónico y que a pesar del 19-20 de diciembre de 2001 seguía muy fuerte, les parecía interesante aprender más sobre sus mecanismos operativos. Después de pensar un rato, yo contesté lo siguiente:

"La verdad es que ustedes son como una esponja. Ustedes absorben todo lo que pueden, rebuscando todo el tiempo, como por ejemplo la primera vez que vine al CEFoCC y que me solicitaron inmediatamente darles una charla sobre Nicaragua, adonde había trabajado antes de venirme a la Argentina. Pero la cosa es que son como una esponja porque no es una búsqueda ciega, ustedes toman lo que encuentran pero solamente adoptan lo que quieren, lo que les parece les va a servir. Eso es como una esponja porque la esponja absorbe todo pero después en la esponja mojada queda lo que uno quiere, si aprieta mucho, no queda nada y si aprieta poco queda lo que queda y si le gusta todo se lo deja sin apretar y le queda todo adentro. El MTD es una esponja porque absorbe todo lo que viene, todo lo que hay absorbe, después aprieta y deja en la esponja lo que le sirve."

---

de un largo espectro de relaciones estratégicas que ha establecido a lo largo de su historia. Tiene o ha tenido lazos con asambleas barriales en Capital Federal, estudiantes de la carrera de trabajo social de la UBA, la Asociación Madres de Plaza de Mayo, el Programa de Democratización de las Relaciones Sociales de la Universidad General San Martín, la ONG Poder Ciudadano, el Instituto Movilizador de Fondos Cooperativos, investigadores de Francia, España, Italia, y los EEUU, el Movimiento Sin Tierra brasileño, y periodistas de todos lados.

Esa metáfora de la esponja tiene una base antropológica seria. En una obra clásica de los años 60, el antropólogo sueco Ulf Hannerz explicó como los seres humanos desarrollan a lo largo de su vida un "repertorio cultural" con niveles múltiples.[3] A lo largo de sus vidas, los individuos siempre se encuentran a la recepción de un proceso de transmisión cultural constante. Este proceso incluye instituciones tales como la escuela, la familia o la identidad nacional, pero también otras menos institucionalizadas tales como la televisión, los medios de comunicación o la música, por ejemplo. A diferentes niveles y de diferentes maneras, todos estos fenómenos brindan a individuos lo que podemos llamar "plantillas sociales", es decir herramientas que les ayudan en la organización de sus vidas cotidianas, dándoles modos de actuar frente a diferentes situaciones. Por supuesto, no todos los rasgos culturales de estas instituciones sirven como plantillas y tampoco todas las plantillas que un individuo tiene en su repertorio servirán en todas las situaciones. Los procesos de transmisión cultural son complejos y cómo unas plantillas se utilizarán dependerá mucho de la psicología individual, del contexto socio-cultural dentro del cual están ubicados y también las fuentes de transmisión existentes y el tipo de plantillas que proponen.

Es a este nivel que podemos decir el MTD y su "esponjitud" se impone como algo excepcional. Muchos antropólogos y sociólogos han escrito cómo, en contextos de pobreza, de desempleo y de crisis, se propaga lo que se llama una "cultura de la pobreza". Los individuos caen en situaciones de desesperación y de apatía, y desarrollan modos de actuar autodestructivos. Desde el punto de vista del "repertorio cultural", podríamos argumentar que existe una "pobreza de cultura", es decir un universo reducido de instituciones brindando "plantillas sociales" que representarían potencialmente nuevos modos de actuar y de organizarse para individuos que les permitirían intentar de salir de su situación de crisis. Sin nuevas ideas, no hay nuevas prácticas, y el MTD representa un ejemplo raro dentro de un contexto de crisis profundo —La Matanza a nivel local, Argentina a nivel macro— de una agrupación social que está intentando salirse de las restricciones de este contexto. El MTD siempre busca "plantillas sociales" más allá de lo que lo rodea, es decir de la crisis cotidiana, para poder pensar en alternativas e intentar construir vidas diferentes. Lo hace absorbiendo todas las nuevas experiencias que puede, de manera casi compulsiva, pero siempre de manera reflexiva. Cada nueva idea y cada nueva plantilla potencial que toma el MTD pasa por el lente de su experiencia práctica, para ver si puede funcionar, apartando pragmáticamen-

---

3 Ver U. Hannerz, *Soulside: Inquiries into ghetto culture and community*, New York: Columbia University Press, 1969.

te lo que, aunque hermoso, no se podrá implementar, y guardando lo que tal vez le servirá para cambiar la vida.

Para entender este proceso, siguen cinco extractos de diálogos que tuve con integrantes del MTD, que me parece brindan algo interesante para entender un poco mejor la naturaleza del Movimiento y de su manera de actuar. No pretendo ofrecer algo necesariamente representativo —aunque los miembros del Movimiento siempre dicen que: "todos son voceros aquí en el MTD, porque cada historia es un pedazo de nuestra historia"— ni tampoco conclusivo. Mi intención es simplemente transmitir gráficamente algo del sabor, digamos, del MTD y de lo que podemos llamar su "esponjitud".

1
¿El sincretismo original?

Contexto: Entrevista realizada el 19 de junio de 2003 con Toty, sobre su historia personal.

—*Toty*: "Mi primera aproximación a la política fue durante mi niñez, en Entre Ríos. Empecé a trabajar a los nueve años, vendiendo diarios en la calle. Los diarios se vendían por la tarde, el diario de la mañana llegaba a las 4 de la tarde o las 5, entonces yo iba a la escuela a la mañana y a la tarde vendía los diarios. Volvía al otro día a la librería con los que me quedaban sin vender, así que tenía el diario toda la noche, los diarios, las revistas, y me la pasaba leyendo. Era impresionante la cantidad de materiales que leía, era como un vicio. Después a los doce años empecé a trabajar en la librería misma, y comencé a leer los libros que allá se vendían."

—*Dennis*: ¿Qué tipo de literatura pudiste leer? ¿Algo de política, no sé, tal vez algo como las obras del Che o de Carlos Marx?"

—*Toty*: "No, eso no, porque no tenía. Imagínate, era un pueblito del interior de la provincia, muy conservador, San José de Feliciano. Lo que sí podía leer, lo que se podría decir me formó eran algunos tratados de filosofía, especialmente Espinosa, pero ya era rarísimo que un pibe se pusiera a leer eso, ¿no?"

Dennis: "¡Claro!"

—*Toty*: "También me gustaban mucho las revistas, las de espionaje y de hazañas bélicas…"

—*Dennis*: "¿Revistas con dibujos, tipo historietas?"

—*Toty*: "Sí, historietas, claro historietas ese tipo, me llegaba a leer, no sé, veinte o treinta en el día, porque tenía que leerlas muy rápido porque llegaban por cantidades. No sé cuantos títulos habré leído, todos parecidos, 'Desembarco en Normandía', 'Normandía Desembarco', que sé yo... Era impresionante leer esas cosas..."

—*Dennis*: "Es una mezcla rara, ¿no? Las historietas por un lado y Espinosa por el otro..."

—*Toty*: "Claro, era bastante raro, pero yo leía todo, leía todo..."

—*Dennis*: "¿Que recuerdas de Espinosa, por el lado filosófico?"

—*Toty*: "Más que nada esa cuestión de la formación en el terreno moral y todo ese planteo mas bien moralista digamos, la cuestión de la honestidad. Esa librería fue importante para mí, así fui formándome en un pueblo que era muy conservador por entonces y donde no había posibilidades de cuestionamiento. Entré a los nueve años y me quedé hasta que me fui a Buenos Aires, a los diecisiete, es decir que prácticamente me formé ahí."

—*Dennis*: "Es cierto eso, a mí me parece que casi podemos decir que las orígenes de tu sincretismo —y por extensión el del MTD también— tienen sus raíces en esta experiencia durante tu juventud. Tal vez se puede ver como el punto de inicio de esta práctica suya de tomar cosas de todas partes, mezclándolas de maneras originales y sorprendentes."

2
"Te sentís parte del grupo..."

Contexto: Entrevista realizada el 18 de agosto de 2003 con Graciela Cortaberria, una integrante reciente del MTD, sobre su acercamiento al MTD y la dinámica del grupo.

—*Dennis*: "¿Cómo veías la dinámica del grupo cuando te acercaste al MTD?"

—*Graciela* Cortaberria: "Pues, era un grupo pequeño, aunque era raro el movimiento que se producía alrededor, la gente que venía, los periodistas, los chicos estudiantes, también italianos, franceses, escandinavos... Me tenía intrigada, y cuando empezaron con un cartel que decía 'Vuelven las reuniones del MTD los domingos a las 6 de la tarde', yo pensé que eso debía ser un montón de gente. Cuando vine a la primera reunión había, no sé, quince personas, una cosa así, y yo pensé 'no pueden ser todos, deben faltar, anda a saber como será, habrá otra reunión más grande en otro lugar', pero no, siempre está un grupo chico, a veces diez, a veces veinte, hasta treinta. Pero a mí me gusta, porque cada cosa que se hace, cada cosa nueva que deciden hacer o reuniones nuevas acá, te dan la posibilidad de participar. Te sentís parte del grupo y es muy fácil participar de esto. Eso es lo que me parece lo más importante del grupo, no la cantidad, pero sí que tiene esa actitud de puertas abiertas, que podés estar en cualquier reunión, cualquier cosa que pasa podés preguntar, que no hay nada escondido. Se ve muy limpio, muy libre todo, y eso es una cosa que me gusta. Viste que no es como esas reuniones en que te dicen 'no, no acá no podes participar'... Al contrario, te invitan, te dicen 'acércate, acá estamos charlando', y te dejan actuar libremente... No es como en otras organizaciones donde te quitan tantos puntos si no vas a la reunión... Acá nadie te obliga a nada, todo lo que hacés es porque vos querés hacerlo, si participas es porque querés y no hay obligación de nada. Te ponés en cosas porque tenés un verdadero interés."

—*Dennis*: "¿Y qué actividad te ha gustado más hasta ahora?"

—*Graciela Cortaberria*: "Me gustó mucho lo que fueron las reuniones para definir los principios éticos y morales de la escuela, eso fue hermoso, y hasta me cambió a mi misma, me hace ver en mi relación con las cosas, en mi relación con mi vieja, mi nieta, mi hija... Me hace ver eso, de pronto me hace cuestionar otras cosas que antes no veía... Por ejemplo, de pronto por ahí veo que mi hija se manda alguna macana y le digo ¿dónde está tu coherencia entre el decir y el hacer? Yo antes no lo tenía tan claro... O sea, el hecho de tener un discurso y hacer una cosa completamente distinta ahora es como que, el proceso te da herramientas para manejar tus cosas..."

3
De la Escuela, el Estado y la autonomía

Contexto: Entrevista realizada el 2 de junio de 2003 con Toty, integrante del MTD, sobre el MTD y sus actividades. Me está hablando de los esfuerzos para establecer una escuela con un currículo basado en los preceptos de la educación popular, lo que se convirtió en realidad a mediados del 2004 cuando abrieron un jardín de infantes como primer paso a la apertura del Primer Ciclo de E.G.B. en el año 2005.

—*Toty*: "La idea es construir una escuela, una escuela de valores y de principios distintos a los instalados por el neoliberalismo, sobre todo distinto a la educación pública de hoy en la Argentina, que transmite un sistema de valores ligado al neoliberalismo."

—*Dennis*: "¿Qué serían estos valores distintos?"

—*Toty*: "El valor de la solidaridad, de la democracia, de la participación, de la construcción de sujetos de transformación y de cambio. Desde muy pequeños que podamos decirnos que somos ciudadanos, y que podemos, que somos sujeto de derechos? No solamente marginales."

—*Dennis*: "¿Y los valores del liberalismo qué son?"

—*Toty*: "El individualismo, la falta de solidaridad y el sálvese quien pueda. Yo creo que hoy en día la educación pública en Argentina se construye esencialmente con este tipo de valor. La escuela no es algo aparte, está en el conjunto de la sociedad y del neoliberalismo, y por eso es transmisora de estos valores. Lo hace de distintas maneras, con las currículas, pero también con los maestros que tienen que trabajar tres turnos, sin preparar las clases, lo que hace que no puedan ocuparse de los niños como seres humanos, sino que es una producción en chorizo... Nosotros decimos que tiene que haber una escuela distinta, una escuela donde el docente pueda construir su saber junto con el niño, ¿no? Y en un proceso de ida y vuelta. Que se vayan construyendo como sujetos liberadores, de sí mismos y de la sociedad, esa es un poco la diferencia con la escuela formal."

—*Dennis*: "Pero la cosa es que se tiene que construir este espacio con canales de integración a la sociedad, para no aislarse y ponerse como grupo al margen de la sociedad. ¿No crees que se tiene que construir el espacio dentro de la sociedad?"

—*Toty*: "Por supuesto, no podemos hacer la escuela absolutamente por fuera del sistema educativo porque no podemos tener niños cautivos que solamente puedan venir a nuestra escuela, y que no tengan posibilidad de ir a otra después. Somos realistas, estamos en un contexto que nos rodea y que no nos permitiría generar ese tipo de espacio de libertad total. Eso nos hace discutir muchísimo dentro del MTD, porque nuestra posición es una posición de fuerte crítica al Estado. El tema de la escuela es un tema de mayor tensión en el Movimiento en cuanto a la necesidad de transformar algunas de nuestras posturas más radicalizadas, como una modificación de nuestra conducta con relación al Estado, pero esto nosotros no lo tenemos resuelto, digamos, ¿no?"

—*Dennis*: "Claro, es algo que necesita mucho tiempo para construirse..."

—*Toty*: "Si, pero también el tema es que eso no sea el centro. El centro tiene que ser la necesidad de construcción de espacios de autogestión, porque por ahí pasa la cosa, por ahí pasa donde vos te parás y no desde otro lugar que sea el Estado u otra cosa, porque sino uno le dá mucho peso a la cuestión de que hay que relacionarse con el Estado terminás repitiendo la lógica del Estado en su totalidad y eso sería como que nosotros no tenemos más remedio, que no podemos construir alternativas, que siempre hay que relacionarse con los poderes."

—*Dennis*: "Pero es importante hacerlo para no quedarse al margen de la sociedad, ¿no?"

—*Toty*: "Resistimos a esa lógica aunque pueda parecer que no podemos sobrevivir de otra manera, por ejemplo, cuando nosotros rechazamos los planes aún sin tener trabajo. Claro que eso nos plantea momentos de mucha bronca, digamos, puteábamos, que sé yo, pero tenemos que hacerlo, no nos queda otro remedio, porque en realidad son una herramienta de dominación del sistema, generan una cultura de sobrevivencia y de dependencia. Yo tengo una enorme convicción de que es posible vivir mejor con el trabajo autogestionado, y ahí es donde tiene que estar esta postura muy fuerte, aferrada a la ideológica, casi obcecadamente en esta postura de que lo más importante son la autogestión y la autonomía, para desde ahí empezar a ver como hacemos para resolver nuestra situación. ¿Qué es difícil?, no es fácil pero bueno, esa es la discusión y de verdad es un tema complicado…"

4
"Me voy mudando…"

Contexto: Entrevista realizada el 17 de julio de 2003 con Rubén, repostero en el CEFoCC, sobre su historia personal y su relación con el MTD.

—*Rubén Reidi*: "Aunque siempre estoy en el CEFoCC haciendo bolitas y además participo en las reuniones de vez en cuando, no soy del Movimiento, yo no pertenezco al MTD."
—*Dennis*: "¿Y por qué no?"
—*Rubén Reidi*: "Porque todavía no he llegado al nivel de comprensión que tengo que tener para poder entender cuál es realmente la política del Movimiento."
—*Dennis*: "Bueno, eso me parece un poco difícil de lograr dado que están siempre en mudanza, en mutación, como siempre en evolución, no dirías."
—*Rubén Reidi*: "Claro, eso entiendo, pero la cosa es que yo traigo una concepción política y de lucha que son distintas, que vienen de los años 60-70… La sociedad era distinta, el objetivo de la lucha era claro, era por el poder, lo que es distinto a lo que ocurre acá…"
—*Dennis*: "Eso sí, es indudable…"
—*Rubén Reidi*: "Entonces, eso es lo que yo todavía no puedo encajar, es decir, borrar una cosa, y por eso tengo que ser honesto conmigo mismo y con ellos fundamentalmente, y es por eso que no soy integrante del Movimiento."
—*Dennis*: "Pero por el hecho que siempre estás aquí en el CEFoCC estás en discusión permanente con todos los integrantes del Movimiento. ¿Eso no te afecta, no te hace cambiar de posición?"
—*Rubén Reidi*: "Pues, digamos que estoy en una discusión no permanente, pero casi permanente, y es cierto que hay cuestionamientos así entrecortados, porque esto no, porque esto sí, porque no así, a veces si coincidimos plenamente y a veces no. Me estoy acercando, pero todavía no he dado el paso…"
—*Dennis*: "Me parece que sos un miembro que no es miembro pero pronto será miembro…"
—*Rubén Reidi*: "Puede ser, puede ser… Así me voy mudando…"

5
La necesidad de comunicación

Contexto: Un taller sobre educación que se realizó en el CEFoCC el 17 de agosto de 2003 con Silvia Duschatzky, investigadora de FLACSO (Facultad Latinoamericana de Ciencias Sociales).Yo actuaba de moderador por el grupo, solicitando uno por uno las opiniones de los presentes sobre el proyecto del MTD de establecer una escuela. Al final de la ronda, Toty me pidió intervenir también.

—Toty: "Bueno, Dennis, ahora te toca a ti."

—Dennis: "¿Yo? Pero no, solamente soy el moderador, entonces me tengo que quedar afuera de la ronda, ¿no?"

—Toty: "Pues tal vez podés ejercer una moderación participativa..."

—Dennis: "Yo... que sé yo... bueno, bueno... la primera vez que ustedes me hablaron del proyecto de hacer una escuela aquí tengo que admitir que me quedé muy sorprendido —recuerden, todavía estaba descubriendo lo que era el MTD, también lo que era la realidad argentina— e inicialmente me dije 'pero que está haciendo este grupo poniéndose en un tema de la educación, planificando armar una escuela, eso es un proyecto completamente loco....'"

—Toty: "O sea vos te diste cuenta que todo nos está afectando..." (se ríe)

—Dennis: "Claro, bueno no... pensé que tal vez podrían armar un asilo pero una escuela, no..."

—Toty: "¡Un anexo del Borda!" (se ríen)

—Dennis: "Pero bueno, ahora conociéndolos mas, lo que pasó es que me he quedado más y más impresionado por la capacidad del MTD de ser sincrético, de poder al mismo tiempo combinar idealismo con pragmatismo, lo que no es una cosa fácil. Visto los obstáculos que ustedes han encontrado, por ejemplo con relación al Estado y su búsqueda de un modo de relacionarse con éste que les dejara una autonomía máxima, eso me ha verdaderamente impresionado. No sé si va a funcionar lo de la escuela, pero lo que sí sé es que la manera por la cual el proyecto va avanzando, sumando cosas poco a poco y construyéndose verdaderamente desde la base, de un grupo de gente compartiendo ideas y experiencias para lograr un consenso que es su verdadera fuerza, eso es su mejor chance para lograr la realización de la escuela. Me parece que por lo menos hay un proceso diferente que está construyéndose aquí en el sentido que ustedes no se inscriben en ninguna corriente, toman aquellas cosas que les puedan servir de todas partes para pensar en una manera de actuar que va más allá de la política de lo cotidiano, tal vez no intentando poner en práctica utopías, pero por lo menos abrir brechas en la situación actual, dentro de lo cual se puede experimentar la construcción de algo que va más allá que simplemente lo posible, que transforma lo coti-

diano poniendo en práctica quizás un pedacito de utopía, podemos decir… No sé si será suficiente pero me parece seguramente lo que se tiene que intentar para lograr una cosa tan ambiciosa como la escuela que proponen realizar dentro de la situación actual… No sé, tal vez soy un poco pesimista, pero así es como lo veo yo…"

—*Roberto Valle*: "Cumpliste perfectamente, Dennis, porque la cosa es como dices, cada uno de nosotros en el MTD estamos viendo como experimentar, como tener el derecho de decir que lo establecido ya no va, y que tenemos que experimentar algo nuevo… ¿Cómo? ¿Cuándo? ¿Qué? No sabemos, pero es en esto de empezar a asociar pensamientos, ideas, experiencias que puede haber algo, que sé yo, un nutriente, una sabia, una musa inspiradora… Lo que quiero decir es que lo que nos pasa a nosotros es eso, por ahí yo trato de decir algo, pero no me sale, no conozco la palabra ni como darle forma, y de repente por ahí llega un compañero o cualquiera y platicamos, y de ahí aparece la palabra y después como darle forma a la idea…"

—*Soledad*: "Es que hay muchas cosas que escapan a nuestra experiencia y así intercambiando con otros tomamos más de la realidad y empezamos a ver de otra forma. Tomar la realidad es reconocerla, y aunque a veces no te gusta, lo que pasa es que uno igual tiene que reconocerla."

—*Roberto Valle*: "Es algo de mucho esfuerzo. Ayer dije una cosa de la que algunos se sorprendieron, digo nosotros tenemos que revolucionar todo nuestro pensamiento, permanentemente, como si fuéramos unos revolucionarios permanentes. Necesitamos un cambio de pensamiento permanente porque la misma vida siempre te hace cambiar, no podés ser estático… El asunto está en esto, lo importante entonces no solamente es la información sino la comunicación… Esto es lo que estamos haciendo en el MTD, porque esto que hacemos no es solamente unir pensamientos, ideas, o experiencias. Pero algo más, estamos pariendo algo, algo que ya está en pañales, porque lo que estamos armando es algo que sale de esa misma necesidad de comunicación, de esa misma línea de construir…"

LA EXPERIENCIA DEL NOSOTROS

MARTIN KRYMKIEWICZ*
VANESA AIELLO**

*Al MTD La Matanza,
por la experiencia
A Nacho Lewkowicz, in memorian
por su pensamiento que hace nosotros*

Introducción

Escribir para esta nueva producción editorial del MTD La Matanza implica asumirnos como parte de un género expositivo cada vez más habitual en la bibliografía sobre los movimientos sociales. En estos escritos ya no se trata de la voz de una supuesta objetividad experta, sino de un coro de voces que dan testimonio de una experiencia conjunta.

A partir de estas experiencias, lo que pensamos, hacemos y escribimos surge como efecto de un encuentro, una creación que se funda a partir de nuestra composición en una trama donde se conjugan saberes, prácticas y afectos.

Nos da la impresión que esas composiciones que este libro insiste en llamar *nosotros* llevan implícitos los signos de una mutación de la política y también de nuestras vidas.

La importancia de la noción de subjetivación

La línea de pensamiento a la cual pertenecemos concibe la subjetividad no como una creación ex-nihilo, —a priori, inmutable e imperecedera—, sino como el producto de un entramado de prácticas y discursos que produ-

* **MARTIN KRYMKIEWICZ**: Lic. en Psicología. / Otras publicaciones: Artículos publicados en «Psicoanálisis y Hospital», «Campo Grupal» y diversos medios electrónicos alternativos. / Vive en la Ciudad de Buenos Aires.

VANESA AIELLO: Lic. en Psicología, nació el 19/7/77, es ayudante en la cátedra "Etica y Derechos Humanos" en la Facultad de psicología y ayudante en la cátedra de Psicología Política, Facultad de Psicología, de la U.B.A. / Integrante del equipo de investigación del Dr. Narciso Bembenaste. / Investigaciones realizadas: Análisis de discurso de campañas políticas. U.B.A. Facultad de psicología. / Publicaciones: "El testimonio". Campo Grupal edición mayo 2004

cen tanto sujeción y padecimientos como la posibilidad de transformación
—que en este texto denominaremos subjetivación—.

Desde esta perspectiva creemos indispensable poder dar cuenta de las
coordenadas de nuestra época, para no sólo dilucidar los efectos de las prácticas y discursos vigentes (en tanto nos sujetan y nos hacen padecer) sino
también para inteligir los modos posibles de transformación de lo dado.

En este escrito consideraremos subjetivación a toda operación que permita la creación y transformación de aquello que nos hace objeto, ya sean
prácticas y/o discursos. Creemos que el nombre subjetivación posee la vir-
tud de contener en sus letras aquello que signa el carácter fundante de su
acto: el sujeto.

A partir de acentuar el papel del sujeto, en oposición al ser objeto de
prácticas y discursos dados de antemano, intentamos distinguir toda actividad
que apunte a una transformación de la posición que nos sujeta indefectible-
mente a lo dado, transformándonos así, en otros distintos que los que éramos.

En este sentido subjetivación es la apuesta a la creación de otros posibles, diferentes de aquello que parecía determinación del destino;
subjetivación es la creación de otra vida inimaginable, impensable e imposible cuando se está bajo el ala del destino.

Por todo lo anterior subjetivación es también nuestra propia transformación. Nuestros pensamientos, nuestros afectos y nuestros cuerpos serán
otros luego de una operación de subjetivación, en la medida en que se apuesta
a crear e inventar el mundo y otro lugar posible en él, allí donde antes, desde
la perspectiva de un objeto determinado por sus circunstancias, resultaba
imposible.

Preguntarse por el sufrimiento

¿Sobre qué suelo histórico-social se labra la experiencia del MTD La
Matanza? ¿Sobre qué condiciones históricas efectivas se produce allí esa experiencia que denominamos subjetivación?

Transitar estas preguntas, intentando dar cuenta de los modos posibles
de la política en esta época y de la cada vez mayor importancia de la subjetividad en este campo, nos ha servido para develar la potencia de intervención
que se verifica en el tránsito de algunas de las experiencias con las que nos
encontramos en el MTD La Matanza. De estos encuentros y estas indagacio-
nes se nutren estas líneas.

Nuestras preguntas nos llevan, en principio, a preguntarnos por qué se hace necesario fundar un otro modo de la vida en esta época, en estas circunstancias.

Nos encontramos con una primera evidencia: hoy no se sufre de lo mismo que se sufría ayer, aparecen formas de sufrimiento impensables de antemano para nuestros saberes forjados en décadas anteriores.

Esta evidencia, de la cual intentaremos dar cuenta, es la que nos llevó a deshilvanar el ovillo y encontrar que las prácticas han mutado de tal modo que hoy producen sufrimientos cualitativamente distintos de los que producían hace apenas treinta años.

Mucho se ha dicho de los cambios en estas décadas, mas ¿qué valor para la vida podrían engendrar esos pensamientos si no se ubican en la perspectiva el sufrimiento? ¿De qué sirve un pensamiento si no transforma la vida? ¿Y cómo podría transformarse la vida si no se interviene sobre aquello que la hace padecer?

Creemos que si este MTD ha creado otro modo de vida posible es precisamente porque ha intervenido sobre los sufrimientos contemporáneos.

El libro anterior de Editora MTD La Matanza *«De la culpa a la autogestión»* es una indagación sobre una modalidad del sufrimiento contemporáneo: la sujeción a la culpa, y a la vez sobre las condiciones relacionales de su producción y transformación.

En ese texto aprendimos que en condiciones actuales, la culpa (como afecto producido por el estar en déficit respecto de algún ideal) nos impotentiza, dejándonos a merced de algún (siempre renovado) amo de turno. La culpa en circunstancias contemporáneas resulta doblemente perniciosa, pues como dijimos además de dejarnos a expensas de algún amo (o puntero o líder), nos deja perplejos ante la caída (o devastación) de la mayoría de las instituciones tradicionales receptoras de las demandas sociales.

Una vez reconocido el problema de la culpa en la contemporaneidad, esto es, una vez que hemos podido hacer algo más que quedar ligados a una demanda o un ideal heredado de prácticas y discursos de anacrónicas instituciones, aparece la posibilidad de transitar la creación de experiencias autogestivas.

Si *"De La Culpa a la Autogestión"* fue una indagación sobre el sufrimiento contemporáneo *"Cuando con otros somos Nosotros"* avanza un paso más e intenta indagar de qué modo se construyen en el MTD La Matanza experiencias de creación de otras vidas posibles. A la impotencia de la culpa, responde la potencia colectiva de un nosotros.

Cambios en el sufrir: del sufrimiento por opresión localizante al sufrimiento por incertidumbre.

"De aquí en adelante, el futuro se llama incertidumbre"
Edgar Morín

Pero, ¿de qué tipo de sufrimiento hablamos hoy?

Para profundizar la afirmación de que el sufrimiento ha cambiado habrá que remontarnos a un pasado no tan lejano. Tan sólo tres décadas nos muestran cómo el hoy era impensado ayer, sólo deteniéndonos allí, podremos vislumbrar el grado de alteración que producen las condiciones actuales, antes impensables.

A partir de comprender la transformación del sufrimiento, las prácticas y discursos asociadas al mismo, pensando de qué se sufría en aquel entonces, qué representaciones nos determinaron, podremos avanzar en el modo en el que se constituyen las experiencias presentes que surgen como respuesta al sufrimiento. Interrogar la experiencia del MTD La Matanza es también interrogar sobre qué interviene esa experiencia, afirmar que ahí se crea otra vida posible es también detenerse a pensar qué hace que sea necesario fundar otro modo de la vida.

Si un rasgo marcó las décadas pasadas fue la rigidez y fijeza del sistema social, cuya evidencia extrema fue la dictadura militar. Un poder muy localizado y explícito –que emanaba de las instituciones familia, escuela y trabajo– nos oprimía delineando el justo lugar a ocupar, vigilándonos con los ojos de las instituciones y disciplinándonos si nos apartábamos del lugar preestablecido.

Aquel estado omnipresente y garante de la ciudadanía, nos dictaba exactamente qué decir, qué pensar, qué sentir. En pocas palabras, se sabía exactamente qué camino tomar para existir conforme al sistema y era precisamente este saber absoluto dado de antemano, y su camino perfectamente delineado, aquello que nos oprimía en su determinación.

En ese contexto La posibilidad de desvío estaba a su vez contenida en la determinación. Para los desviados de la norma había también lugares precisos: los hospicios y las cárceles que alojaban a los "excluidos" del sistema social –en la época del terror genocida se sumó un horroroso lugar para aquellos que se alejaron de la norma: la desaparición–. De este modo los excluidos también tenían un lugar dentro del sistema social, "un lugar" temible donde se era vigilado y castigado por apartarse de la "buena senda", –pero un lugar al fin–. A este tipo de padecimiento lo denominamos sufrimiento por opresión localizante.

Se trata de un sufrimiento originado en la omnipresencia de los llamados por Althusser "Aparatos Ideológicos del Estado" (las instituciones familia, escuela, trabajo) donde se cristalizaban férreamente las prácticas y discursos a los cuales ajustarse, un sufrimiento cuya causa radicaba en un poder monolítico que nos determinaba indicando qué era correcto hacer y qué era incorrecto, qué lugar debíamos necesariamente ocupar.

Esos discursos y esas prácticas de localización opresiva han marcado nuestros cuerpos y nuestras mentes, que hoy se nos muestran enloquecidas, sobre todo en un punto fundamental: hoy no se sabe qué hacer.

Sin embargo ese no saber abre una posibilidad: el pensarnos, a esta invitación estamos intentando responder.

En los años '90 esta localización del poder se torna difusa, en muy poco tiempo se pasa del absoluto poder del Estado dictador a la impotencia del Estado inoperante.

El Estado se declara impotente, mientras señala un nuevo poder: la mutación financiera del capital. Este nuevo poder tiene efectos diversos que el poder estatal. Si antes el poder del estado dictador nos amenazaba disciplinariamente, en la amenaza que emanaba de él estaba clara la causa: se sabía qué se podía hacer, decir, pensar y qué no. Hoy en día la causa se nos ha tornado incierta (una variación de la bolsa, un mercado emergente, nada puede calcularse, ni predecirse) mientras nos aferramos a cualquier signo (riesgo país, alerta terrorista) para anticipar una catástrofe que siempre estaría por ocurrir.

Si los discursos y prácticas de localización opresiva han determinado hasta hace muy poco nuestros cuerpos y nuestras mentes, en el contexto actual hay algo que resulta enloquecedor, sobre todo en un punto fundamental: ya no se sabe qué hacer.

En este contexto aparece la pregunta de cómo saber qué hacer. ¿Cómo puede saber qué hacer una masa anónima de desocupados que se ha instalado permanentemente en la última década?, ¿cómo puede saber qué hacer aquel que no puede afirmar que mañana seguirá teniendo trabajo?

En nuestros tiempos nada impide que los eslabones del capital puedan cortarse en cualquier momento y sin previo aviso; y cada vez que eso ocurre, son más y más los miles de "desamarrados", de "desligados"[1].

---

[1] Término que preferimos al de "excluido" dado que este último se opone —y por ende, supone— lo "incluido", polaridad de nombres que entendemos se ajusta más a los tiempos anteriores donde para cada uno de estos términos había precisas instituciones que los albergaban fatalmente. Hoy en cambio quedar "desamarrado" o "desligado" supone la desgracia —mas no destino fatal— del sin lugar.

Se ha hablado y escrito en los últimos tiempos sobre la incertidumbre, quisiéramos retomar el argumento en el plano más cotidiano para de ese modo interpelar el tipo de sufrimiento que nos atraviesa.

Si alguien, aún perteneciente a la clase media argentina, intentara hoy realizar su vida conforme a los caminos de la cultura tradicional, se encontraría con la diferencia epocal mencionada: ya no hay una estrategia clara que oriente respecto de la seguridad en el futuro. El mito de *"m'hijo el doctor"* —exquisita metáfora de lo que antes nombramos "la buena senda"— suponía que si uno se conducía en la vida conforme a los valores de la época: buen estudiante, buen padre de familia, buen trabajador, tendría un futuro asegurado, un lugar en el presente del cual se deducía un cálculo sobre el porvenir, aún al costo del sufrimiento opresivo que el tránsito institucional acarreaba, pero al menos con un parámetro de lo que podía llegar a suceder y las posibilidades de su cumplimiento.

Ya no existe el "lujo" del saber opresivo, pues el sufrimiento hoy radica en la incertidumbre. Se puede ser alumno eximio y no por eso tener trabajo, se puede tener trabajo y no por eso saber que mañana se lo va a tener, aunque se haga todo lo reglamentariamente esperable. El transitar las viejas instituciones hoy ya no nos garantiza nada. Nada de lo anterior necesariamente nos localiza como lo hacía antes.

Antes sufríamos de los efectos de instituciones como la familia, escuela, trabajo que imprimían a nuestras vidas un marco de valores fijos e inamovibles a cambio de garantías; en las circunstancias actuales vemos aparecer un modo particular de sufrimiento que se caracteriza por la falta de referencias y la inoperancia de saberes anteriores. Creemos se trata de un sufrimiento originado en la creciente contradicción entre las instituciones, representaciones y prácticas que organizaron nuestra vida hasta hace poco tiempo y las profundas transformaciones actuales que nos plantean un devenir imprevisible.

Un sufrimiento por indeterminación cuya causa es el efecto temido y certero de que hoy o mañana podemos no entrar en la cuenta del capital financiero e inmediatamente perder nuestro lugar en el mundo.

Sufrimos de incertidumbre, sufrimos de ilocalización —no existe más un lugar asegurado—, sufrimos de sin saber. Sufrimos porque el pasado se ha vuelto inoperante y el futuro incierto. Entre ambos nos resta el presente para transformar aquellas ausencias en materia de pensamiento y acción, un presente que apuesta a otro mundo posible.

La experiencia como respuesta

Hemos asistido en las últimas décadas a un cambio insospechado de antemano. Somos testigos de profundas mutaciones producidas por una catástrofe tanto económica como social y cultural que afecta cada vez más diversos órdenes de nuestras vidas.

Como respuesta a esto, en los últimos años somos muchos los que nos hemos dedicado a interrogarnos y en algunos casos a formar parte de experiencias que apuesten a una transformación de los padeceres producidos por esta mutación.

Verificamos que como respuesta a la catástrofe no alcanza con conservar el cuerpo vivo, pues sabemos que eso sólo no es garantía de humanidad. Resultará necesario entonces, no sólo sobrevivir, sino inventarse una vida posible en la catástrofe; no sólo salvar el cuerpo, sino realizar una experiencia de subjetivación que nos permita una existencia como sujetos.

En La Matanza hemos encontrado un colectivo que ensaya respuestas a la devastación actual, un laboratorio de experiencias de subjetivación, un laboratorio para crear otras vidas posibles.

La noción de experiencia

Una experiencia en sentido fuerte del término, no es la simple realización de un proyecto con un plan a seguir. Una experiencia de subjetivación tal como intentamos plantearla, se funda en una singular operación: la transformación.

La transformación que opera en la experiencia, lo hace en un doble movimiento. Por un lado crea otra cosa que lo dado, a partir de lo que hay compone algo que no preexistía. En este punto una experiencia difiere del proyecto en tanto no es repetición de alguna receta, sino creación de un posible antes inimaginable. Y por ello mismo supone un recorrido sin saber de antemano, porque desde el saber anterior lo producido no era imaginable, no era posible. Transitar el recorrido de la experiencia no es un simple medio para un fin, sino que en sí mismo es también un fin. Es en ese singular caminar donde se van construyendo las condiciones que hacen posible lo que antes era inimaginable: un posible del hoy no deducido del ayer.

Por otro lado, una experiencia implica también la transformación de aquel que la recorre, que al ser afectado por ella devendrá otro que el que era. Y será otro porque la experiencia ha operado también sobre él, produciéndolo a partir de recorrer la construcción de otros saberes posibles no alojados en los anteriores saberes. Aquel que se era antes, jamás podría haber pensado lo que se ha creado.

Desde esta perspectiva, experiencia no es sólo de una creación de algo –producto, emprendimiento, etc.– que antes no existía, sino que además es un tránsito que nos crea al fundarnos otros que los que éramos. Y en este devenir otros tendremos que deshacer los discursos y prácticas anteriores que nos hacían impensables e imposibles, para comenzar a andar el recorrido de hacernos posibles.

En otras palabras, la experiencia será experiencia en tanto afecta y nos afecte, produzca efectos y nos produzca, es decir, en tanto cree un posible antes inimaginable tanto en las prácticas como en la subjetividad de sus agentes. Este doble movimiento de transformación no corre por carriles paralelos, sino que no se da uno sin el otro. La potencia de esta concepción de la experiencia radica en que es la posibilidad de otro modo de configurar el mundo y de configurarse. Desde esta perspectiva en la experiencia no hay desacople entre el hacer, el pensar y el sentir, pues la experiencia es un modo de la vida misma.

Ahora bien, ¿cuáles son las condiciones de posibilidad de aquello que llamamos experiencia? ¿Qué prácticas posibilitan la experiencia?

Hemos dicho que no adherimos al supuesto de una subjetividad ex-nihilo, inmutable e imperecederamente determinada. Sostenemos que lo que llamamos experiencia, es un acto de subjetivación que se produce a partir de lo concreto de determinadas prácticas y decisiones.

Si hablamos de condiciones de posibilidad de la experiencia es porque ésta se funda en algo que caracteriza particularmente a lo humano: la decisión. Una experiencia no es algo accidental, sino un recorrido decidido que compromete la existencia y los cuerpos de aquellos que se han decidido a transitarla.

La experiencia desde la experiencia: el MTD La Matanza

Verificamos que lo que denominamos experiencia es una de las posibles respuestas a lo definido antes como sufrimiento por la ilocalización producida por la caída y desarticulación de los lugares de referencia tradicionales.

Interrogar la experiencia del MTD La Matanza nos servirá para interrogar de qué modo es posible realizar esa experiencia de subjetivación, qué discursos y qué prácticas producen y sostienen la creación de otra vida posible a partir de transformarnos (junto a otros) en otros que los que éramos.

La condición de no saber

Si una experiencia no es la repetición de alguna receta, sino la creación de un posible antes inimaginable, su recorrido supone como condición de inicio *una puesta en suspenso de los saberes anteriores*. Dado que para el saber anterior lo producido en la experiencia no era imaginado, no era posible, no tenía existencia, es necesario un acto de cuestionamiento de los saberes previos para poder asomarse a la experiencia.

Quisiéramos detenernos, a modo de ejemplo, en la política que ha tenido el MTD La Matanza para vincularse con los saberes en sus emprendimientos.

En el Jardín de Infantes, una vez tomada la decisión de avanzar en esa experiencia, se realizaron convocatorias para pensarlo. El Jardín de Infantes empieza a surgir a partir del intercambio de saberes, pero no se deduce necesariamente de ellos. El MTD La Matanza en principio escucha y dialoga con los saberes constituidos y a partir de eso se da a la construcción de los principios y valores de la experiencia. Como en un juego de apertura y cierre, el MTD La Matanza se abre a los saberes circulantes, para luego decidir sobre ellos, para luego decidirse.

Uno de nosotros escribía luego de una de las reuniones de julio de 2003 *"El CEFoCC no es una institución que se funda en base a un modelo específico previo, sino que se concibe como una configuración, que articulando insumos, saberes, afectos y prácticas, pueda producir y reproducir experiencias que sean motor de producciones en diversos planos existenciales (físico, espiritual, intelectual, estético, relacional, etc.)"*.

En alguna reunión de la comisión de educación escribíamos respecto de la apuesta al juego como modo de transitar conflictivas de los niños del jardín: *"(…) en algún punto no hay planificación, ni saberes (títulos) que nos amparen. Cada situación determina las condiciones de posibilidad del juego (o de la relación que allí se efectúa) y las intervenciones posibles no figuran en ningún catálogo (ni manual de educación). Si bien esto no nos evita la angustia de no tener un saber específico para cada situación, nos libera de la idea de que habría una intervención apropiada: cada intervención es una apuesta"*.

En los emprendimientos del MTD La Matanza la relación de los saberes con las prácticas no está determinada de antemano. En todo momento se está sabiendo a partir del recorrido de la experiencia. De este modo el saber no es propiedad de expertos sino el producto de un recorrido conjunto.

Durante los meses que ha funcionado la Comisión de Educación, ha sido muy interesante el modo en el cual los docentes se han ido apropiando de la posibilidad de experimentación ante distintas circunstancias inesperadas. Este viraje, ha resultado fundamental, pues se han disuelto instancias de saber "acumulado", debido a que lo que se sabe no es atributo exclusivo de nadie en particular, sino de la experiencia colectiva que ha desarrollado sus propias herramientas y saberes.

Para quienes consideran el saber como un bien acumulable en expertos e instituciones, la experiencia resulta un camino difícil pues, en tanto operación de transformación que implica crear saberes y prácticas que desde lo anterior son impensables, requiere ponerse a dudar y pensar los saberes pasados para poder así empezar a transformar y transformarse.

Los saberes de una experiencia, desde esta perspectiva jamás tienen alcances universalistas, sino más bien son el efecto comunicable de un recorrido sobre un particular caminar que labra su suelo: son efecto de la experiencia misma.

El valor de la decisión

No hay experiencia de subjetivación posible si uno es objeto de una situación. No hay experiencia posible si uno no puede decidir y decidirse. La experiencia, en tanto experiencia de transformación de nosotros y del modo de habitar el mundo, requiere de la posición decidida de quien se aventura en su recorrido.

Vemos aparecer esta idea plasmada en la propuesta de que cada uno de los miembros de la comunidad educativa firme un acta de compromiso con el proyecto. Esta firma, lejos de ser una obligación legal, constituye el acto subjetivo de decidirse parte del proyecto. La mano que firma el acta de compromiso, decide que su nombre y cuerpo comiencen a formar parte del recorrido de esa experiencia. Desde la puesta en marcha del jardín de infantes, la "comunidad educativa" ha sido el espacio concreto donde los familiares de los niños ha plasmado un recorrido fructífero que ha abarcado la donación de leche, gestión de la merienda, protagonismo en distintos eventos del jardín (desde las fiestas a la negociación por el gas), decisión del nombre (**Crecer Imaginando en Libertad**), reflexión sobre problemáticas cotidianas (familia, violencia), planificación de actividades con los niños donde han colaborado en las actividades. Con un protagonismo poco habitual en las instituciones tradicionales, este espacio se constituyó como la manifestación más concreta de la apuesta decidida que funda cada uno de los emprendimientos en el MTD La Matanza.

La decisión de la que hablamos es una decisión cada vez, ya que nada por fuera del recorrido de la experiencia la sostiene trascendentalmente. Ni ideales, ni valores y principios trascendentes son tomados como garantías "externas" dadas de antemano. Sino que más bien los valores y principios son también materia de reflexión y decisión en el andar de la experiencia.

Si la decisión es el principio por el cual alguien se funda en una experiencia, esta decisión en tanto subjetiva, implica necesariamente valores. Estos valores como parte de una decisión colectiva se traman, producen y reproducen en un interjuego de pensamientos, prácticas y relaciones con otros.

En el MTD La Matanza uno de los pasos iniciales en la creación del Jardín de Infantes fue el establecimiento de sus principios y valores. En esta actividad se decidieron los enunciados comunes que dieron fundamento a la decisión, la base ética sobre la cual se sostuvo y se sostiene el proyecto colectivo.

Creemos que las condiciones actuales de incertidumbre hacen que sea clave establecer un marco a partir del cual organizar la experiencia.

Ahora bien, establecer el marco de principios y valores que guíen el paso es muy diferente de intentar constituir un "más allá", una "garantía" que dictamine desde el exterior del recorrido garantizando lo "bueno" y lo "malo" del accionar. Es por ello que la modalidad de estos principios y valores, no son ni subordinantes ni estáticos, puesto que no se trata de valores fijos y perennes, sino que desde el principio se contempla su transformación en función del recorrido realizado. Estos principios y valores son más la toma de una posición que una enunciación de decálogos, son más el producto de una reflexión siempre abierta al devenir de lo complejo de la realidad que de este modo relanza continuamente la pregunta y el pensamiento, que una moral de lo que se debe y no se debe hacer.

En un continuo ejercicio de reflexión y pensamiento, se intenta que se desplieguen aquellas preguntas que sólo conciben como respuesta la posición de un sujeto implicado: ¿desde dónde se emprende la acción?

Confianza en el recorrido

La confianza es el suelo subjetivo de la experiencia. La confianza sostiene tanto el paso que recorre el camino de la transformación, como el lazo con los otros que andan junto a nosotros. La confianza es otra de las hebras de la decisión, y asimismo no hay decisión si no se confía en un camino posible.

No es posible una decisión colectiva si no se confía que los otros son parte de un nosotros. La confianza es parte de la posición subjetiva que funda el camino de la experiencia más allá de las vicisitudes que pueden presentar las desembocaduras del caminar —que para una mirada externa podrían ser nombradas como "objetivos" o "finalidades"—. Aún si éstas difieren de lo esperado, se confía que el paso subjetivo elegido es aquel que al ubicarnos en otro lugar, nos ha ya transformado en otros, por el no tan simple hecho de hacernos sujeto colectivo de una decisión y no meros objetos de una inercia.

A modo de ejemplo resulta interesante mencionar la intervención desplegada una vez que se rompió una silla y no hubo en los pibes (aparentemente) ningún registro de ello. En aquella oportunidad ideamos la estrategia de inscribir una respuesta a lo ocurrido: un éxodo de sillas, que dejaron una nota explicando su temor a futuras rupturas y su decisión de desertar del proyecto.

Esto determinó que los pibes tuvieran que entrar en el juego y tomar una posición al respecto, decidir una estrategia: convocaron a las sillas nuevamente, ofreciendo garantías de cuidado. De este modo se generaron las condiciones para poner a jugar algo que podría haber devenido una bajada de línea respecto del cuidado de los materiales. Se confrontó a los pibes a las consecuencias de su acto y a la posibilidad de una acción colectiva como respuesta transformadora. En esa maniobra, se apeló a la confianza a partir de los cuidados.

Podríamos preguntarnos qué habría sucedido si en este ejemplo de decisión colectiva frente a un problema en el Jardín no hubiera producido "el objetivo esperado", si la intervención de las sillas hubiera fracasado. Pues bien, diríamos que de todos modos aquello que creó las condiciones para pensar colectivamente el problema, para forjar saberes antes in imaginados, para confiar en que colectivamente se pueden crear estos nuevos saberes, continuará siendo decidido. La posición que tomamos como colectivo frente a aquello que irrumpe sin poder anticiparse de antemano, la confianza en que nosotros como colectivo podemos dialogar, reflexionar sobre lo impensado y transformarlo, es el modo en que recorremos el camino de la experiencia, es el modo en que confiamos en la potencia de transitarla. Ya que no se sabe de antemano, y por eso mismo se decide, no es posible pretender garantías del producto, sino tan sólo de nuestra posición de sujetos.

Esta posición es aquella que nos ha permitido crear otros saberes y otras prácticas como recursos antes inimaginables, entre ellas la aventura del juego. En el recorrido del tránsito y la reflexión colectiva sobre el jardín, el juego ha devenido una herramienta privilegiada de creación de las posibilidades de transformación de lo problemático.

En la Comisión de Educación del Jardín de Infantes, ante distintos acontecimientos (algunos angustiantes y disruptivos) que fueron materia de pensamiento, fuimos concibiendo un modo de intervención solidario a la lógica de la transformación.

Fuimos trabajando y experimentando la noción de "juego". Nos dimos cuenta de que el juego para los chicos, es la experiencia. Durante este recorrido pudimos pensar la idea de cómo, ante situaciones disruptivas, se podría apostar (sin garantías obviamente) a generar condiciones de juego. Esta reflexión se realizó sobre la idea de romper una tendencia al adentro-afuera. El jugar nos permitió la intervención de otra lógica, aquella en la cual es posible un modo en que lo dejado "afuera" pudiera jugarse en el "adentro" transformador de la práctica del juego.

Luego de alguna reunión escribíamos: "*Trabajamos con la idea de aquello que puede atentar contra las condiciones del juego, y reflexionamos sobre las distintas estrategias que nos damos para generar esas condiciones.*

¿Cómo hacer de eso un juego? La apuesta es generar las condiciones para que eso que aparece y nos angustia (violencia, sexualidad, muerte) sea algo jugable. Para ello, y tal como habíamos venido trabajando es importante discriminar que hay situaciones que producen angustia en el docente (la sexualidad, la violencia, la muerte pueden ser alguna de ellas) (…)

La experiencia de un andar sin saber a priori, se verifica aquí como la apuesta a generar las condiciones de juego: puede resultar o no, pero es imposible saberlo antes de probar. Es importante pensar que nadie puede saber de antemano qué hacer en determinadas circunstancias, sino que es necesario un recorrido de pensamiento colectivo: de no ser así, estaríamos, paradójicamente a nuestros principios, suponiendo que hay una jerarquía de saberes que autorizarían nuestras prácticas. El arte del docente pasaría por poder hacer jugable (transformable) lo que se expresa allí en la situación con los pibes"

El juego ha devenido así el correlato infantil de la experiencia de subjetivación y transformación de la que formamos parte aquellos que nos hemos abocado a recorrer la creación de una otra vida posible, trasformando lo impensable y transformándonos, aún con nuestras angustias.

Confiar en el otro como parte del nosotros

En tanto la experiencia se transita con otros y este tránsito implica una transformación de aquellos que la recorren, la cuestión de la confianza en los otros adquiere una relevancia fundante. El confiar que el otro es parte de un nosotros implica confiar en la posibilidad de que juntos devendremos otros que los que éramos, que juntos nos transformaremos labrando nuevos saberes y prácticas, renovando cada vez la decisión de continuar el camino emprendido. Para ello, en la medida en que cada uno del nosotros es además de agente de la experiencia, efecto de ella, la confianza resulta fundamental para la puesta en circulación colectiva de los efectos que ha tenido en cada quien. La confianza, así entendida, es lo que funda la posibilidad de un tránsito colectivo de aquellos efectos en la singularidad de cada uno. Ya que aquel nosotros que transita la transformación no se supone homogéneo, sino que precisamente en su heterogeneidad radica la potencia de la transformación posible. No se tiende a una voz única, sino a un coro de voces cuyo espectro cromático es aquello que enriquece las perspectivas. *La confianza es el nombre de lo común que nos funda semejantes en el lazo con otro, y es desde este punto común que se vuelve posible escuchar y experimentar la diferencia del otro, creando de ese modo las condiciones de un diálogo polifónico habitable.*

Forjar la confianza es también la clave de la posibilidad de intervenir con los pibes en el jardín:

En mayo de 2004, luego de una reunión de la Comisión de Educación —hablando de ponerle límites a los chicos— escribimos: *"En este sentido, intentamos correlacionar el poner límites como una modalidad del cuidado. Quizás las prácticas que estamos atravesando con los pibes y entre nosotros, sean todas ellas experiencias de cuidado.*

Pensamos en función de algunas intervenciones donde se pusieron límites frente a situaciones de peligro, bajo el modo de un grito fuerte al estilo "Noooo!", que éste puede ser leído por los pibes (en la medida que hay establecida una confianza) como una práctica de cuidados y no como un ejercicio de autoritarismo. Pensamos que el límite, en tanto cuidado basado en la confianza, funciona no como represión, sino como gesto de una presencia que cuida que el pibe no se lastime, ni lastime a otros. El grito es una voz afectada que dice que le afecta el dolor de los pibes, y los pibes confían."

En otro momento y a partir de reflexiones sobre la violencia entre los pibes y los efectos de la introducción (por parte de las docentes) de un personaje llamado "señor respeto", cuya presencia invocada había permitido estabilizar algunas situaciones problemáticas, escribíamos: *"En relación con lo que pasa con los pibes podemos pensar que las situaciones conflictivas expresan los efectos de una época que ha "flexibilizado" las relaciones. La progresiva degradación de la ley (en su formulación y aplicación), la creación de ámbitos aislados donde el imperio universal de la ley se diluye en situaciones donde es necesario pactar cada vez y nos ponen en la pista de que "el señor respeto" expresa la necesidad de fundar colectivamente códigos de relación (...)*

El "señor respeto" produce un personaje que funda en un código compartido que posibilita jugar, escucharse, dialogar, estar juntos, etc. Es una intervención micro política concreta que podría caracterizarse como:

- permite la posibilidad de relaciones al fundar una ética, funda al otro como semejante
- posibilita la experiencia (juego, diálogo, etc.)
- implica un proceso creativo que no apela a una verdad o moral tras-

cendente, se inventa en la situación donde se interviene (no es parte del programa lectivo)

Creemos que las reflexiones que estamos teniendo nos dan la pista de una clave: las relaciones se producen a partir de fundar valores comunes. Las intervenciones en el Jardín apuntan al sistema productor de valores que se expresa en el nivel de las relaciones concretas. En este sentido la apuesta a crear lazos y valorizar estos vínculos con el otro determina el nuevo sujeto al que apostamos"

Este último ejemplo da cuenta de la importancia de fundar lo común con los otros, de intervenir apuntando a crear lazos a partir de establecer no trascendentalmente o moralmente una legalidad autoritaria, sino en un pacto común que opera transformando a los otros en semejantes, sujetos y no objetos a los que se los puede maltratar cosificándolos. Y es precisamente esta operación transformadora, la que crea las condiciones de experiencias de un nosotros en los pibes –como lo son el diálogo y el juego.

La confianza además, es uno de los operadores fundamentales que permiten hacer comunes los avatares del tránsito con otros. La vida colectiva no es un mero acontecer porque no se tiene otra cosa, sino que se decide y esta decisión involucra no sólo el recorrido, sino cada efecto singular que produzca en cada uno este tránsito. La confianza es el soporte afectivo que hace posible y común ese tránsito.

En el MTD La Matanza se asume tácitamente que cualquier efecto individual en el tránsito de la experiencia, puede ser asumido como oportunidad para interrogarse colectivamente. Las situaciones conflictivas, en la medida que son manifestadas y compartidas colectivamente, se asumen como problemas que forman parte de la experiencia y no como algo que deba ser "corregido" o "reducido". Lo anterior no implica que todo lo que tenga apariencia de conflicto tenga que ser interrogado, pues si así fuera, se habilitaría un lugar de "supervisión" desde donde se podría decidir que debe ser considerado conflicto o no. La gran diferencia con otras modalidades de tratamiento de conflictos es que hay lugar para el conflicto, siempre y cuando exista el acto de subjetivación de ese conflicto, el acto que permita al conflicto circular colectivamente, que lo convierta en un problema común. De esta manera se evita que se constituyan lugares "por fuera" desde los cuales se pueda valorar moralmente o dictaminar algún avatar como conflicto y se asume el conflicto como algo posible de problematizar en el seno mismo de la experiencia y en función de una decisión subjetiva que involucre a los integrantes de la misma. En pocas palabras: hacer del conflicto personal un problema colectivo a interrogar.

En este sentido la ficción del "señor respeto" (como un código común que posibilita el juego y el diálogo), la declaración de principios y valores del CEFoCC, el acta de compromiso de los padres y la estrategia utilizada para el abordaje de problemáticas, son entre otros, los instrumentos que promueven la fundación colectiva de una base de subjetivación, generadora de condiciones propicias para la experiencia comunitaria.

La afectación múltiple de la experiencia

Ahora bien, para terminar de delimitar conceptualmente qué entendemos por experiencia, detengámonos en la multiplicidad que presentan de planos que son afectados por ella. Por ser transformadora, por ser fundante, la experiencia no podría acotarse a una dimensión de la subjetividad. La experiencia afecta múltiples tramas de la subjetividad, y no podría ser de otro modo si decimos que transforma mientras nos transforma. Este recorrido de transformación resonará en los lazos, en los cuerpos, en los pensamientos, en los espacios, en los tiempos: la experiencia afectará la vida.

A modo de ejemplo, si una actividad laboral se constituye en experiencia en el sentido que venimos planteando, quedará transformada no sólo la práctica laboral de relación entre trabajo y producto. Se afectará no sólo el modo de hacer un producto, sino también el modo de pensar, la modalidad de lazos, los cuerpos afectados por esos nuevos lazos, así como por la nueva relación con el producto, cuerpos que al ser otros habitarán de otra manera el espacio.

Cabe decir entonces que en esta línea que venimos dibujando, tampoco podría tan sólo transformarse las prácticas de lazo o de pensamiento si esto no resuena en la vida en su multiplicidad, ya que la experiencia al transformar a quien la transita, transforma su modo de habitar el mundo. *La potencia de esta múltiple afectación de la experiencia está en que es otro modo de configurar el mundo al configurarse uno mismo otro con otros. En la experiencia no hay desacople entre el hacer, el pensar y el sentir.*

Esto resulta evidente en el modo en que se entrelazan el Jardín y los emprendimientos productivos realizados en el MTD La Matanza. No sólo la configuración espacial de proximidad permite que los pibes vayan por ejemplo a aprender matemática a la Panadería, sino que manifiesta una concepción tácita que afirma que transformar la producción económica y la educación son modalidades de lo mismo: transformar la vida y no sólo un aspecto de ella.

Por lo tanto, sólo una mirada externa podría decir que los Talleres de costura, el Jardín, la Panadería, la Editora, la Comunidad Educativa y la Comisión de Educación, forman en el MTD un conglomerado de prácticas diversas; desde la experiencia estos se ubican de modo bien diferente: muestran la multiplicidad de prácticas producidas en el recorrido de una experiencia, de la cual cada hebra de la trama da testimonio de la transformación y el recorrido que produce en la vida de cada quien y en el colectivo.

Esta resonancia de la transformación en el hacer, el pensar y el sentir es aquello que permite, como modos de afectación múltiple, fundar un mundo a partir de la experiencia: el mundo de la vida antes inimaginable.

La experiencia del diálogo: el valor de la palabra

Entre los elementos constitutivos de la experiencia encontramos el diálogo. Entendemos el diálogo como aquel espacio tan inmaterial y sin embargo fundante, donde se deviene otro por la afectación de palabras.

La comunicación o el intercambio suponen interlocutores ya dados donde informaciones, saberes, ideas, que se expresan a otro, mientras —más o menos respetuosamente— se escuchan las del otro. La noción de diálogo que aquí proponemos es bien diferente. En el diálogo uno se piensa al pensar al otro, o bien por pensarse piensa al otro; uno se habla al hablar al otro, o bien uno le habla al hablarse. En otras palabras, en el diálogo las palabras afectan, traman y nos traman con una otredad hecha de palabras. Del dialogar surge algo impensado de antemano en soledad.

Aquello que inicia y marca el derrotero del diálogo —a veces explícitamente, otras de forma silenciosa— es precisamente aquello que hará que las palabras afecten y nos hagan devenir: la pregunta. La pregunta es aquello que señala que no se sabe de antemano. La pregunta es aquello que señala que lo que ahí se produce tiene la materia del pensamiento. ¿Cómo definir el pensamiento sino a partir de ser una pregunta que ensayará respuestas? ¿Cómo definir el pensamiento si no nos afecta haciéndonos devenir?

Al entrar en diálogo se sabe que no se sabe, mas también se sabe que con otro ese saber puede producirse. Se piensa con otros y se trama así un nosotros dialógico, donde el saber producido pertenece a esa zona indefinible en términos de cada uno, pertenece a aquella intersección que se acaba de configurar.

Hablamos del factor tal vez más inefable de lo humano: la decisión. La decisión es el carril que atraviesa todo el andar del diálogo. La decisión es una declaración subjetiva, es una posición que se toma y no está dada, el sujeto deberá producirla.

La decisión al inicio del diálogo adquiere la incómoda forma de la pregunta, del no saber. Continúa su recorrido decidiendo entrar en diálogo, es decir declarando que es posible saber con otro, no como búsqueda de un otro que sepa, sino sabiendo que cuando el otro es parte del nosotros, el nosotros podrá ensayar una respuesta. El otro deviene en el diálogo condición de pensamiento, deviene semejante porque habita la misma pregunta del mismo modo subjetivo.

¿Y el final del recorrido? el final del recorrido no existe, porque la decisión se funda cada vez, no tiene el congelamiento del saber monolítico o la pesadez del ideal totalizante, y en esto mismo radica su potencia: abre el camino a infinitos saberes posibles, donde la pregunta ya no paraliza sino que es el motor del siempre renovado devenir dialógico, que nos hace otros en su recorrido.

El nosotros producido en la experiencia

Ahora bien, ¿cuál es el sujeto de la experiencia del MTD La Matanza? ¿Qué sujeto produce el recorrido de la experiencia de este MTD?.

Afirmaremos que estas experiencias producen un sujeto "nosotros".

Cuando inmediatamente después de una actividad se convoca a una reunión de los que participaron en ella, lo que parecería ser un intercambio de impresiones verificamos que en realidad se trata de una práctica de producción de un sujeto "nosotros".

Toty Flores dice que se convoca a estas reuniones para que se sepa qué decir si al día siguiente nos preguntan sobre la actividad. Lo que se propone no es que al día siguiente cada uno tenga un inventario de anécdotas, impresiones u opiniones varias, sino que aquel que al día siguiente hable no lo haga desde él, sino desde un "nosotros" producido en acto. Lo que se propone entonces es precisamente el espacio que posibilite componer un nosotros.

Este nosotros será aquel que piense la actividad, aquel que haya sido afectado por ella, aquel que se haya producido por el diálogo sobre ella. Pero ese nosotros no será un instituido que filtra, lee, codifica la actividad realizada, sino un sujeto a componer en ese espacio posterior a la actividad. En la diferencia entre instituido y el acto de composición reside lo que antes denominamos experiencia, porque si la actividad fue parte de la experiencia entonces deberá habernos afectado, marcado y tendremos que constituirnos en alguien capaz de ser sujeto de ella.

Si la posición enunciativa sobre la experiencia es nosotros, el que hable será portador de la polifonía producida el día anterior. No como alguien atravesado por diversas voces, sino alguien que en ese momento es portavoz. La posición enunciativa del nosotros produce multiplicación de encarnaduras de su voz. Aunque el que hable diga "yo", sabe que un nosotros lo pensó y produjo.

Cualquiera que sea fiel a ese nosotros, es decir que sostenga sus enunciados en el saber producido por ese espacio, podrá dar cuenta de la experiencia. Y podrá no porque se legitima una dispersión de voces, donde cada voz por su lado está aislada hablando sola, sino que lo hará desde una configuración de singularidades que enuncian una sola voz múltiple, el "nosotros" que nos hace hablar.

Ahora bien, ¿qué es este sujeto nosotros? ¿qué es este espacio que compone nosotros? ¿qué es una práctica que configura nosotros?

Este nosotros es una figura compleja, no es la unión de "yo" y "tú", o "yo" y el "otro", sino una composición que no se define por la suma de sus términos, es una configuración que se produce a partir de la mutua afectación entre los términos. Afectación de pensamientos, de miradas, voces, palabras que hacen que cada uno ya no sea el que era luego de afectar y ser afectado.

Aún pecando de repetitivos, quisiéramos insistir en la diferencia entre afectación e intercambio. El intercambio supone que se está constituido, que los términos o los yoes enuncian lo que ya poseen, poniéndolo a circular en una retroalimentación de ideas y voces. El punto de partida ahí está ya instituido. En cambio la afectación que hace efecto *nosotros* parte de un no saber, por lo tanto de una no constitución que posibilita un tipo de composición a producir.

No se trata de un simple horizontalismo democrático, sino de constituirse enunciando desde un nosotros porque cada uno no sabe. Cada uno entra en el diálogo sobre la actividad realizada sabiendo que solo no puede pensar la experiencia, que solo no puede saber y enunciar lo allí ocurrido, que es necesario que ese saber se construya, se configure, se componga a partir de lo pensado en ese espacio. Ese saber no existe antes, ese saber no es individual, sino que es el sujeto aquel que puede sostener ese saber producido en el nosotros.

Conclusión

En algunas experiencias de colectivos sociales que van desde este singular MTD hasta algunas asambleas post-cacerolazo, percibimos que ya no se trata de tomar el poder, sino de crearlo. Estos colectivos han creado poder a partir del encuentro. Y estos encuentros producen transformación en un doble sentido, transforman el modo en que se vive y por ello mismo se transforman a sí mismos.

Cuando hablamos de transformación de la vida lo hacemos para no acotarnos a la mera esfera productiva o educativa, ya dado que estos colectivos no desarrollan simplemente emprendimientos productivos o un Jardín más, sino que crean un cambio, una transformación en el pensamiento, la acción y el afecto.

A partir precisamente de transformar aquellos que eran los efectos del poder del capital contemporáneo en causas de encuentros con otros para crear otras vidas posibles. La incertidumbre de cada uno, el no saber sobre la causa, se transforma en estos espacios en disposición para construir en diálogo un saber colectivo; la desocupación, en oportunidad de pensar emprendimientos productivos y existenciales de un nuevo orden; la sensación de deriva, de sin rumbo individual, en posibilidad de dejarse afectar y afectar al otro componiendo entre ambos pensamientos, actos y lazos. Es por ello que todo aquel que se compone como parte de un nosotros de estas características, deja atrás las clasificaciones que lo representaban, los saberes absolutos y los discursos cerrados.

Los empresarios, los psicoanalistas, los educadores, los desocupados, los vecinos y familiares de los niños del Jardín comienzan a dialogar para desandar representaciones dadas de antemano y emprender el camino de labrar otros saberes, otras prácticas, otros pensamientos y aventuras: crear otra vida posible.

Vanessa Aiello, Martin Krymkiewicz
Buenos Aires, Diciembre 2004

CUANDO CON OTROS, CONSTRUIMOS NOSOTROS

VITO FODERA *

Antepuesta

Fiel al espíritu de los compañeros que me han invitado a participar en esta enésima experiencia compartida, no hablaré del MTD, ni del CEFoCC. Integrante extranjero de un movimiento que no concede tarjetas, ahora, junto con ellos renuevo la unión por medio de otra experiencia de comunicación que nuestra lucha nos ofrece. Gracias pues desde ahora.

No voy exponer mi visión, no jactaré a mujeres y hombres que merecen más resultados y realidad que palabras. «nadie decidió que nosotros los desocupados no tenemos derecho a contar nuestra historia» todavía lo recuerdo.... Entonces dejo a ellos esta narración y me reservo una voz en el coro sólo porque puedo exponer un resultado, una experiencia compartida que ahora en Italia y también más allá de mi país, habla por mi y todo el MTD. Me refiero al documental multimedial «la cabeza piensa donde los pies pisan», elaborado en consecuencia del febrero 2003 pasado en el CEFoCC. Expondré pues la realidad que viví, lo haré en principio por notas de viaje que ahora en parte constituyen un resultado alcanzado junto a aquellas mismas mujeres y hombres a quienes me ata un profundo cariño, una verdadera amistad y una relación que, a pesar de la distancia, todavía siento fuerte y determinante para mis proyectos presentes y futuros. Lo que pasó en ese mes, al margen de todo lo que representó para mi vida, mi historia, mi subjetividad (¡y puedo asegurar que no es poco!), tiene un valor añadido, el valor del descubrimiento, de la verificación, de la confirmación de un ideal, que es también un estrategia y una tarea. Me refiero a la que los compañeros llaman autogestión, una práctica, que poniendo la coherencia como característica de los recorridos, me enseñó cómo los recorridos son más importantes que el objetivo final y, sobre todo, que no existe división posible entre fines y medios para alcanzarlos. Cada parte del recorrido es un objetivo alcanzado, vinculado al precedente y presupuesto del siguiente, así que tenemos que valorar los tiempos y apostar a la coherencia y la continuidad. No construiríamos ninguna alternativa si no lo hiciéramos siguiendo y aplicando estrategias

* **VITO FODERA:** Nació en Sicilia, Italia, a principio de los ochenta. / Estudia Ciencias Políticas en la Universidad de Bologna. / Realizador del material multimedia "La cabeza piensa donde los pies pisan" que relata la historia del MTD La Matanza y contiene el libro "De la culpa a la autogestión" traducido al italiano.

alternativas, nuevas, que no pertenezcan al sistema que queremos cambiar y no sean reproducciones de sus lógicas presentadas de otra manera. Eso y mucho más lo aprendí, me lo enseñaron, lo construimos, y este mismo proceso de aprendizaje fue distinto, se desarrolló de forma distinta, y por eso la experiencia me sugiere seguir en este camino, para llegar hasta un final que, como en este caso, tenemos que escribir nosotros, con otros...

Éste es un cuento, éste es un informe, ésta es una relación, ésta es una experiencia. Febrero de 2003, Argentina, Buenos Aires, La Matanza, San Justo, la Juanita, villa "Palito". Geografía de círculos concéntricos que se arriman cada vez más, hasta conducirme a la unidad más pequeña de sociedad, al núcleo más íntimo de personas cuyos espacios compartí, tiempos e ideas, mujeres y hombres que escuché, que me escucharon y me hablaron poniéndome preguntas y tratando de contestar a todo lo que yo pregunté. Desocupados del partido del Matanza, organizados en el MTD La Matanza, ocupados en la Cooperativa de Educación y Formación de Cultura Comunitaria. ¿Qué conduce hasta una periferia, en un barrio pobre del cono urbano de Buenos Aires, y luego de allí a todo el universo circunstante? Todavía sigo preguntándomelo ahora, mientras a las motivaciones de entonces se suman las ideas de ahora y los proyectos futuros. No dar nada por hecho por la posibilidad de dar una información, de conectarla a otras, sólo para conocer. Entender. Saber, dentro de los límites de la mediación en todo caso determinante, y volver una mirada un poco más consciente hacia los otros. ¿Quiénes son estos otros? Es la gente de la feria, son los compañeros del MTD, son los obreros que han reinventado el trabajo, la sociabilidad y la solidaridad a ello enlazadas, es la gente que no trabaja y la que todavía sigue trabajando, los niños y los ancianos, los jóvenes, las historias contadas en donde y en cada cuando, los dramas y las curiosidades de quien pregunta. Entonces éste no es nada más que un diario, de público dominio, pero en todo caso una tentativa de exteriorizar algo que llevo dentro.

Cuando, después de una primera etapa en capital, llegué a Buenos Aires tenía conmigo una cámara de foto, un grabador, un anotador, una vieja videocámara analógica prestada por una amiga y una increíble cantidad de contactos tomados en Porto Alegre en los días del tercer Foro Social Mundial. Todo sujetado por una inexplicable gana de averiguar, conocer, encontrar... Así, después de algunos días en el vientre de la Capital Federal arreglando material, entrando y saliendo del hotel de Belgrano y Virrey Cevallos, de locutorios que por 1 peso la hora daban acceso a Internet como en Italia ni siquiera imaginamos, tiendas baratas de asiáticos y bares, en fin después de algunos días me fui con una amiga al Km. 27,700 de la ruta nacional tres, al barrio la Juanita en el partido del Matanza, buscando el CEFoCC, cooperativa del MTD la Matanza.

La mejor presentación de la gente que conocí es la sencillez y la atención con que hospedaron a un tano extrañero después de unas entrevistas y charlas invitándome a quedarme en la cooperativa, el Centro Comunitario.

Visité los espacios del CEFoCC y me hablaron de las postura que los distingue de las otras organizaciones, de sus historias, de la batalla contra el asistencialismo, de la construcción a todos los niveles de una alternativa comunitaria, que es política, ideológica, social, laboral y, por supuesto, humana y cultural.

Acepté su acogida y me quedé a vivir con ellos, en un período intenso, en todos los sentidos, en un continuo flujo de cambios, experiencias, y sobre todo acompañado y guiado hacia el macrocosmo de los movimientos populares entre fábricas tomadas, asambleas populares, trueque solidario, cooperativismo reformulado, militancias y contradicciones. Lo que para mí representó la llave de acceso y comprensión de aquella realidad tan particular fue el contacto directo y constante con la gente que es parte de ello, las noches charlando con Miguel González, Jorge Lasarte, Ramón Almiron y todos los que mientras el mundo se duerme trabajan en una panadería, los nombres y la confianza que se crea, las inmersiones traumáticas en los avernos de la sociedad dónde a pesar de todas las dificultades hay alguien determinado a convertir la exclusión y la bronca en subjetividad propositiva y revolucionaria. Y luego la normalidad, los momentos compartidos, el trabajo en la panadería, la adopción cómplice de la gente de la feria más allá de la arrogancia mentirosa del puntero del barrio, los encuentros generacionales alrededor de la mesa horizontal de la discusión y la comunicación.

Horizontalidad y eficiencia, estrategia y autogestión, son las armas que esta gente ha decidido abrazar. Porque las cosas tienen que cambiar y la única lucha que se pierde es la que no se combate. Estar en un barrio pobre del cono urbano bonaerense, en el partido de la Matanza, hace sentir el primer contacto con la miseria y la injusticia, en las calles, en las manos y en las palabras de la gente, en la gratitud y en la incredulidad que es cortesía y sencillez. Cuando los desocupados del MTD me llaman compañero es algo que por la primera vez tiene un sentido distinto, y casi parece raro. El pan es mística, es para multiplicar, y compartir, es el cuerpo de un Cristo que no se ruega, es comida...

Reeducarse. Esto es lo que significó estar tan cerca de estas personas. Reeducarse a la palabra, a escuchar, entender, utilizar el lenguaje. Repensar críticamente en todo lo que se hace. El techo de la futura escuela es símbolo y metáfora, *leit motiv* de los muchos discursos que se sucedieron, atándose como anillos de una cadena que hace libres. «A la certeza de la dominación oponer la incertidumbre de la autogestión» y siempre el verbo hacer a la primera plural: "lo hacemos nosotros porque nadie lo hizo»... Toty me dice: «nosotros socializamos todo», y el resultado incierto es una obra maestra fruto del apropiarse de nuestras mismas subjetividades. Esto no significa suponer haber conocido modelos perfectos sino indudablemente confrontarse con prácticas nacidas en un contexto, terminan en la construcción de conciencia y la experiencia para cambiar la vida de ese contexto, sustrayéndose a lógicas perversas y recobrando espacios de libertad y dignidad. Lo importante es estar atentos para no repetir en formas diferentes, las mismas lógicas del sistema que se quiere combatir, no desafiando el poder sobre un campo que le pertenece sino engendrando nuevos niveles de conflicto.

Nada y nadie está excluido de este conflicto. Porque recobrar la subjetividad del ser humano implica ante todo la recuperación de su identidad como ser social, que vive en un sistema de relaciones con cosas, personas, sistemas. La respuesta a la exclusión y al proceso de objetivación del ser humano es por lo tanto una recuperación de la libertad de establecer relaciones. El idealismo y la práctica se unen en un recorrido que en una palabra se puede expresar con Autogestión.

Así el trabajo recobra la dimensión social integrada en un sistema cooperativo, mantiene su función económica y política enlazándose a otras experiencias análogas, y más, asume un papel formativo para el individuo y la comunidad a que pertenece.

El pan de la panadería del CEFoCC es el más rico, la gente que va al horno sabe que no hay explotación tras ese pan, la receta y la modalidad de preparación son públicas y disponibles para todos, ese pan alimenta personas y proyectos al mismo tiempo, el gesto de la compra tiene un valor político no finalizado al provecho. Sin embargo nadie pierde, y la fórmula económica para que eso sea posible no está en una relación entre demanda y oferta, sino en establecer un precio Justo. No me lo ha dicho nadie, me he enterado solo y no fue difícil notar la diferencia. Los compañeros del MTD me explicaron que no había que ser incrédulos, me enseñaron los tableros con los costos de producción y el precio resultó de allí. Nada más que una elección política, ofrecer un servicio en vez de especular sobre las necesidades básicas de la gente. Esta elección política del CEFoCC no es un gesto aislado, es expresión de un recorrido que implica todos los que hacen parte de ello. En los microemprendimientos todo, del precio al horario de trabajo, está concordado por quien trabaja colectivamente, la autogestión es la respuesta a la enajenación.

Tal como es una elección política ofrecer el espacio de la cooperativa todos los días a la gente del barrio para la feria. U organizar momentos de interacción, de fiesta, de encuentro y de comparación.

¡Es una pelea continua!

Y esta batalla va adelante sin límites impuestos, y esta práctica me permitió llegar hasta aquellos lugares cerrados a los observadores convencionales que no contemplan en sus investigaciones lugares como las villas miserias, por convención. Con un poco de obstinación yo llamaré a la villa "Palito", "Almafuerte", su nombre originario, que expresa un espíritu bien diferente, más parecido a ese con que llevé a conocer la enésima realidad paradójica y oscura en que es necesario pelear.

Si existen lugares que no deberían existir, la villa es uno de aquéllos. El punto de observación más evidente de la exclusión, de la función de la miseria, que se cronifican y se convierten en barbaridad. En Almafuerte no entran los policías, no entran los extranjeros, todo lo que sirve falta, todo es turbado y reordenado por otros parámetros demasiado tristes que parecen subrreales. Barracas y basura, decenas de millares de personas en pocas hectáreas, servidas abusivamente por la electricidad que corre a veces a un metro de tierra, de cañerías que atraviesan las pequeñas calles, a lo mejor cerca de un mega depósito de gas que debería estar rodeado por un desierto. En las casas de la gente de Almafuerte sólo sos acogido si estás bien acompañado, y si te toman en simpatía también te ofrecen junto al mate, mostrarte el calibre 38 o 22 que hay en cada casa. Generalmente el tráfico de cocaína y droga está presente en cada rincón que delimita una arteria del territorio. Sin embargo con las oportunas delicadezas me permiten hacer preguntas, sacar fotos, filmar, me preguntan, me contestan, me piden que diga fuera de allí, que la villa es un infierno. Lo diré: la villa es un infierno, se vive mal, se padece a todos los niveles. La violencia es sistema, las personas no valen nada, no existen a veces, porque de algún modo no fue concedido ningún documento. Pero en la compleja realidad contemporánea de Argentina no hay sólo esto. Mi viaje me ofreció mucho más, sin saber…

Cuando los medios de comunicación se ocuparon de Argentina, en consecuencia del estallido de la crisis del 19 y 20 diciembre de 2001, no hubo espacio para hablar de trabajo, de nuevas experiencias que nacieron o emergieron, de dueños que abandonaron fábricas capaces de seguir produciendo independientemente de ellos, y de trabajadores abandonados capaces de seguir produciendo, que ocuparon las mismas fábricas. Si alguien hablara de estas experiencias, lo hace para señalarlo como algo demasiado difícil o demasiado poco importante de explicar. Pienso que era solo demasiado peligroso, porque el movimiento de fábricas recuperadas sigue representando un ejemplo práctico y real de la posibilidad de una alternativa a la tradicional gestión de una empresa capitalista. También en este caso las implicaciones son múltiples. Algunas fábricas se vuelven, productivas bajo control obrero se han convertido en cooperativas, centros culturales, lugares de referencia no sólo para los obreros, sino para todos los vecinos del barrio, estudiantes, arquitectos, artistas, psicólogos etcétera que comparten o sustentan la experiencia de la recuperación de la fábrica. Psiquiatras y psicólogos trabajan sobre las nuevas relaciones que nacen entre el obrero y el trabajo, entre los obreros mismos, entre la fábrica y los nuevos sujetos que hospeda, artistas afamados pintan paredes o colocan esculturas que convierten a la fábrica misma en una obra de arte y le atribuyen un valor añadido que es artístico y original, estudiantes estudian y experimentan experiencias laborales, artísticas, los vecinos tienen un lugar común que hospedará guarderías, laboratorios y cursos de formación profesional en algunos casos. La fábrica se troca bien común, de todos, y todos están listos para defenderla, juntos. ¿Cómo se llega a ésto? De la necesidad. «… el consenso no es sólo una idea o un principio, es una práctica que une y al mismo tiempo refuerza las uniones y permite a todos ser incluidos en el recorrido. "Si te convenzo a la fuerza, te he perdido, porque si mi idea no te pertenece pero la aceptás tu nivel de conciencia, de empeño y de implicación siempre será menor y luego …para que sirve?…para nada!…" así me explicaron como funcionan los mecanismos decisionales y operativos de movimientos populares verdaderos y asambleas populares. Hoy las asambleas, después de haber resistido a las tentativas de instrumentalización y disminución de los participantes, son lugares de encuentro y construcción de poder popular, un poder sin mediaciones, solidario, compartido. Durante las varias asambleas, en el CEFoCC o en el encuentro nacional de las fábricas ocupadas o en los encuentros entre movimientos sociales y asambleas barriales, emergió siempre el espíritu de comparación y cambio, la necesidad de comunicar y compartir, la necesidad de crecer juntos durante el recorrido. Se vinieron así a crear espontáneamente equilibrios que permitieron a todos hablar y ser escuchados, que dieron espacio a mujeres y a hombres, jóvenes y adultos, gente de muchas experiencias en la total autenticidad de la comunicación horizontal.

Para entender que es hoy el movimiento cooperativo en Argentina se podrían hacer discursos de cualquier género. Pero no alcanzarían a plasmar la idea del potencial de este movimiento y su capacidad de ser sujeto transformador de la práctica que sostiene el sistema, el trabajo. Hablamos de cooperativismo reformulado que es simplemente el cooperativismo auténtico, que propone a la creación de un sistema amplio y complejo de relaciones entre cooperativas, un recorrido común, un camino. Yo lo aprendí en momentos y ocasiones que más allá de la documentación que tengo, quedaron en mi memoria como reales momentos de práctica revolucionaria, la agregación, el respeto, la diversidad, la comunión y la sinergia, en el mismo lugar, sabiendo que no es el único, poder ser parte consciente de un cuerpo que elige que vida vivir, de qué sustancias nutrirse, que elige qué vida engendrar sustrayéndose a la lógica de lo inevitable, que ya ahora es normal, una esclavitud inconsciente, un atomismo, una soledad, un suicidio al servicio del verdugo. Era el patio del Centro, el Foro de Cooperativas de la Matanza, las reuniones... Ser miembro de una cooperativa significa negar la división entre la figura del trabajador y la del dueño porque cada miembro de la cooperativa es dueño de su propio trabajo. En todo sitio las cooperativas se han transformado en réplicas, tristes imitaciones de las empresas en que hay quién dirige y quién trabaja con diferentes características y niveles de responsabilidad, esto ha comportado un alejamiento y una divergencia de objetivos entre quién dirige y quién es administrado. En el cooperativismo reformulado, el pago, la codecisión, la participación extendida a todos los niveles de organización del trabajo, permiten una diferenciación de todo el sistema laboral con respecto de la empresa, y lo dice un "tano", que de su punto de vista asiste a la involución de muchas experiencias que históricamente también en Italia representaron una alternativa y ahora a menudo son, no siempre, variaciones sobre el tema dominante del neoliberalismo.

Cuando, en aquel día maravilloso, viernes 14 de febrero al Salón del Banco CrediCoop, me invitaron a la presentación del segundo libro del MTD "De la culpa a la autogestión" yo acababa de leerlo unos días antes. Me senté al lado de Soledad y ella me dijo: "no aquí, tu silla está allí..." ¡Si, me habían invitado a la presentación, para presentar el libro! Y lo hice, con Hernán Schiller, y Toty Flores. Pueden imaginarse que al lado de estas personas no tenía nada que decir más de lo que ellos habían dicho, ninguna análisis o profundización sobre algo que ellos contaban porque lo vivían y encima, estamos hablando de grandes comunicadores. Por eso, como ellos pero de forma distinta, yo también hablé de lo que mejor conocía porque lo vivía: hablé de ese libro que había podido leer en el mismo lugar donde los compañeros del MTD lo habían creado, hablé de mi relación con libro y con el espíritu que había descubierto entre las páginas, las líneas, las palabras, igualmente entre las charlas, los ladrillos del Centro, el pan y la factura, los colchones y los cuartos, el fuego del horno y la lluvia de verano. Había sido increíble, leer con ojos que podían oír, conversar, oler, tocar, entender de verdad. De la presentación, queda un recuerdo increíble, sobre todo por la emoción que fue dar mi contribución a esa construcción del nosotros que con el tiempo pude entender siempre mejor; para mi fue algo más. En ese nosotros encontré mi compromiso, el tanito se había casado con la lucha que durante mucho tiempo había buscado y por la cual había llegado del otro lado del mundo. Así me dijo el "hermano Miguelito González". Descubrí que no tenía que buscar un lugar, un partido, un enemigo u otro elemento que hubiese podido darme un objetivo o un esquema, no necesitaba nada ya hecho. Necesitaba una "dimensión", recobrar y construir subjetividad, donde el sentido de Autogestión pudiese expresarse de distintas formas para construir alternativas y conseguir resultados de forma compartida.

Supe que tenía que dar mi pelea a la vuelta, cambiar las cosas, averiguar el valor de esta experiencia en Italia, para que los compañeros argentinos pudiesen ver cómo la globalización no sólo es algo que se sufre o se enfrenta, sabemos que es algo que podemos y debemos construir.

"De la culpa a la autogestión", ese mismo libro, ahora se puede encontrar en Italia también, en el documental, y en versión italiana. Fue traducido por una traductora que no cobró nada más que el orgullo de participar en la experiencia del CD ROM; Donatella llegó hasta el libro por medio de una relación humana, estábamos experimentando la mejor forma de trabajo, la que se tiene sobre los lazos solidarios y el respecto.

La cabeza piensa donde los pies pisan, *la testa pensa dove poggiano i piedi*... mis pies pisaban calles sin asfalto o históricas avenidas, plazas que siempre son revitalizadas por los pies de la gente, pisaban el barro o pisaban suelos de empresas recuperadas y miles de otros pedazos de tierra. Y allí mi cabeza pensaba...

Por eso lo que después quise hacer, después de la experiencia de vida que fue ese viaje, fue una experiencia de comunicación, una comunicación que con cierto temor llamo alternativa, distinta de esa única información que es posible para el pensamiento único. Porque conocí otros sistemas de producción, de organización, de vida, de lucha, de relaciones. Incluso podrían llamarlos otros mundos, posibles en cuanto existentes, y por lo tanto prueba real y demostración de que el pensamiento único es una mentira, porque no es el único, y sobre todo porque es desastroso. Ahora lo digo, después de haber tocado con mis propias manos la columna sobre que este sistema se sostiene, una de las muchas islas de marginación, de explotación, de miseria, de pobreza, de exclusión, de violencia, de privación y negación de derechos, que al ser dados por sentados nos llevan a vivir sin saber.

Me puse a trabajar, un trabajo que, como Jorge Lasarte me dijo, significó no salir del MTD, ser un integrante del Movimiento, seguir quedándome en el Centro Comunitario. Junto, experimentamos una relación a pesar de la distancia geográfica que nos divide, utilizando los nuevos medios de comunicación para resolver las dificultades objetivas, siempre sabiendo que lo que nos une, vive de otra vida. A veces no se puede explicar, como bien me escribieron Toty y Sole en la primera página de Produciendo Realidad cuando me regalaron el libro antes de salir. Ya lo sé... Y sabía que para dar el justo sentido a toda mi experiencia, no era bastante un documental, necesitábamos demostrar que no era sólo por casualidad, no sólo un episodio, aunque había sido maravilloso conocernos, encontrarnos. Por eso, de un proyecto de comunicación, nació un proyecto de solidaridad (para diferenciarlo de la que hoy la se llama cooperación y no sirve para actuar en conjunto), y ahora vamos a enlazar a todo una idea de un recorrido de formación sobre educación popular y prácticas de lucha popular. La venta del documental sustentará los proyectos del CEFoCC, adquiriendo este trabajo la gente sabe que contribuye a un modo diferente de cooperar a distancia, el punto de inicio del documental también es el punto de llegada, de donde repartir cada vez, el dinero circula creando utilidad y no engendrando útiles. Así acceder a un servicio informativo, cierra un ciclo y abre otro en continuidad. Nada más que proponer de nuevo una metodología que en la experiencia se demostró útil y positiva, y por lo tanto aplicar el método de las ciencias sociales subponiendo la teoría a la verificación empírica... bueno, nuestra teoría, que salía desde la experiencia, superó la prueba de la experimentación en otra situación, así que tenemos buenas posibilidades para seguir aplicando una estrategia vencedora.

La información no se vende, la información no se compra. La información se hace, aprendiendo a escuchar ante todo. Yo creo en la autoeducación, aquella revolución conceptual que pasa por supuesto por una toma de conciencia, una percepción imprescindible de responsabilidad que se traduce en una nueva gestión de la misma formación. Apropiarse del derecho al saber, reivindicar el derecho a saber.

Otorgando a la comunicación y la información un papel clave en el proceso de conocimiento y formación con miras a la acción y al cambio, las alternativas son posibles, para explicarlo, quise mostrar estos ejemplos, para demostrar prácticamente que se puede hacer información, también sin dueños, sin manipulaciones oscuras, sin copyright, sin etiquetas.

La elaboración del documental fue un parto, nueve meses de trabajo, como un niño el CD me dio preocupaciones y sobre todo satisfacciones. Trabajé solo, hasta el encuentro en Bolonia con Turi (que hizo el proyecto multimedial, traduciendo en un ordenador lo que tenía en mi cabeza) y con la tienda del comercio justo Potosí (que sustentó de distintas formas la salida del documental y de donde nació la cooperativa Araucaria). Así ya otros se acercaban al MTD, conocían una realidad distinta, compartían la lucha. Cuando al final salió el documental, iniciaron las presentaciones públicas, que se sumaban a todas las que espontáneamente se hacían charlando con la gente. Todo un trabajo de contactos, comunicación... la *esperanza en la acción*! Sigo todavía haciendo esto, con las mismas ganas, la misma voz que tiembla cuando hablo de ciertas cosas, con el mismo orgullo, con la misma energía positiva de siempre, no importa que sea un público de 100 personas o dos amigos en mi casa.

Pude entender como se enfrentan las dificultades si hay una razón, y siempre hay una, y otra y más...

Una de las cosas que puede bien explicar como fue posible interiorizar la mayoría de las experiencias vividas fue el proceso de aprendizaje, libertad crítica y autonomía de abordaje al lado del MTD. Con ellos viví y conocí muchísimas cosas y siempre ellos me acompañaban hasta un punto donde siempre era yo que decidía que hacer, que pensar, hasta donde llegar. Si yo preguntaba ellos contestaban, en unos casos me daban antes las informaciones necesarias para acercarme a realidades demasiado complejas y oscuras para un extranjero que sin las justas coordenadas no podría acercarse a mundos como la Villa, nunca intentaron convencerme, siempre me pusieron en condición de desarrollar mi investigación en libertad. Es lo que yo hago. Dar informaciones. Con ellos conocí otros movimientos, cooperativas, la radio de las Madres "Hoy Jueves", un periodismo que inspiró mi trabajo. Día por día encontraba experiencias parecidas a las que en Italia había construido o con las cuales había participado, pero todas tenían algo distinto, era el origen de la experiencia, la necesidad verdadera de hacer algo para el cambio, con todo lo que este cambio implica, la coherencia, la metodología, la "ideología", término que pongo entre comillas porqué desde hace un tiempo, en Italia parece una mala palabra.

Yo me quedé en el partido de la Matanza, mi barrio fue la Juanita, Alma Fuerte, mi casa el CEFoCC, mi familia el MTD. La dignidad de lugares y personas queda en mi corazón, en mi cabeza, en mi memoria; espero que el orgullo de todo lo que viví y que llevo dentro, pueda salir por medio de mis palabras, que tengo que escribir en otro idioma. Este idioma ya no es más extranjero, es la lengua que aprendí por las calles que recorría, es la forma con que construimos un idioma común, una comunicación distinta. No la aprendí en ningún curso, mis profesores fueron los desocupados, me enseñaron gramática, historia, psicología, economía, dignidad y un montón de saberes que se pueden incluir en esa enseñanza que llamo vida. Fueron profesores sin saberlo y al mismo tiempo yo también les dejaba algo. Educación Popular, educación para la liberación, para el cambio, hacia la construcción del "hombre nuevo". Sentirme parte integrante de todo eso es un orgullo, desarrollar este saber ahora para mi es fundamental, dar esta pelea juntos es vital y necesario al mismo tiempo. Es la incertidumbre de la autogestión que se convierte en energía, es la espera de poder abrazar otra vez a los compañeros que ya es estímulo para organizar de forma distinta mi vida, entrar en la escuela es el sueño que espero poder realizar pronto.

Por eso y mucho más sigo dando mi pelea, para que con otros, nosotros podamos seguir dando nuestra pelea, obviamente

¡HASTA LA VICTORIA SIEMPRE!

REFLEXIONES IMPORTADAS

KENDRA FEHRER *

Traducido por Ricardo Ferrari**

En Mayo del 2004, casi sin proponérmelo, me recibí de Maestra Jardinera. El curso estuvo a cargo del Movimiento de Trabajadores Desocupados (MTD) del barrio La Juanita, partido de La Matanza; gracias a él, soy una de los pocos docentes estadounidenses con formación en pedagogía autonomista. Cuando los Compañeros del MTD me invitaron a escribir algo para el libro que estaban preparando me sentí muy halagada, pero también algo confundida. ¿Qué era lo que *yo* podía hacer para contribuir con ellos? Quienes están *adentro* del MTD pueden contar su propia historia mejor que nadie. De modo que me propuse aprovechar este espacio para realizar una traducción: aprehender la experiencia que he tenido con el MTD (como "compañera importada") para ponerla en mis propias palabras y que mis compañeros de La Juanita puedan leerse a sí mismos en el reflejo que guardo en mis ojos.

Es sólo cerrar los ojos para que sean las cuatro de la tarde de un día invernal: Junio, el Centro para la Educación y Formación de Cultura Comunitaria (CEFOCC). Los parlantes apoyados en las ramas más bajas del eucalipto del centro del patio reproducen la voz de un niño. En pocos minutos habrá terminado el día de escuela, y todos los alumnos se reunirán en ronda para cantar la canción de despedida. El final de la canción los hará volar como gorriones; algunos jugarán al fútbol, otros se treparán a un enorme ratón de cartón azul que reproduce un dibujo animado, unos pocos pasarán el tiempo construyendo castillos de arena. No dejarán de hacerlo hasta que el tío, la hermana ó el padre vengan a recogerlos. Como todas las tardes, algunos estudiantes se escurrirán a través del cantero que demarca los límites del Jardín de Infantes y entrarán en la feria americana que ocupa el resto del patio. Pronto correrán entre las mesas que los vecinos han dispuesto para vender yogur casero, fundas para almohadas y ropa. Durante diez minutos el particular olor del mercado se acentuará

---

* **KENDRA FEHRER:** Nacida en Estados Unidos de Norteamérica, en la década del ochenta. / Miembro de WoGAN, Worcester Global Action Network. / Docente / Estudio en la Universidad de Worcester, Massachusetts / Actualmente vive en Boston.
** Buenos Aires.

gracias al pan fresco que se lleva del horno de barro a la panadería, hasta que esté lo suficientemente frío para poder venderlo. Quien estuviera parado fuera del Jardín no podría pasar por alto el movimiento, la risa y el mosaico de voces resonando dentro de él...

¿Cómo terminó llegando una *joven norteamericana* a un barrio del conurbano Bonaerense? Llevaba ya algunos meses viviendo en Capital Federal y, desde que fuera invitada a enseñar con el MTD La Matanza, venía frecuentemente al CEFOCC, ayudando en todo lo que podía y aprendiendo muchísimo más. Pronto se encontraron otras formas de aprovechar mi "presencia yanqui". Cuando una compañera me propuso dar clases de inglés a los adultos del MTD acepté de muy buena gana, contenta por la chance de contribuir con un rol específico en el proyecto. Menos de dos meses después, mientras la preparación del Jardín de Infantes iba a toda máquina, la propuesta de enseñar inglés se hizo extensiva a los alumnos del jardín. Lo que había empezado como un interés personal viró hacia mi incorporación al equipo docente multinacional del Jardín del MTD.

Necesité poco tiempo como maestra jardinera para darme cuenta que no se ha escrito ningún manual para la enseñanza anti-capitalista. El proyecto era novedoso no sólo por la necesidad de inventar nuevos programas para la clase, sino también en cómo referirse a los momentos de enseñanza extra curricular. ¿Qué debemos hacer como educadores cuando una niña viene llorando hacia nosotros porque un compañero le pegó una cachetada después de que lo llamara "cara de chocolate"? Las sensaciones que uno siente como docente son confusas y contradictorias. Sentimos tanto la necesidad de proteger a la niña que se nos acerca llorando dolida como el enojo de saber que ha agredido con palabras violentas cuyo significado y alcance probablemente desconoce. Al sentir esos impulsos complejos y conflictivos, ¿cómo vive una maestra sus valores y principios? ¿Cómo podemos traducir nuestros ideales políticos en una enseñanza accesible para niños de entre dos y cinco años de edad?

Si bien pusimos nuestro máximo empeño en la planificación de las clases, los momentos más significativos de la enseñanza solían presentarse espontáneamente, como en ocasión de la clase sobre responsabilidad y cuidado de la propiedad común que se organizó después de un incidente con sillas. Según se dijo, una de las sillas del jardín apareció rota luego de la hora de juego. Los maestros intentaron hablarle a los niños sobre las sillas, lo difícil que había sido conseguirlas y que era responsabilidad de todos cuidarlas; pero ellos estaban festejando un cumpleaños y no prestaron demasiada atención al asunto. Entonces, cuando al día siguiente los niños llegaron a la escuela, todas las sillas habían desaparecido. Sobre la solitaria mesa había una carta, escrita por las "sillas", que decía que estaban hartas de sufrir golpes y maltratos y que, asustadas, había decidido irse. En un primer momento los niños no creyeron que las sillas se hubieran asustado de ellos y jugaron como en cualquier día ordinario, esperando despreocupadamente su regreso. Sin embargo, cuando el momento de comer al mediodía, empezaron a sentir su falta. Entonces, una maestra propuso escribirle a las sillas una carta de disculpa pidiéndoles que vuelvan: "Sillas: lamentamos haberlas lastimado. No tengan miedo. Vuelvan. ¿¡Entienden!?". A la mañana siguiente, aún antes de la clase, los alumnos se abrazaron con gran alegría al ver a través de las ventanas que las sillas habían vuelto. Al día de hoy, si un niño se hamaca sobre una silla o la derriba, sus propios compañeros les piden que tengan cuidado, que no vaya a espantar a las sillas.

Obviamente, el crear una forma de educación alternativa requiere la compleja habilidad de manejar el abanico de reacciones que tienen todas las partes involucradas. Por ejemplo, cuando un padre escucha que los maestros del Jardín de Infantes han retirado las sillas que usa su hijo, la primer reacción bien puede ser de preocupación, cuando no la indignación lisa y llana. Construir relaciones de confianza con los padres es un proceso que, como tal, requiere tiempo, paciencia y suele tener altibajos. En el Jardín de Infantes del MTD La Matanza, los padres han jugado un rol esencial en la construcción de la escuela que se proyectara, con bríos renovados, desde Enero del corriente año. Desde entonces, un grupo de entre 15 y 30 adultos se reúne una vez a la semana en la Cooperativa con el MTD y algunos miembros de una institución educativa que colabora con el proyecto de diseñar la educación de sus hijos. Así, no se les requiere a los padres o familiares de los niños que paguen una cuota en el sentido capitalista del término, pero sí que contribuyan a la construcción de su enseñanza asistiendo semanalmente a estas reuniones, con presentismo según lo que su conciencia les dicte.

El espacio participativo de los encuentros le permite a los padres contribuir directamente con la educación de sus hijos, así como también alentar un proceso en el cual ellos mismos crecen y se transforman (aumentando su capacidad de manejar los cambios en sus hijos y su comunidad). Por ejemplo, luego de conversar sobre la ironía de conmemorar el Día de la Bandera en una comunidad con un alto índice de población inmigrante, planificaron un acto diferente que terminaría no sólo izando la bandera argentina, sino también la boliviana, paraguaya y la que representa a grupos aborígenes. Una conclusión no menos interesante fue la disposición de implementar salidas consensuadas a las decisiones, en vez de apelar al típico voto de la mayoría. Cuando el grupo no pudo llegar a un nombre con consenso para la guardería, el MTD sorprendió a los padres (que ya vislumbraban una decisión arbitraria que obrara como desempate) dejando un nombre genérico, "Jardín Comunitario", como patronímico oficial hasta que en una fecha posterior el grupo revisara la cuestión y llegara a un acuerdo.

Así, los padres formaron parte de la construcción ideológica/pedagógica de la escuela tanto como de la material. Una tarde, previa al receso invernal, todos nos quedamos en la escuela preparando un álbum fotográfico, cartulinas y actividades para el día siguiente. Esa jornada comenzó con la presentación de las fotos a cada estudiante y siguió en la forma de un "día de juego", pensado para que los chicos y los padres jugaran juntos. En la escuela del MTD, el juego y la creatividad están entre las herramientas más importantes que los maestros pueden usar. Adquirir y extender el uso de esas herramientas es parte de un proceso gradual de experimentación.

Cuando empecé a enseñar en el MTD, me intimidaba la gran cantidad de preguntas que no tenían respuesta; y fue sólo en esa auténtica sensación de incomodidad que aprendí a confiar en que la escuela comunitaria, como toda propuesta política, no era un producto completo, fijo y acabado, sino un proyecto dinámico que se habría de moldear a través de la participación, la reflexión y el diálogo. Los encuentros de la Comisión Educativa, que se llevaban a cabo cada sábado para hacer un balance de la semana y diseñar las fases subsiguientes del proyecto educacional, fueron esenciales para mi propio desarrollo como maestra y el funcionamiento de la escuela.

El heterogéneo grupo conformado por miembros del MTD, el plantel docente y los visitantes del MTD —incluido un cierto número de psicólogos y pedagogos- se reunía cada sábado para contribuir a nuestro capital de conocimiento colectivo. En esta masa de conocimiento echábamos nuestras percepciones, reflexiones y experiencias, creando un depósito al que echar mano cuando se nos presentaban preguntas o situaciones difíciles de resolver en el aula. Quizás, pensé, esto es a lo que los Zapatistas se refieren cuando dicen "avanzar cuestionando". Todo es un proceso. Miramos al horizonte.

En los Estados Unidos, donde vivo, criticar el capitalismo puede hacerte ver como un terrorista. Querer ir más allá de eso, puede resultar una locura. La izquierda puede condenar la guerra en Irak, apoyar trabajadores en huelga y crear escuelas alternativas, pero hablar en contra del capitalismo en los Estados Unidos hará que el grueso de los compatriotas no nos entienda, aún habiendo 13 millones de indigentes (según estimaciones del gobierno conservador) marginados del sistema. También debe hablarse en Estados Unidos del subempleado crónico, del subocupado crónico, y quien trabaja por el salario mínimo cumpliendo 80 horas semanales en McDonald's y Wal-mart pero a duras penas pudiendo alimentar a su familia. Los rasgos de la opresión son diferentes, pero no puede negarse que ella existe.

Otro recuerdo vívido en forma de imagen. Cuatro de la tarde, y estoy volviendo a casa luego de clases. Las hojas del otoño pasan del ocre al rojizo, pero no hay nadie en la calle para disfrutar de los colores, aún con la agradable tibieza del clima en Septiembre en Massachussets. Recuerdo entonces que en los Estados Unidos no se suele conocer a los vecinos, no sólo en los suburbios sino tampoco en pequeños barrios como el mío. De donde vivo, tan pronto como los ingresos suben los habitantes se mudan a lugares más acomodados, haciendo difícil conocerse entre sí. Quienes tienen dos trabajos no suelen pasar mucho tiempo en casa. Paso al lado de la única casa que suele tener gente sentada en el frente, y veo que la nieta de mi vecino ha venido a visitarlo. Tiene algo más de tres años de edad, y le encanta jugar con el perro. El abuelo la mira con los mismos ojos que mis amigos de La Matanza miran a sus hijos y nietos. Ella es muy bonita; me toma de la mano y me arrastra alrededor del parque, mostrándome cómo aprendió a contar hasta 20. Me pregunto qué hará durante el día, mientras su madre trabaja, y cómo será su jardín de infantes.

Así como la cara del capitalismo Norteamericano es diferente, también lo son las respuestas que debemos crear para responderle. Una *compañera* de Argentina que pasó tres semanas visitando grupos comunitarios en Estados Unidos me dijo que ser pobre en Norteamérica es más difícil que ser pobre en Argentina. No se refería a la pobreza económica (aquí hasta el más pobre puede comprarse un televisor, teléfono celular y hasta un auto) sino a la pobreza cultural: los proyectos creativos y la solidaridad en los barrios del *conurbano* bonaerense no existen ni tienen sustitutos aquí. ¿Por qué? Quizás en lugares donde las fallas del capitalismo son más evidentes hay un vacío, un suelo firme para construir mundos diferentes a este. Otras sociedades, culturas y economías están construyéndose ladrillo por ladrillo y escuela a escuela: se parecen mucho al susurro de un niño. Todo lo que tenemos que hacer es escuchar atentamente y aprender.

VIVIR LA VIDA DE LOS OTROS
DEMETRIO IRAMAIN *

"Tal vez no viví en mí mismo; tal vez viví la vida de los otros", reflexionó el poeta chileno Pablo Neruda en la nota previa al comienzo de su libro de memorias, que tituló "Confieso que he vivido". Treinta años después, las Madres de Plaza de Mayo afirman: "El otro soy yo". Ellas, paridas a la lucha política por sus propios hijos, hicieron del dolor más íntimo un nuevo parto colectivo; de la desaparición una presencia no física, inmaterial; de la muerte un nacimiento. Ojos que no ven y miran todavía.

¿Qué hace a los revolucionarios vivir la vida en la ventura de los demás? ¿Qué anima al MTD La Matanza, ese rejunte formidable de mujeres y varones que no tienen empleo, a encontrar cada vez más trabajo sobre la Tierra, exactamente, hacer el mundo otra vez? ¿Fueron paridos con el yo o humanidad lleno de gente? ¿Traían desde el moisés la soledad concurridísima, o adquirieron esas virtudes como pliegues en la piel del que trabaja al sol? Las Madres, por caso, ¿conocían previamente esa sentencia de Neruda o la hicieron carne, incluso sin haberla leído, asumiendo para sí la continuidad de los sueños de sus hijos desaparecidos? Darío Santillán soplándole el agujerito del tiro policial a Kosteki para que no se vaya, ¿se detuvo a pensar en la consigna de las Madres o vivió la dicha y el misterio de su vida hasta el final, en la cercana muerte de su compañero? "Vayan, sálvense ustedes, yo me quedo con Maxi (Kosteki)hasta que sea necesario", les dijo Darío a sus compañeros mientras la patota represiva se acercaba. ¿Dejó su vida allí, es decir: su ejemplo que acabó en la muerte, para que otros como él, desocupados como él, como él piqueteros, continuaran con la bloquera y con su sangre hicieran ladrillos que darían de comer a los hijos de las familias sin trabajo, como la suya propia?

La vida que viven los que luchan da lecciones de historia y humanidad. Los trabajadores con empleo y no, concientes de su compromiso de clase, se descubren multiplicidades. Son muchos dentro de sí mismo. Están habitados

* **DEMETRIO IRAMAIN**: poeta y periodista. Nació en Buenos Aires, en mayo de 1973. Autor de los libros de poemas *Tanta flaca infinitud* (1998, Editorial Botella al Mar) y *Poemas de mi yo concurrido* (Ediciones Vigilias, 2003). Es activo militante de la Asociación Madres de Plaza de Mayo, donde colabora en tareas de prensa. Forma parte del colectivo de la Librería de las Madres y Café literario Osvaldo Bayer. Desde julio de 2003, dirige el Periódico mensual de la Asociación Madres de Plaza de Mayo.

por hombres y mujeres iguales a su condición social. Los empatan el hambre, la rabia y los sueños de cambiar la vida. A su vez, durante su ejercicio de reconocimiento de identidad comprenden el nombre y apellido de los otros que son sus enemigos, sus disímiles, sus diferentes, sus desiguales. El padecimiento que asola a unos los hace incomparables al privilegio que distingue a sus rivales de clase. La injusticia que aqueja a los pobres es la raíz cuadrada del lujo que beneficia a sus explotadores y verdugos.

De igual manera, nuestra vida singular, la vida que vive nuestra clase social en este dramático momento histórico, es el producto o cociente de las vidas y sus desvelos cuando no muertes, vividas por otros anteriores a nosotros, rebeldes como nosotros, como nosotros soñadores. Nuestro "nosotros" de hoy está hecho de muchos yo y tú, de antes y de ahora, para mañana. Rige en la ruta, en la mirada, en la discusión de la asamblea. Baila y toca y canta y combate, siempre de a varios, con el todos ancho como las distancias del mundo.

Sin embargo, nadie nació sabiendo estas verdades. Son concepciones aprendidas con barro en los pies. Filosofía de los jirones, descalza, en harapos. Riqueza de todo lo que falta. Pura necesidad, no obstante. Base material que determina la existencia social. La impúdica opulencia que exhiben los potentados económicos, políticos y militares, explica la rebeldía que caracteriza a los ninguneados por las reputadas sociedades anónimas del capitalismo. Hartos de sus carencias, dispuestos a comprender, a asimilar, a contextualizar sus penurias, los miembros más concientes de las clases subalternas descubren en los que mucho tienen, eso todo que les falta o escasea.

Y está bien que así ocurra. De esta soberana injusticia deviene la cruenta lucha entre clases sociales contrapuestas, enemistadas para siempre. No hay manera de nivelar el hiato que separa a unos y otros, excepto una revolución de verdad (y no de nombre solamente), que no suavice el contraste, sino que lo haga desaparecer, que lo supere históricamente. Mientras exista la grieta que los aparta, es decir, el régimen económico, social y político que privilegia a los patrones en desmedro de quienes son sus explotados, esa lucha proseguirá. Será sangrienta por momentos, sorda a veces, pero siempre rumiará en la tristeza que enciende la ciudad cuando empieza el atardecer, en las canciones populares, en la poesía, en las alegrías y miserias que acontecen todos los días, como sin querer.

Que lo sepan los que dirigen el mundo a contragolpe de la alegría de millones y millones, del hambre y la enfermedad evitables, de la paz para los pueblos: hombres y mujeres, hembras y varones, hermosas atorrantas y bellos rebeldes en los cuatro costados de la Tierra, bajo las sucias alcantarillas del capitalismo, están dispuestos a resistir, a luchar, a vivir su vida singular en el sino de las otras vidas, justamente las de sus compañeros. Ese atributo de humanidad distingue a los luchadores por sobre el egoísmo, la ambición y la condición cada vez más primitiva de sus enemigos, de nuestros enemigos. Pajarito que canta en la negritud. Seremos "yo" en el arcoiris multicolor de "nosotros"; concretaremos hasta nuestro amor de pareja, en el misterio del gozo social de la lucha por la sociedad sin clases. Diremos la mirada, los ojos, el llanto, la sonrisa de nuestros compañeros cuando la vida nos indague acerca de nosotros mismos, individualmente.

¿Explican estas consideraciones el misterio que envuelve o rodea la vida de los compañeros? ¿De dónde sale su gozo de luchar, de hacerse malasangre, de practicar la solidaridad, como árbol con olor a mañana va a llover? Quizás estas reflexiones logren expresar por qué, por caso, el último capítulo de las memorias de Pablo Neruda no fue consagrado a su última aventura en la vida. Extrañamente, no correspondió al recuerdo de un amor de mujer, ni a un viaje, ni a un libro de poemas. El párrafo final de la obra que registra sus días sobre el mundo, Neruda lo dedicó a su patria. Se titula, simplemente, "Allende" y fue escrito a sólo tres días del golpe de Estado que acabó con la experiencia socialista a la chilena. Tal vez esas palabras del final de "Confieso que he vivido", hayan sido las últimas que el poeta escribiera, porque nueve días más tarde lo encontró la muerte solo, indefenso y abatido espiritualmente por el final sangriento de la epopeya socialista de su pueblo. Hasta en su último gesto, el gran Pablo Neruda vivió su vida en la vida de los otros y su muerte en el dolor de su patria de trabajadores perseguidos, violentados, amputados a la altura de las manos y la voz, como el cantor. A "los soldados de Chile, que otra vez habían traicionado a Chile", dedicó Neruda su definitivo punto y aparte, quizás queriendo reconocer en los enemigos de su sueño socialista a sus iguales de clase. Como hacen los desocupados, cuando plantan huertas comunitarias y construyen jardines de infantes y panaderías, exactamente para saber a quién apuntarle el fuego del corte de ruta cada vez que la historia llame al frente a dar lección.

Buenos Aires, agosto de 2004

LA MIRADA DE ULISES

FERNANDO ALVAREZ *

Cuando empecé a pensar en escribir estas impresiones sobre el MTD La Matanza se me aparecía recurrerentemente "La mirada de Ulises"- me refiero a la película de Theo Angelopoulos- la búsqueda de la primera mirada, la mirada original, la mirada virgen, la mirada fundante. La que pone la piedra sobre la que se construirá el mundo.

Esta idea me asaltaba permanentemente cada vez que sin mucho éxito intentaba escribir e inmediatamente me preguntaba ¿qué tiene que ver aserrín con pan rallado?

¿Será acaso por la noche del 19 de diciembre? Gente haciendo fogatas en las esquinas de las barriadas, dispuestos a defender su miseria de un supuesto saqueo de "los otros" -"los del otro barrio", "los de la otra villa", "los del otro lado de la ruta"- como se defendía cada "raza" en los Balcanes?.

Ese intangible que adquiere mil nombres, racismo allá, todos contra todos acá, pero que en el imaginario más primitivo de los pueblos significa "peligro".

¿ O será por las orquestas tocando en la niebla cerrada y amiga de Sarajevo, la santa niebla que protege de los francotiradores? Estoy casi seguro que es por eso, porque aún en las peores circunstancias los humanos encontramos un lugar para tocar nuestra propia música.

Aunque también podría ser por ese barco que transporta por los Balcanes hacia occidente una gigantesca estatua de Lenin. Monumento comprado a precio de remate para el jardín de algún nuevo rico alemán ,mientras se acercan campesinos a la orilla del río para descubrirse o arrodillarse y/o santiguarse a su paso.

Los ojos ciegos de una estatua, la no mirada. No, mejor aún, la fingida mirada, la simulación de mirada.

El desmedido souvenir. ¿Es que quedó alguna otra cosa vieja para malvender en la feria americana del fin del mundo?

---

* **FERNANDO ALVAREZ**: Escritor y documentalista. / Coordinador del Concurso de Escritos Documentales Rodolfo Walsh,organizado por el Movimiento de Documentalistas / Publicaciones "El documental en Movimiento", 2004.

(Podría decirse que también se vendieron por distintos precios con-ciencias, neuronas, anhelos, siempre se puede aducir que uno era muy joven y eso ayuda mucho en el mercadeo.)

Después de todo ¿ no pasó por Laferrere la estatua de Lenin vendida al mejor postor, al más snob? ¿Laferrere y los Balcanes no son el mismo mundo? Laferrere, 2$^{do.}$ cordón del conurbano, a 27,700 kms. del centro de Buenos Aires.

¿En la década del 90 no confirmamos que todo sueño, todo anhelo sería mirado con desdén, descalificado?

Aquellos deseos por los que la gente podía morir convertidos en un poster o el sucedáneo millonario, desmesurado, monstruoso, de los enanos de jardín.

No nos santiguamos cuando vimos pasar la estatua de Lenin pero, ¿no fueron sus ideas un credo?

Hay un barco blanco navegando sobre el Egeo en el inicio de la película —me refiero a la de Angelopoulus— y me produce un sentimiento extraño, un cosquilleo, cierta inquietud. Puedo reconocer la sensación, es que empieza el viaje.

Sobre el mismo mar que supieron transitar Ulises, Aquiles, Héctor, la bella Helena y Paris, Menelao... Sobre ese mismo mar.

H ay una búsqueda allí, la de una primera película rodada en los albo-res del cine, la primera mirada...

¿Cuándo desaparece un mundo, un universo de sentido, el caos resul-tante no es el caos original?

¿No es acaso en ese caos original donde podemos tener una mirada primera, estrenarla?

¿Nos tendremos que deshacer de nuestros propios ojos de estatua, nues-tro anquilosamiento, para poder hacerlo? ...Nuestro fingir mirar, mientras miran nuestros esquemas, nuestros prejuicios...

¿Cuánto de valiente tiene la persona que es capaz de morir por defen-der sus creencias pero no puede cuestionarlas en profundidad, repensarlas sinceramente?¿Cuánto de necio?

¿Cuántos son capaces de mirar de frente los credos rotos, reflexionar?

¿Y quiénes después de eso se animan a barajar y dar de nuevo?

¿Quiénes son capaces de intentar una primera mirada, una mirada ori-ginal, cuando los ojos ya pesan fatigados? Cuando no es la primera vez que vamos por ella.

¿Será que el viaje es todo y que lo mejor que podemos hacer es llegar al final felices de haber sido marineros?

Consecuentes digo, sabiendo que allá al final nos espera aquel anhelo que es nuestra Ithaca pero que, como diría Kavafis, lo que importa es el viaje y gracias a lo que aprendamos en él descubriremos qué significan las Ithacas. ¿Quiénes son hoy las sirenas que pretenden desviar nuestro barco hacia las rocas, hacernos encallar, conseguir que se interrumpa el camino que nos propusimos?

¿Quiénes son los cíclopes? ¿O el cíclope?

Algo es seguro. Uno debe elegir hacia adonde y con quien navega... Pienso, sin ser original, que en el principio fue el verbo.

Y alrededor de la acción se fueron completando los más y los menos, sustantivos, artículos, adjetivos. Primero la acción, el movimiento, la mirada.

Llegué al M.T.D. La Matanza cuando transcurría febrero del año 2003, los argentinos veníamos de echar a un gobierno un año antes y del tembladeral resultante, había expectativas ciertas de cambio general de la sociedad, y ninguna confianza de que ello sucediera a través de los carriles establecidos.

Estas expectativas no se correspondían con la necesaria, imprescindible, creación de un universo de sentido que expresara el deseo de ese sector del pueblo que se había manifestado tan rotundamente y hacía ilusionar con su ansia libertaria.

Los aparatos (políticos, empresariales, religiosos, sindicales, culturales, mediáticos) trabajaban a destajo para volver a controlar la situación, cada quien tratando de llevar agua para su molino pero siendo capaces de ceder en sus eternas disputas con tal de "poner en caja" a esos díscolos que encima parecían presa de un ataque de creatividad. Lo hicieron tratando de no oponerse a la marejada social, retrocediendo muy hábilmente hasta que ésta con el tiempo se fue debilitando.

El primer encuentro en La Juanita me impresionó grandemente, gracias a su concomitancia con otros sucesos pude contarlo en un escrito que se tituló "Mundos" y mereció el favor de que lo publicaran en un par de revistas y como parte de un artículo en el libro "El documental en movimiento".

Diré de ese encuentro que recuerdo con gratitud la amabilidad relajada con que fuimos recibidos, nosotros y nuestra propuesta. "Un taller de cine documental (video en realidad) de modo que sean capaces ustedes y los vecinos que quieran participar de él, de hacer su propia imagen"

Y algunas frases que quedaron rebotando y luego se transformaron en letra impresa: "el problema no es que hizo o dejó de hacer la clase media, si nosotros no fuimos capaces de generar una alternativa no se lo podés ir a pedir a alguien que piensa que tiene el futuro asegurado" o "ellos creían que nos íbamos a dejar morir". Esto dicho en el conurbano, a treinta kilómetros del centro, con calles de tierra, baches, sin agua corriente, sin cloacas, en un lugar que yo imaginé como fábrica quebrada y ocupada por nuestros interlocutores y que resultó ser una escuela privada quebrada y tomada.

Lo único que sabía de ellos era que no recibían ni querían recibir Planes Trabajar (subsidio del estado a los desocupados), que exigían dignidad y trabajo y que uno de ellos había escrito un libro de título "De la culpa a la autogestión".

Las conversación transcurría mientras se desarrollaba una feria de trueque en lo que había sido el patio del colegio, feria mínima de economías mínimas, necesaria, entendí después, más como ámbito de socialización que de supervivencia o, mejor dicho de sociabilización para humanizar la supervivencia.

Como se comprenderá, lo realmente necesario en este ámbito no es tan distinto de lo realmente necesario para cualquier persona del planeta.

Hay un eje, central creo, en la prédica y la acción del MTD La Matanza y este eje expresado de distintas maneras y por diferentes personas fue lo que me produjo gran impacto. En ese primer encuentro no recuerdo que haya aparecido como tema, aunque estuvo sobrevolando todo el tiempo la conversación.

Alguno diría tiempo después "No sólo habíamos sido derrotados en terreno económico o político sino que habíamos sido derrotados en el terreno cultural", u otra " la lucha se decide también en el plano simbólico y ahí hay que darla", u otro "teníamos que dar la lucha en el plano cultural y por eso decidimos hacer una escuela. Una escuela que tuviese los valores y estuviese dirigida por el MTD"

Estos fueron conceptos que fueron desgranando los compañeros a lo largo del año y medio que compartimos y fueron dichos en diferentes circunstancias. Las frases pueden sonar poco coloquiales pero se debe tener en cuenta que fueron dichas frente a una cámara a la que se trataba de explicar qué es el MTD La Matanza.

Me llamó la atención que fueran trabajadores desocupados o con ocupaciones precarias que en vez de entrar en pánico y "sálvese quien pueda" doblan la apuesta. Sin ningún afan discriminatorio considero que estas frases tienen distinto valor dichas en La Juanita que el que tendrían en la universidad. Y esa diferencia está dada por el contexto.

Creo que la magnitud del desastre que provocaron los que orientan el proceso económico-social no se alcanza a valorar desde uno mismo. Es necesario mirar alrededor. Ahí nos descubrimos, en el otro. Vemos, entre otras cosas a nuestro propio ñandú, el que quiere esconder la cabeza bajo tierra.

A pesar de lo desmesurado de la empresa en el MTD intentan estar a la altura de las circunstancias. Así he escuchado a alguno decir mientras amasaba el pan: "El conocimiento es poder", puede incluso ser una obviedad, pero puesto en contexto no lo parece. Más cuando la reflexión surge de una experiencia. "El compañero que dirigía todo en la panadería era un oficial panadero, por supuesto desocupado, era el que sabía todas las proporciones y todos dependíamos de él, nadie hacía nada hasta que no venía, después sí ayudábamos, amasábamos, poníamos a hornear, despachábamos.

Un día se fue porque consiguió trabajo en una panadería y con él se fueron las proporciones y los tiempos de espera. Nunca los había pasado a nadie. Ahí descubrimos que el conocimiento es poder"

En otra oportunidad le escuche decir al mismo compañero "cuando uno se pone a hacer el trabajo cooperativo, autogestivo, descubre que a lo mejor militó 20 años, se pudo haber arriesgado a morir incluso y no cambió nada. Descubre ahí que lleva el burgués adentro de uno y que ese es su peor enemigo. Todo lo hace como patrón o como empleado y hay que empezar de cero."

Algo del espíritu se me debe haber trasmitido porque me llevó a pensar. ¿Si todo el trabajo de los cuentrapropistas es en definitiva autogestivo, y si existen cooperativas diversas desde hace cien años, que diferencia a estos cooperativistas del MTD?

Creo que la diferencia está dada por el sentido de la acción.

¿Qué diferencia a los emprendimientos autogestivos del MTD La Matanza de los emprendimientos de los otros movimientos o aparatos de partidos que reclaman Planes Trabajar e implementan emprendimientos basados en el dinero de esos planes?

Que los que dan los planes son los que tienen el poder. Me da la impresión (espero que no se ofendan por ello) que en ese sentido los compañeros son ácratas, no digo anarquistas, digo que desconocen el poder instituido y crean su propio poder. Salvando las siderales distancias hacen lo que han hecho otros movimientos sociales, los zapatistas o los sin tierra de Brasil por caso. Crean sus propias circunstancias, no le otorgan ese poder a ninguna persona o aparato. Ni siquiera se lo dan al dinero (acabáramos, apareció Mamón), omnímodo Dios de este principio de siglo. El único Dios verdadero.

Cuando los compañeros no permiten que el pan que fabrican aumente su precio aún cuando hayan aumentado los insumos, porque "no es sólo lo que nosotros ganamos también hay que pensar que la gente tiene que poder comprar el pan. Trabajemos más, vendamos más cantidad y vamos a ganar lo mismo". O, cuando queriendo recaudar fondos para un emprendimiento laboral que querían realizar (y que por cierto ya hace un año que funciona exitosamente en San Justo) decidieron regalar el locro a los vecinos que se acercaban a comprar porque habían usado un maíz inapropiado, estamos también en presencia de otra lógica.

Así lo expresó uno de ellos cuando debatiendo alrededor de temas educativos dijo: "queremos movernos con otra lógica y otra lógica genera necesariamente otra moral". Lo de los temas educativos no es ocioso porque están haciendo funcionar un jardín de infantes que es el embrión de su propia escuela.

Esto que reproduzco puede llevar a una falsa impresión de lo que es "la cooperativa" y sus integrantes. Cuando he comentado este tipo de cosas en conversaciones de amigos por lo general han sido recibidas desde cierto nihilismo, "descubrieron una adecuada política de marketing" por ejemplo, o también como si yo estuviera describiendo algún cuadro naif.

Si pasa esto es por mis limitaciones como narrador, porque la situación allí es a la vez prometedora por la capacidad de la gente que se reúne y desesperante en muchos casos por la destrucción económica, moral, política, cultural que tienen que remontar.

No viven en el mejor de los mundos, pero esa realidad que crean les permite vivir mucho mejor de lo que lo harían si no la hubieran creado, y les abre el futuro con todas las limitaciones del caso.

Creo que la gente de los movimientos se debe el debate de la cuestión del sentido de las acciones que se emprenden, que dirección llevan, porque no parece adecuado tener como patrón de medida la capacidad de hacer barullo más o menos violento o la masividad (salvo que uno crea que el nazismo en Alemania o el fascismo en Italia eran revolucionarios).

Creo que ha habido una especie de deslumbramiento de los grupos y partidos de izquierda, y podría enunciarse así: finalmente se les dio una posibilidad de tener una inserción importante en las barriadas de trabajadores, claro que para ello recurren a una tradicional política de la derecha conservadora, el clientelismo.

Se moviliza a miles de personas a las que se les pasa lista, los que no cumplen quedan excluidos. Entonces se presenta certificado médico, se pide un reemplazo, etc., todas formas de seguir recibiendo "el beneficio".

El "cliente" es tan antiguo que se remonta a la república romana (siglo V a siglo I antes de Cristo). ¿Qué tiene que ver todo esto con la idea de progreso que encarnó la izquierda, especialmente la marxista?

En las organizaciones se ha vuelto a armar una pirámide de poder, arriba el gobierno que "da" los subsidios, en el medio la dirigencia de las organizaciones que los "administran", y a la base la gente, que no decide nada, es llevada y es traída aprovechándose de su necesidad. El que no "participa" no cobra.

No es que sea una sorpresa, lo hacen los evangelistas a los ojos de todos cuando reparten comida en plaza once, primero los indigentes agradecen a Dios antes de "darles" nada.

Así viene andando el mundo desde hace miles de años, 2500 para ser precisos.

Me da la impresión que en ese sentido en los compañeros hay una intención de desarrollar algo realmente nuevo.

Construir la realidad, no permitir que sean otros los que la hagan. No depender de otros para hacerlo, no delegar el poder en nadie, no quitárselo a ningún igual.

Construir realidad con mis iguales que son quienes me rodean y con los amigos de esta idea, sin entrar en estériles debates, tratando de que cada uno haga su aporte. "De cada quien de acuerdo a su capacidad, a cada quien de acuerdo a su necesidad".

La gran ventaja que tiene este pensamiento es que el "cambio" no está allá lejos, cuando consigamos cambiar el sistema echando a los burgueses del poder del estado, sino que está acá, ahora. Cuando empiezo a hacer el trabajo cooperativo y autogestivo, cambian las relaciones de producción y la propiedad de los medios de producción. Y cambian ahora.

Por supuesto que esto pequeñito puede ser barrido de un plumazo por el poder hegemónico, pero lo que no puede ser barrido es el cambio que experimentaron los compañeros. Eso no se lo puede quitar nadie.

Por otro lado nos saca de encima un falso dilema que instalaron los "conversos", acá por ejemplo lo hizo Chacho Álvarez, me refiero a la cuestión de la "utopía", este regalito también nos lo dejó la caída del muro. El socialismo que se había construido era en muchos aspectos horrible, pero el cambio social no era una "utopía", a ningún pragmático ramplón se le ocurría endilgarle el mote de imposible porque el triunfo del imperio capitalista no era total y había algo que se decía socialismo en funciones.

"Lo bueno de las utopías es que no son realizables pero sirven para orientarnos" se cansaron de repetir. Bueno señores eso es falso, no hay nada utópico que construir, hay emprendimientos cooperativos y autogestivos y hay que buscar la manera de que funcionen. Eso es todo. Se empieza por lo más pequeño, pero no hay techo, pueden ser un país y el mundo cooperativo y autogestivos.

En estos sentidos es posibilitaria "la cooperativa", y también es educativa, yo doy fe de ello.

Me transformé trabajando con ellos, aprendí de la acción compartida. Llegamos para enseñarles a hacer su propia imagen y terminamos trabajando en conjunto, todos opinando, los que querían hacerlo filmando, los que querían hacerlo editando.

No me integré al MTD, y sin embargo de alguna manera fui integrado. Suena extraño pero por un año y medio, compartimos el trabajo como iguales y finalmente no enseñé a que ellos hagan su imagen, aprendimos a hacer entre todos su imagen. Y en ese hacer su imagen reconstruí la mía.

De eso resultó, hasta ahora, una buena película de 10 minutos que ellos decidieron llamar "Construyendo el futuro". Pero eso es la Ithaca que nos propusimos al iniciar el viaje, en el camino quedan, algunos sinsabores, mucha alegría, reflexiones profundas, amistades entrañables, mucho afecto y agradecimiento.

EL ARTE DE LA TRANSFORMACIÓN SOCIAL

TOTY FLORES

Introducción

Finales del siglo veinte, década del noventa. Profundas mutaciones circulan por el mundo y las transformaciones estructurales trastocan gran parte de las relaciones sociales preexistentes. Las democracias parlamentaristas aparecen como la panacea para todos los males que produjeran, en años anteriores, los sucesivos gobiernos dictatoriales en América Latina. La entrega de nuestro patrimonio acumulado con el esfuerzo de muchas generaciones, a la voracidad y al saqueo del poder económico globalizado, colocaron al país como la "niña mimada" de los centros financieros internacionales. La caída del muro de Berlín, en 1989, aplasta la ilusión de centenares de miles de trabajadores, estudiantes, campesinos, intelectuales, artistas, etc., hasta allí convencidos de la potencia liberadora del socialismo. El "reino de la abundancia", de la igualdad y de la justicia social aparece como el discurso obsoleto de los perdedores. El neoliberalismo exhibe los trofeos conquistados en el campo de batalla global. El mundo es el nuevo teatro de operaciones donde la vida, el arte y la cultura ya no son "patrimonio de la humanidad", sino propiedad privada de un grupo de privilegiados que los toman por asalto y deciden sobre el porvenir de millones de personas. El "fin de la historia" y el "único mundo posible", son algunos de los nuevos paradigmas inculcados por los ganadores.

La Argentina no es ajena a esa situación de escala mundial. La privatización de las empresas públicas un verdadero saqueo, la "refinanciación" de la fraudulenta e inmoral deuda externa eleva su cuantía a cifras impagables con el objetivo de extorsionar al país con la inviabilidad. El robo descarado de los ahorros de los trabajadores con la privatización del sistema de jubilaciones, los cambios en las leyes laborales que condenan a la semi esclavitud, el indulto a los genocidas de la dictadura militar, que perpetúa la impunidad, etc. Estas, y seguramente muchísimas otras no mencionadas aquí, son muestra suficiente de las groseras disposiciones de un gobierno de oportunistas y mafiosos encaramados en el poder político, comandados por el entonces presidente Carlos Saúl Menem.

También se llenarían páginas y páginas de diarios y revistas con las "operaciones" de aquel gobierno sospechado de partícipe necesario en una larga serie de ilícitos que van desde los atentados a la AMIA y a la Embajada de Israel, hasta la voladura de casi todo el pueblo de Río Tercero (Córdoba), para destruir pruebas sobre la complicidad del Estado con el tráfico ilegal de armas. Negocios sucios, fraudes, coimas y trampas para obtener mayorías parlamentarias, muertes dudosas de personas cercanas al poder, mafias, negociados en los contratos de privatizaciones, etc., son algunos acontecimientos, a modo de ayuda memoria, que marcaron esa época funesta de nuestra historia reciente.

Será necesario recordar que el operador político más importante de la Cámara de Diputados de la Nación, Alberto Pierri - su vinculación con el lavado de dinero proveniente del narcotráfico es "vox populi" -, y capo mafia de los pagos de La Matanza, todavía conserva lo obtenido en aquellos años exitosos para sus negocios. De ser propietario de una pequeña empresa llamada Papelera San Justo, saturada de conflictos y prácticamente quebrada a principios de la década del setenta, cuenta hoy con una moderna planta productora de papel denominada Papelera del Tucumán. Otro de los negocios que progresó velozmente en los años para él florecientes de la democracia es el emporio periodístico Telecentro, que posee entre sus servicios una emisora de canales de cable, una radio F.M., y la señal que llega a todo el país conocida como Canal 26.

Se podría decir que el otrora intocable presidente de la Cámara de Diputados (ejerció ese cargo de la mano de Eduardo Duhalde por más de diez años) es una de las figuras descollantes y emblemáticas del triunfo categórico de la corrupción y de las peores formas de hacer política. Es la imagen descarnada de una sociedad que dejó pasar el virus más destructivo que supo emerger del cuerpo de esta sociedad capitalista en descomposición, apoderándose de las reservas económicas, políticas, culturales y morales, y construyendo un monstruo que aún hoy cuesta sacarnos de encima: la Argentina neoliberal.

¿Cómo fue posible que todo esto pasara? ¿Cómo fue posible que en la Argentina del "Estado de Bienestar" se permitiera el desguace y remate, a precio vil, de las empresas del Estado?¿Cómo fue posible que en un país donde la organización sindical, más allá de la complicidad de la odiada burocracia sindical, fuera ejemplo de grandes luchas y defensa de sus intereses de clase se impusieran las leyes de flexibilidad laboral?¿Cómo fue posible que en el país donde la defensa de los derechos humanos diera origen a la más grandiosa construcción ética, como son las Madres de Plaza de Mayo, se dejaran pasar las leyes de impunidad y el indulto?¿Cómo fue posible que en la Argentina de la "cultura del trabajo" y del pleno empleo de pronto nos despertáramos con millones de trabajadores desocupados para siempre? ¿Cómo fue tolerado que desde la situación de "granero del mundo", donde las vacas y el trigo crecen dondequiera, hoy no tengamos comida para millones de excluidos?¿Cómo fue posible que abnegados militantes y fervorosos demócratas de otros tiempos, de pronto se convirtieran en instrumentos de "punteros políticos" y traficantes de influencias?¿Cómo ocurrió que hombres y mujeres solidarios en poco tiempo se transformaran en feroces individualistas?

Quizás alguien ya lo haya explicado. Pero, sin lugar a dudas, uno de los grandes aciertos del plan de dominación neoliberal fue no haber prescindido de ninguna de las ramas del conocimiento que pudiera servir a su proyecto de fragmentación social y exacerbación del individualismo.

Todas las ciencias fueron convocadas, y las academias acudieron a la cita. Los economistas se rompieron la cabeza para explicar los beneficios que derramaría sobre la sociedad el aumento del ritmo de la producción en nombre de la necesidad de competir en el mercado globalizado. Las Ciencias de la Comunicación formaban a los periodistas para generar opinión favorable hacia las medidas que el gobierno tomaba, y algunos, antiguamente fervientes defensores del Estado, devinieron en acérrimos críticos de su ineficiencia, por supuesto haciendo lobby ¡ oh casualidad!, a favor de las sociedades anónimas que anunciaban en sus programas de radio y/o televisión, y que tenían interés en apoderarse de las empresas del Estado. La filosofía acude a la convocatoria tratando de explicar el nuevo pensamiento surgido de un mundo unipolar, que daría por tierra con todas las líneas de pensamiento anteriores, como por ejemplo, teorizando sobre el fin de la historia. Algunos filósofos, con énfasis más propio de propagandistas a sueldo que de serios pensadores, algunas veces generaron, con sus excesos, reacciones contrarias a las esperadas. La sociología encontró en el neoliberalismo un fabuloso consumidor de encuestas y proliferaron las consultoras. Alguien sugiere dejar de lado las elecciones, determinar por sondeos la tendencia de opinión y elegir los representantes por medio de encuestas. Los nuevos movimientos sociales son ignorados, como si los movimientos de trabajadores desocupados no fueran motivo de estudio hasta que realicen algo importante. O, "hasta que tengan algún muerto", según interpreta una profesora en la Facultad de Ciencias Sociales de la Universidad de Buenos Aires, como si los 52 niños que mueren día a día por causas evitables no tuvieran importancia. Seguramente por el acostumbramiento, y por no aparecer en la gran prensa de todos los días, esas muertes no dejarían "huellas en la subjetividad" y por lo tanto no merecerían ser estudiadas. Los "cientistas" de la educación encuentran en las limitaciones para aprender los límites para enseñar, justificando de esta manera la ausencia de propuestas educativas que el Estado genera deliberadamente. Los trabajadores sociales, con una pila de formularios y una batería de más de cuarenta programas asistenciales - que en el fondo son todos lo mismo y solamente cambian según a qué "puntero político" barrial tengan que responder con favores -, salen decididos a "focalizar" el conflicto, cual "rangers" yanquis en la selva boliviana, no para desarrollar políticas asociativas que permitan a los sectores vulnerables dejar de ser objeto de asistencia y transformarse en sujetos de derecho, sino para justificar la política de dominación como única medida posible y llevarlos inexorablemente al callejón sin salida del "asistencialismo clientelar". Y la medicina, la informática, la agronomía, la ingeniería, todos al servicio del neoliberalismo. Algún escritor que solía escribir "desde los Jardines de Quilmes", deviene neoliberal y hasta algún "artista" pinta sus obras por encargo, con tonalidades que hacen juego con los muebles del living o el comedor del nuevo burgués, justificado con el argumento pragmático de "me pagan bien y eso me permite seguir creando". Todo se argumenta. En nombre de las nuevas correlaciones de fuerzas y de los nuevos tiempos donde la lucha de clases ya no existe. Donde el pensamiento liberador, que surge de la práctica cotidiana de la indignación por la injusticia, ya debería ser archivado en el desván de los recuerdos. Y todo se justifica. ¿Todo está perdido? ¿Todo ha sido capturado?.

¿Y el Arte? . El arte ¡no!. Podrán sujetar algún "artista", pero al arte no.

El arte es creación insurgente. El arte es subversivo, conspirador, rebelde, insurrecto, revolucionario, turbulento, alborotador, revoltoso. El arte no puede ser capturado por los apropiadores.

¡Qué maravilla de representación estética se perdieron quienes no llegaron a disfrutar de la "Olla Popular de la Plaza San Justo", en mayo del 96, con todas su parafernalia de contrastes multicolores!. En esa Plaza, símbolo del poder local, estaban por un lado la opulencia de la Iglesia Católica, la Municipalidad, la comisaría y todo el poder político-mafioso de La Matanza, implacable, inflexible, despiadado e inhumano, y por el otro la calidez del fuego solidario, fraterno y afectivo donde se cocinaba el guiso que llenaba las panzas vacías. Ese calor gratificante se sentía hasta en el corazón. Sobre esas brasas ardientes hervía el agua del mate vivificante que calentaba el cuerpo y las manos callosas de los hombres más viejos, y con su hálito, humedecía la piel suave y bella de las mujeres y de los niños. En esas noches tremendamente frías de un invierno sombrío sucedía lo que relato a tan sólo dieciocho kilómetros hacia el oeste de la Capital Federal.

¡Y Cutral-Co! ¡Con sus fuegos rojos y negros, y esas caras descomunalmente expresivas, endurecidas por muchísimos inviernos, que enfrentaban a la gendarmería —vestida con escafandras y equipada con lo más avanzado de la tecnología represiva—, haciéndoles morder el polvo de la denigrante derrota! Y en Jujuy, y en Mosconi, y en toda Salta, la televisión nos muestra esos rostros redondos, (caras de buenos dirían algunos), de ojos mansos, dóciles, humildes, de pronto transformados en vehemencia de indignación y de odio. En fuerza incontenible de dignidad rebelde, pujante, impetuosa y arrolladora.

¡Allí estaban los nuevos actores!. Los condenados al hambre, a la desaparición, a la indignidad, los que sobraban, los marginados, los que ya no servían, los condenados a morir lentamente, los nuevos desparecidos sociales, señalando a los poderosos de la tierra globalizada ¡Basta Ya! ¡Ya Basta! Era el grito furioso. En las rutas calientes por el fuego de las gomas quemadas, y en las asambleas multitudinarias de corazones palpitantes, todos gritaban "no estamos de acuerdo con el genocidio, queremos seguir viviendo". ¿Qué explicación se encontraba a semejante impertinencia? Algunos decían, fundamentalmente los medios de comunicación, que estos nuevos actores eran convocados por la desesperación y el hambre. Pudo haber sido así. Yo siento que no fue solamente eso. Estoy profundamente convencido de que también nos convocó el arte. ¿Cómo oponerse a un sistema que había demostrado su eficacia demoledora con la propia reelección de su verdugo?¿Cómo demostrar que la realidad no era solamente la que emitían los canales de televisión, o los diarios complacientes del sistema?¿Cómo hacer comprender que los que pasaban hambre no tenían la culpa de pasar hambre? ¿Cómo expresar que no era el deseo de ningún ser desocupado, indigente o NBI (Necesidades Básicas Insastifechas) como se nos llamó más adelante? En el mismo momento que esto acontecía, la mayoría de los sindicatos "transaban" con el gobierno; los políticos se entretenían con discursos superficiales modulando la voz para no enojar al poderoso y así se les permitiera seguir juntando votos; los intelectuales, cooptados por el posibilismo, se mostraban perdidos.

Y entonces el arte de la transformación social convoca a los nuevos actores.

Había que dar vuelta la historia. La oficial por supuesto. El pueblo seguiría, como siempre, escribiendo la propia. Nuevos actores, nuevos sujetos que le dicen, se largan a la más grande representación estética y a la construcción de una ética de la dignidad desconocida hasta ese momento. Desde lo más bajo de la sociedad, "desde las alcantarillas", como diría el poeta Demetrio Iramain, se congregan trabajadores desocupados, metalúrgicos, albañiles, mecánicos, herreros, trabajadores del Estado, oficinistas, docentes, enfermeras, médicos, mujeres con sus niños, los jóvenes, y juntos con travestís, chorros, prostitutas, drogones, borrachos, vendedores ambulantes y estudiantes sin futuro, conforman el elenco estable de la nueva obra.

Y el arte de la transformación social también convoca a los intelectuales que resistían a la cooptación, a los contrahegemónicos, a los profesionales que no quieren servir al Banco Mundial, a los que no están excluidos pero les queda la sensibilidad social que el neoliberalismo no les pudo extirpar; a los que aprendieron que el hambre no se teoriza, que se siente en la tripa y también en el corazón. A los periodistas que no se vendieron por "unas pocas monedas", y a los sociólogos, a los psicólogos, a profesores universitarios, a investigadores, a antropólogos, y porque no, hasta a los economistas. ¡A Todos! para demostrar a la historia que no es sólo el hambre quien convoca para representar la vida digna que intentamos transitar.

Fue para mí sin ninguna duda, también el arte. El subversivo, el conspirador, el rebelde, el insurrecto, el revolucionario, el sedicioso, el turbulento, el alborotador, el revoltoso, el arte de la transformación social.

Encuentro del MTD con los Documentalistas

Desde el 96 mucha agua fue pasando por debajo del puente, ollas populares, cortes de rutas con pueblas como en Cutral-Co, Jujuy y Mosconi (Salta), asambleas populares en el 2001, un gobierno que se derrumba por la fuerza incontenible de la indignación y presidentes que caen como castillos de naipes, fueron cambiando el panorama nacional. La aparición de los "Movimientos Piqueteros", sin dudas, había marcado una huella en la historia de las luchas sociales en la Argentina. Alcanzar esta instancia fue una difícil y traumática construcción. Nosotros, en La Matanza, junto a compañeros del conurbano bonaerense fundamos el MTD. Miles de grupos de todo tipo, con distintos nombres empezaron a organizarse y a resistir al genocidio de la desocupación. Y entonces el arte se transformó en Movimiento. La política, en cuanto herramienta para modificar la realidad, se complejizó. Ya no alcanzaron los discursos altisonantes, ni los bonitos programas que hablaban sobre todo y no daban respuesta a nada. Un día decidimos darle pelea al clientelismo político pegando en su columna vertebral: los planes asistenciales, y ¡los rechazamos! Y nos quedamos muy solos, castigados por no aceptar los mendrugos que sobraban en la mesa de los que mandaban. La dignidad rebelde debía ser castigada de cualquier manera. Pero no nos amedrentamos. La experiencia nos había enseñado que era necesario convocar a todas las formas de resistencia, mirando desde todos los ángulos posibles para ser certeros en el diagnóstico y precisar la respuesta política. Y convocamos a lo que quedaba sin contaminar del conocimiento académico. Grupos de estudiantes, insurrectos como nosotros, comenzaron a frecuentar nuestras reuniones y nos acompañaban en los piquetes en las rutas y en la toma de tierras y edificios públicos. Convocamos a poetas y escritores. Osvaldo Bayer, ese prócer libertario, supo transitar las calles embarradas de Villa Unión, un barrio humilde de Gregorio de Laferrere, en el corazón de La Matanza, para ilustrarnos sobre la tradición de las luchas pasadas y presentes, luchas que reivindicamos como parte de nuestra historia. Leopoldo Brizuela, un joven escritor, premio "Clarín" a la novela, conoció la atención a la lectura de sus escritos, rodeado de un público heterogéneo alguna noche de festejo por algún triunfo de alguna lucha lejana, con empanadas y vinos incluidos, en nuestro viejo Centro Comunitario de la calle del Tejar, en el Barrio la Juanita. Nuestra amiga, Marisa Wagner (la del "Monte de las locas"), consiguió emocionarnos con sus escritos extraídos de la profunda sensibilidad de quien sabe del delgado hilo que separa la razón de la locura. Y el compañero, el amigo, el hermano Demetrio Iramain, nos emocionó hasta las lágrimas cuando se refirió a nosotros y nos comparó con Zapatistas, con los Sin Tierra y con otros tantos luchadores que plantaban mojones de desobediencia y dignidad en todas partes del mundo. Pródigo de palabras llenas de rebelión, todos los domingos, desde nuestro programa radial "Encuentro con los Trabajadores Desocupados", sus memorables editoriales nos transportaban imaginariamente a la Selva Lacandona, o hacia algún territorio liberado de la sufrida Colombia. Su verbo resonaba como tableteo de ametralladora, para disgusto y odio de los "punteros políticos", y servía de insumo a "sesudos comentarios" de los posibilistas que no dejaban de criticar el discurso obsoleto de los marginados, quienes deberíamos haber renunciado para siempre a la capacidad de soñar. Una línea de reconocimiento para la tolerancia de Alberto Szpumberg, que en alguna ocasión supo leer sus poemas en medio de la locura de un festival folclórico con chicos traviesos que encontraron una forma de pasar el tiempo cortándole el micrófono, aprovechando una conexión defectuosa por falta de cinta aisladora. Esta experiencia sirvió al Movimiento para reflexionar y teorizar sobre los "distintos espacios" y las "cuestiones irresueltas de los espacios de libertad". Por supuesto, fue nada más que una manera de justificarnos. Hicimos talleres de escritura donde nuestro poeta José Silva se destacaba con sus metáforas, y Soledad Bordegaray encontró campo fértil para desarrollar toda la capacidad intelectual que posee y desplegar su sutileza en cuanto escrito del Movimiento se necesitara.

También convocamos a la música. El grupo de jóvenes "contestatarios" llamado "Arbolito", en homenaje a aquel indio vindicador, fueron los primeros que nos hicieran escuchar su "Huayno del Desocupado", tema que usamos de cortina por más de tres años en nuestro programa emitido por Radio FM Encuentro, de Gregorio de Laferrere. Supimos captar el sentimiento penetrante en las coplas y chayas de ese cantor maravilloso que es Oscar Palacios. Se sumaba y multiplicaba el canto y la guitarra de Abelardo Martín, compañero de ruta —y no es una metáfora— de los violentados, agredidos y olvidados de la tierra, sin importar la geografía. Desde la Plaza de Mayo, en la Capital Federal, hasta la Ruta 34, allá en la fría Bariloche, pasando por la Ciudad de Concordia en mi cálida tierra natal entrerriana. Donde sea que haya un piquete, una asamblea, un acto, o algún Foro que termine con la alegría de una guitarreada, allí estará el trovador, el guitarrero, el "piquetero", Abelardo Martín. Un amigo.

La Cooperativa del MTD en el barrio La Juanita, y el CEFoCC, de la calle Juan B. Justo, se establece como lugar de encuentro. Militantes que hace años que no se encontraban solían tropezarse en alguna de las reuniones, charlas o mateadas, con que matizan sus días azarosos los desocupados. Así fue como un día de febrero o marzo del año 2003 llegaron a la escuela abandonada donde funcionaba nuestro Centro, Miguel Mirra, Alejo Araujo y Fernando Álvarez, quienes dicen ser de un Movimiento de Documentalistas y que trabajaban con videos. Nos contaron qué hacían, hablaron de su compromiso militante con los cambios de la sociedad, y entre mate y mate fuimos enterándonos de para qué servía hacer videos documentales. Acordamos iniciar un intercambio que consistiría, inicialmente, en la capacitación para el manejo de cámaras y otras yerbas a un grupo de compañeros del MTD, y con el tiempo llegar a crear nuestros propios documentales. Nos enteramos que Miguel Mirra era Profesor en la Escuela de Arte de Avellaneda. ¡La misma donde cursara nuestra compañera Ileana Mato!, quien pintó el acrílico que ilustra la tapa de nuestro segundo libro "De la Culpa a la Autogestión". A los pocos días comenzaron con la tarea. Jorge Lasarte, Vilma y Nélida Anzoategui, Ileana Mato, Pablito Villaruel, Israel Gacitua, y otros compañeros, fueron convocados para aprender los secretos del manejo de las cámaras. Ese mismo día, Miguel Mirra, Alejo Araujo y Fernando Álvarez, nos dejaron un documento interno de su agrupación. ¿Exagerada confianza? ¿Una nueva y hermosa manera de relacionarse? La cuestión es que el documento era un escrito con el que daba ganas estar de acuerdo. Nosotros también abrimos nuestros corazones y se empezaron a filmar como nunca antes, reuniones donde el debate interno transcurría con dureza, tal cual son nuestras costumbres y , sin embargo, el ojo indiscreto de la cámara no era un impedimento para que cada compañero expresara lo que en ese momento sentía. La confianza en el proyecto en conjunto, la confianza en que nada cambiaría en nuestra forma de construcción, o quién sabe qué mecanismos desconocidos por nosotros, hicieron que la relación fuera realmente asombrosa. El neoliberalismo, que cimentó su accionar en la desconfianza para desarticular las posibilidades de interacción entre grupos diversos, perdía una pequeña batalla. Transcurrido el tiempo, e inesperadamente, recibiría, por haber compilado el libro "De la Culpa a la Autogestión", el premio "Raimundo Gleizer", así llamado en homenaje al compañero desaparecido el 27 de mayo de 1976, reconocido cineasta y periodista. Fue la emoción más increíble cuando de manos de Miguel Mirra recibí uno de los halagos más importantes de mi vida. Esa noche no pude dormir, el compromiso con mis hermanos desaparecidos se redoblaba una vez más.

Mientras tanto, el CEFoCC seguía siendo un lugar de encuentros. Un día, en una reunión destinada a discutir los principios y valores de la futura escuela que el MTD ya estaba desarrollando, se encontraron Fernando Álvarez y una "filósofa local" que nos proponía armar un taller de pensamiento político y filosófico, para pensar en nuestras prácticas desde planos distintos al hegemónico. Resultó ser que la filósofa en cuestión, Annabel Lee Telles, autora del libro "Una Filosofía del Porvenir", era antigua conocida de Fernando Álvarez y hacía mucho tiempo que no se encontraban.

La cámara reveladora también anduvo por esos espacios de construcción de pensamientos que nuestro Movimiento efectúa con la desfachatez de los audaces, y al mismo tiempo es motivación de gran alegría. Con el mismo grado de audacia —creo— que tenemos en el MTD para transitar los espacios de construcción de pensamiento, o meternos en discusiones sobre el arte y otras cuestiones reservadas hipotéticamente sólo para eruditos, el Movimiento de Documentalistas me propone ocupar un espacio como "cursista", en el módulo referido a los movimientos sociales, en un seminario que ellos realizarían a mitad del año 2003 en un edificio de la calle Piedras. ¡Un nuevo desafío!. Por supuesto teníamos experiencia de charlas en facultades, seminarios, y foros, pero siempre, de alguna manera, nuestra intervención fue desde el lugar de "objeto de estudio". Continuamente éramos "el caso", y la interpretación de lo que nos pasaba la efectuaban otros, los que sin lugar a dudas tienen muchísima más capacidad intelectual para hacerlo que nosotros. Ahora era totalmente distinto. Puntualmente, la propuesta fue establecer cuatro momentos, un día fijo por semana, durante un mes. Los interesados por el arte se encontraron con alguien que les contaba la experiencia de vida de las familias marginadas, pero que también opinaba cuando lo creía conveniente sobre por dónde pasa la resolución de los problemas que aquejan a la humanidad. Nadie me indicó lo qué tenía que decir, o sobre qué tema tenía que hablar o no hablar, como muchas veces se acostumbra en otros ámbitos. La temática la fuimos desarrollando entre todos. Con algunos de los que participaban en el seminario nos peleamos duro defendiendo puntos de vista distintos; con otros, como con Maria Eugenia Rubio, emprendimos un camino en el que parece que nos conociéramos desde siempre. ¿ En qué espacios habrá frecuentado su "locura"? me pregunto. Puedo afirmar, sin temor a equivocarme, que los espacios de libertad que nos propusimos construir se multiplicaron por todas partes. Esta experiencia es la demostración palpable de que los espacios existen. No es un lugar, no es un espacio determinado. Son como infinidades de partículas que pujan por salir y desplegarse. Es el pensamiento, es la política hecha acción, que busca y busca nuevas formas de relaciones sociales. Es el arte. Es el arte transformado en Movimiento que busca relacionarse, articularse, diferenciarse, pronunciarse, es el arte de la transformación social que se anuncia y se efectúa. Se verifica en estas pequeñas muestras que se revelan como signos de los tiempos por venir.

¡Qué problema es la cuestión de tener desocupadas a personas que piensan como nosotros! De pronto un metalúrgico advierte que puede ser costurero, panadero, editorialista, compilador de libros, conferencista, docente en un curso de videastas. Sujeto de su propia historia, actor, protagonista, insurrecto, consensual, insurgente, sedicioso. ¿Quién nos convence ahora de que ya no servimos para nada?

Mi obsesión por las luces

Cuando Pablito Villaruel o Nélida Anzóategui manejan la cámara de filmar con soltura de profesionales siento que se aproxima la hora de la venganza que imaginé durante muchos años. Como sé que es difícil entender lo que quiero decir, lo explicaré con una historia. Fue por el 96, creo. Me acuerdo como si fuera hoy. Habíamos grabado las imágenes que los noticieros pasaban sobre las ollas populares y los cortes de rutas. Un compañero las unió y compaginamos un video propio, con las mismas imágenes de los medios de comunicación de los opresores. Suponíamos tener una herramienta importante para expresar las razones de nuestra lucha. El video, finalmente, era una excusa para charlar y compartir el momento con nuevos contingentes que pretendíamos se sumaran a la disputa. La imagen era lo de menos. Insumos utilizados: noticieros de Canal 9, Canal 13 y la infaltable Crónica TV. Me tocó estar en la primera exhibición de nuestra nueva herramienta. Para la presentación habíamos elegido un asentamiento nuevo, con"mentas" de combativo, en el barrio Los Ceibos, kilómetro 32 de la ruta 3. Unas cincuenta personas se arremolinaban en un pequeño patio. Algunos habían estado en la olla popular y otros no. Sentirse protagonistas y mostrar a los amigos y parientes su debut en la tele es un sueño que casi todos tenemos. Las primeras imágenes mostraban el humo negro de las gomas quemadas, el rancherío de las carpas instaladas en la plaza San Justo, donde "los niños pasan hambre y frío", se apesadumbraba una movilera, que continuando con gesto angustiado preguntaba con insistencia "¿Cómo esta gente puede vivir así?". Continuaba mostrando la violencia en el momento de instalar la olla, ya que en el revoleo de las gomas incendiadas un "cabeza de tortuga" de la infantería rodaba por el piso despertando la algarabía de los más jóvenes espectadores que, despacito, se empezaban a arrimar al patio, que a esa altura no permitía incluir a nadie más. Las luces de las cámaras buscaban iluminar los rostros expresivos de quienes hablaban en la asamblea, aunque en muchos momentos sus voces eran tapadas por el locutor y la música característica de Crónica TV, el Canal de las Noticias, ¡De pronto la cámara sale del foco de luz y en un movimiento apenas perceptible el zoom acerca un cuadro surgido desde el fondo de la asamblea. ¡Qué profesional el camarógrafo! ¡Qué brillante el director de cámaras! (qué manga de hijos de puta, pensé pasado el tiempo) Es una fracción de segundos, pero la cámara capta el brazo extendido hacia la cabeza de una mujer que, tomando sin mirar la punta de sus pelos, los desliza entre los dedos apretados y busca la uña del pulgar de la otra mano para estrujar con ligero movimiento un espécimen del resistente "piojo pampa". Luego, con displicencia, rematando la escena, los dedos flacos de esa mujer pobre, trasladan a su boca al rebelde, partiéndolo en pedazos con sus dientes amarillentos y plagados de caries. En el patio, el murmullo se hace incontenible. Si alguien que atentamente buscaba la luz de la imagen no se percató de la acción en la penumbra, quien estaba a su lado rápidamente lo enteró. La televisión acostumbra al ojo a bucear en lo más subrepticio del pensamiento y a detenernos y captar rápidamente lo siniestro del mensaje. Algunos, más deplorables todavía, nos pedían rebobinar la cinta para ver mejor lo que había pasado. Mientras tanto la mujer protagonista, la dueña de la casa, se retiraba a su cama enrojecida de vergüenza, llorando su amargura. Y en un último acto de dignidad nos permitió seguir pasando hasta el final las imágenes que ya nadie miraba. El cuadro emitido en una fracción de segundo se había engullido a una importante referente, captando las costumbres que genera la pobreza. Un piojo molesto había sido funcional al neoliberalismo. Nuestro video, el que habíamos creído rescatar de la televisión basura fue a parar al lugar del que nunca debió salir, precisamente a la basura.

Desde entonces sueño con nuestros propios profesionales que rescaten de los que sufren la fuente inagotable de la vida, de la luz, de la esperanza.

Las cámaras, el arte, las sombras y las luces. Las cámaras de los medios de comunicación de los que nos dominan no buscan la luz de los que sufren. Indagan entre sus sombras, su oscuridad y muchas veces nos convencen que es lo único que debemos mirar. Y nos prohíben las luces. También en el teatro.

¿Por qué se ven tan bellas las actrices en los teatros del centro? Pregunté ingenuamente a un amigo en alguna oportunidad.

—Es por las luces, me contestó. Y la intriga me dura todavía.

Y aquella vez que fuimos como veinte al Festival Internacional del Cine, en el Centro Cultural Recoleta, lo que más me impresionó fueron las luces. El Movimiento de Documentalistas nos entregó una mención. Pero lo más importante fueron las luces. ¿Nadie advirtió como rebotaban las luces en los ojos asombrados de Pablito Villaroel? ¿ Alguno descubrió que Matías Lugo, con sus apenas ocho años, se deleitaba por un instante de los colores que quizás permanecerán en su retina mientras viva? Y los más viejos, los que tuvimos que esperar casi cincuenta años para mirar lo que otros disfrutan desde siempre, ¿no nos merecemos penetrar en el juego mágico de la discordancia de las luces y las sombras? Hace poco, invitado a un programa en ATC, pasé la hora y pico que estuve en el estudio mirando como un hombrecito flaco y nervioso gesticulaba hacia el techo. ¿Qué pasaba allí arriba? Un joven iluminador luchaba, encaramado en un enjambre de cables, con una especie de "visera" de una de las luces que aparentemente no enfocaba donde el hombrecito quería que lo hiciera. ¿Qué quería ocultar? ¿La arruga notoria bajo el ojo derecho de la conductora? ¿Quizás algún mensaje oculto a los ojos crédulos del público telespectador?.

Algunos me cuestionan estas ideas sobre las luces. "Las luces del centro" confunden la razón de la lucha de los pobres, dicen, y sin querer entrar en polémica con quienes así opinan, pregunto ¿no será que el capitalismo - con perdón de la palabra, (que a veces también necesita luces)- que todo lo condiciona, lo direcciona, lo fragmenta, también tiene definido a quién le corresponde el lugar de la luz y a quién el de la oscuridad? Los nuevos actores: ¿tendrían que ingresar a los lugares reservados para privilegiados y empezar a disfrutar del arte en los lugares prohibidos?

Así como las rutas, las calles y las plazas se llenaron de dignidad con la aparición de estos nuevos sujetos, también el teatro, el cine, la televisión, las salas del centro y los lugares prohibidos sabrán de la presencia "desordenadora" de un arte surgido desde abajo, distinto, democrático, colectivo, innovador.

Y en esos momentos (ya se habrá consumado mi venganza) estarán con Pablito Villaroel, nuestro joven camarógrafo, Nélida y Matías, acompañándolo para empujar a los burgueses neoliberales, a los injustos, a los explotadores, a los verdugos, a los genocidas, a los imperialistas, a los conquistadores, hacia la oscuridad de la historia.

Porque, para que definitivamente triunfe el arte de la transformación social, el subversivo, el conspirador, el rebelde, el insurrecto, el revolucionario, el sedicioso, el turbulento, el alborotador, el revoltoso, necesitará de muchas luces, de una interminable cantidad de luces... luces... y más luces... y los documentalistas tendrán que asumir un rol, indiscutiblemente.

2 de enero de 2003 .

EL MTD LA MATANZA SEÑALA EL RUMBO PARA LA CREACION DEL PORVENIR

ANNABEL LEE TELLES *

La turbulencia del tiempo se ha vuelto presencia permamente. El miedo al desamparo se une a la angustia provocada por el desconcierto del mundo. Distintas voces anuncian tiempos difíciles; pero junto a las adversidades brotan signos de nuevas posibilidades vitales. La dificultad se asienta en el modo de ver y de oir, en el modo de valorar, en las capacidades afectivas. Nos cuesta percibir, experimentar los gérmenes de lo nuevo. Percibimos y experimentamos lo que los modos hegemónicos de pensar, de ver y oir nos imponen. Para ver lo nuevo es preciso desplazar la mirada, abrirnos a las intensidades que nos atraviesan. Constantemente se habla de cambio, pero las mutaciones son imperceptibles, se nos cuelan por debajo de la camisa, nos fuerzan a pensar, a sentir diferente a como estamos acostumbrados. Nos fuerzan a renunciar a los caminos habituales, a las palabras justas, a los saberes y las prácticas ya sabidas.

Cuando llegamos al CEFoCC nos encontramos con una *usina de mutaciones*. La apuesta política por la transformación muestra un deseo político libertario que no deja lugar para el esceptismo reinante en nuestros días. Las dificultades se agolpan, pero se encaran como escollos propios de la vida que hay que atravesar. Los obstáculos son valorados como la posibilidad de una creación. La existencia se vuelve un devenir problematizante enriquecido por la alegría de los logros que a su vez traen nuevos desafíos.

El eucaliptus del patio del CEFoCC indica la potencia, la convicción de una andadura ético-político en la cual se desarrollan los emprendimientos productivos, una vida relacional rica en encuentros, una producción permanente de pensamiento político.

---

*ANNABEL LEE TELLES: Filósofa. / Autora del libro "Filosofía del Porvenir". / Nació en Montevideo, donde reside actualmente, después de vivir varios años en Argentina. / Realizó con MTD La Matanza, un Taller de Pensamiento Filosófico de durante el año 2003.

El ejercicio del pensamiento político en relación al acontecer abandona los caminos habituales, las formas de saber y los dispositivo en curso. Expresa una diferencia, lo singular del pensamiento político del Movimiento. Muestra la fuerza brutal de un pensamiento político que insiste en la creación, que no se convence en las categorías trilladas y a la vez valora los recorridos teóricos, los aportes de las disciplinas y las prácticas que constituyen las tramas del saber contemporáneo. Pensar lo que pasa y nos pasa requiere la potencia creativa de un pensamiento político que sabe, a través de su experiencia, que pensar es crear: creación de conceptos, creación de realidad.

La experiencia política del MTD La Matanza se sabe colectiva. El pensamiento deviene cuerpo colectivo y productivo. Lo singular se colectiviza y lo colectivo se singulariza. La política emancipatoria es colectiva o no lo es; en su colectivización intensifica la fuerza singularizante de cada quien y del colectivo en su conjunto. Las categorías de individuo/sociedad resultan obsoletas para pensar la política del acontecer: lo social se colectiviza y se singulariza a la vez. La política abandona la dependencia, el juego de la carencia y la demanda. La potencia pensante y productiva del colectivo fuerza a pensar los gérmenes de nuevos modos de vida comunitaria.

Cuando la filosofía se vuelve política: el Taller de filosofía y política en el CEFoCC

Las tardes de verano debajo del eucaliptus, las otoñales con la mesa cargada de dibujos infantiles repiten una y otra vez aquella primera tarde invernal en el CEFoCC. Las conversaciones en la panadería, en la sala de la cooperativa, los mates en el taller de costura, son los espacio-tiempos donde se tramaron amistades, pensamientos, preocupaciones y alegrías. Cómo decir lo colectivo cuando se presenta como experiencia ineludible. Cómo decir el acontecimiento del pensamiento cuando se efectúa en condiciones singulares-colectivas imprevisibles. La mediación condiciona nuestro decir, la teoría categorial intercepta el acontecer experimental. El devenir de una práctica exige un modo distinto de pensar. De ahí la dificultad de decir una experiencia que obliga al pensamiento filosófico a abandonar la exclusividad conceptual. Los conceptos se enlazan a perceptos y afectos: el pensamiento adquiere un carácter material.

El *Taller de filosofía y política* se convirtió en una experiencia estimulante por su potencia. Se volvió ronda de pensamiento filosófico y político, recogió las experiencias políticas, existenciales y productivas en configuraciones conceptuales que dicen las prácticas concretas del Movimiento. Los emprendimientos productivos editorial, panadería, taller de costura y también el jardín comunitario, primer escalón del proyecto educativo, fueron la materia mutante del pensamiento que expresa la potencia transformadora propia del colectivo.

El pensamiento filosófico desde el comienzo encontró fuertes resonancias con el pensamiento y la experiencia política del Movimiento. El encuentro fue sorprendente. No había dudas respecto de algunas cuestiones básicas. La afirmación radical de la transformación. La convicción de que lo dado, la realidad hegemónica que se nos presenta como una y única no era el punto de partida de la actividad transformadora. Se sabía que la esclavitud a la realidad hegemónica conlleva en si misma la subordinación a los sistemas de control y dominio. La experiencia política, la práctica de años dice que la vía es afirmar el pensamiento, el deseo libertario, la propia potencia. Lo que significa la necesidad constante de desplazar el pensamiento, de configurar una lógica de pensamiento que permita una experiencia de la realidad, de la vida individual y colectiva signada por principios y valores afirmativos.

Las ideas propias de la memoria filosófica de occidente contribuyeron a trazar mapas conceptuales que dieron cuenta del pensamiento hegemónico. El proceder genealógico que parte de peligros actuales y se dirige al pasado para iluminar las condiciones de su aparición aportó luz frente a las dificultades en las prácticas políticas, subjetivas y productivas. Trabajar sobre la memoria filosófica abre el pensamiento a lo nuevo en el presente y a lo nuevo también en el pasado. La filosofía de Spinoza se potencializa en las lecturas contemporáneas, se convierte en una herramienta para pensar las experiencias actuales.

La filosofía devino política. Quizá sea ese uno de los aspectos más ricos de esta experiencia, ese *encuentro* que generó un cuerpo de pensamiento peculiar. Un cuerpo de pensamiento en el cual los conceptos de ontología del devenir, inmanencia, potencia, ganaron rápidamente terreno. No eran necesarias explicaciones, las ideas filosóficas se enlazaron a la experiencia política. Se produjo una elaboración conceptual que expresó el pensamiento y la experiencia política que ya se venían realizando.

El encuentro entre el pensamiento filosófico y el pensamiento y la acción política del M.T.D. La Matanza construyó un espacio intensivo de enriquecimiento y potenciamiento mutuo: un cuerpo de pensamiento donde el pensar alcanzó fluidez y fuerza expresiva. Se creó y recreó un plano de consistencia, una configuración de pensamiento transformador capaz de comprender y decir el acontecer, de plantear los problemas que surgen a diario en relación a la producción, a las relaciones afectivas y a las condiciones materiales de existencia. Lo que condujo a involucrarnos creativamente en las situaciones-acontecimientos que dinamizaban la vida productiva y comunitaria.

El pensamiento colectivo expresa un deseo político, requiere para su desarrollo la experiencia colectiva, la práctica diaria, la producción de relaciones de amorosidad que no inhiben la conflictividad. Plantea los problemas propios de la producción autogestiva. Los emprendimientos productivos tiñeron con su potencia el *taller de filosofía y política*. *El pensamiento se mide a nivel de sus efectos;* la filosofía adquiere su mayor vigor, su potencia productiva, su capacidad de acción cuando se vuelve política.

La filosofía piensa la producción: los modos y las relaciones de producción; los medios y las fuerzas productivas. La producción abandona la regencia del pensamiento hegemónico. Nos encontramos con una modalidad productiva inmanente: producción de producción. La inmanencia adquiere relevancia conceptual y política. La producción pierde su carácter trascendente, finalista, jerárquico y moral. Adquiere valor ético dando lugar a una política libertaria como ejercio de un deseo insurgente y constructivo. La afirmación del deseo, la afirmación de la propia potencia requiere del colectivo para su expansión y efectuación. Comenzamos a transitar nuevos modos y relaciones de producción. La producción acelera su mutación cuando se imbrica al pensamiento, a las transformaciones subjetivas y a las condiciones materiales de existencia.

La transformación emancipatoria

La afirmación de la transformación se vuelve el eje principal de una apuesta ético-política que expresa un deseo político de libertad y creación. Cómo ser un actor activo de la transformación, cómo ser digno de lo que sucede, cómo lograr el aumento de la potencia individual y colectiva son preguntas que insisten y abren un campo de problematicidad, fuerzan la emergencia de un pensamiento político insurgente capaz de crear nuevas posibilidades de vida. La transformación no es sólo político-social, atañe al pensamiento, a la subjetividad, a las condiciones materiales de existencia, a la vida en su conjunto.

Por momentos se confunde el acontecimiento distintivo de la transformación con los cambios históricos. El acontecimiento se efectúa en la historia pero se distingue de ella. Experimentar y saber de la transformación se vuelve una cuestión política fundamental, potencializa el pensamiento, su efectuación al abrir dimensiones afectivas y corporales inusitadas: nuevos cuerpos, nuevas dimensiones relacionales de amorosidad libertaria que estimulan el querer y el crear.

El acontecer material de la transformación se cumple a pesar y gracias a nosotros, involucra a la vida individual y del mundo, busca permanentemente medios expresivos: se efectúa de diferente maneras y en distintos hechos. No ver su potencia relacional, no ver su fuerza creativa es resignarnos, renunciar a la posibilidad de ejercer nuestra potencia colectiva de invención y producción.

La transformación se realiza en múltiples mutaciones que atañen al pensamiento, a la vida afectiva, a los cuerpos: modifica las existencias individuales y colectivas. Captar sus signos contribuir a su despliegue exige pensar el tiempo, la realidad de otra manera. Algunas líneas del pensamiento filosófico contemporáneo abrieron los caminos; hoy nos toca a nosotros continuar pensando en relación a las experiencias colectivas que transitamos. Es preciso asumir la propia potencia de pensar, reelaborar conceptos bajo coordenadas distintas. Pensar una política relacional que no se limite al Estado, a los partidos, a los sindicatos; una política autónoma capaz de proponer relaciones horizontales y modos de producción autogestiva que contribuyan a la creación de nuevos formas de vida comunitaria

Sin duda, se hace perentorio visualizar ciertos peligros, reconocer que el pensamiento hegemónico y los poderes que lo sostienen requieren para su ejercicio el sojuzgamiento de las fuerzas materiales de la transformación y la interceptación de las potencias creativas individuales y del colectivo. El efecto del sojuzgamiento y la interceptación siempre es el mismo: la impotencia, la sensación de que los caminos están cerrados: el nihilismo. Por ello, la importancia del desplazamiento, la necesidad de intensificar las mutaciones y el desarrollo de experiencias inventivas, de nuevos modos de pensamiento y de experimentación. El pensamiento filosófico se alía al devenir, abre planos de consistencia animados por modalidades productivas inmanentes. Realiza una apuesta ético-política que considera como una cuestión prioritaria la transformación subjetiva individual y colectiva. Sin duda, la mayor dificultad radica en que las transformaciones subjetivas imponen el desplazamiento de las formas políticas basadas en un tipo específico de racionalidad, en la carencia, en la impotencia y en la representación jerárquica. Tal desplazamiento significa abandonar la lógica del individuo como matriz fundacional de todo pensamiento psicológico, social y político elaborado por la tradición occidental. Significa también, avanzar en un pensamiento de la subjetividad desde una perspectiva lógica/ontológica colectiva que no omita la peculiaridad de la singularidad relacional. Un modo de pensar la subjetividad que brinde la posibilidad de una reinvención de nosotros mismos, como singularidades intensivas, seres en relación capaces desplegar potencias inusitadas de invención y producción.

Pensar la subjetividad: pensar quienes somos

La problematización de la subjetividad pregunta por el *quién que somos,* señala un ámbito de inquietud propiamente filosófica. Toma distancia de las modalidades que pretenden la objetivación de los seres singulares, la codificación de las emociones, de los afectos, de las sensaciones, la determinación de la sensibilidad y del pensamiento, con el consabido debilitamiento de las potencias corporales, mentales y espirituales, con la ineludible interrupción de los procesos expansivos y proliferantes de las singularidades intensivas.

El pensamiento filosófico concibe a los seres que pueblan y constituyen el mundo como singularidades intensivas, como individuaciones dinámicas: singularidades mutantes y en permanente relación entre sí. Las singularidades intensivas al desplegar su potencial creativo ejercen una libertad expresiva y generan las condiciones de modos de existencia activos, que favorecen el surgimiento de una ética y una política, como afirmación del porvenir.

Al pensar la singularidad como intensiva, concebimos a los seres como deseantes, constituídos por una apetencia de sí, que es impulso de perseverar y de crear. El querer, el deseo, como principio inmanente de la singularidad, da lugar a una producción de sí, a un proceso creativo, a una *producción de producción.* No tiene un fin exterior a sí mismo, mucho menos una continuación indefinida hacia el infinito. La singularidad, potencia deseante produce y al producir se produce a sí misma, siempre en relación. La singularidad intensiva se concibe como potencia expresiva que se realiza en múltiples apetencias: el deseo es uno y múltiple a la vez, se efectúa en procesos inminentemente creativos y relacionales.

La línea hegemónica del pensamiento occidental unió el deseo a la carencia: se desea porque se carece y se carece aquello que no se posee. Cuando se liga el deseo a la carencia, se lo separa del devenir, pierde su carácter procesual, relacional; se interioriza, se individualiza y demanda un objeto que lo satisfaga. Pero el objeto satisface al deseo solamente en apariencia, puesto que el deseo siempre tiende a lo Otro, a lo inalcanzable, a la trascendencia. El deseo no deja de actualizar la carencia. La carencia se determina, se solidifica en función de la trascendencia, generando las condiciones de una trama relacional que sostiene la jerarquía, el control y el dominio de los seres entre sí.

Durante siglos, se han implementado modos de producción a partir de la carencia, pero la producción no se organiza a partir de una escasez anterior; es, justamente, la escasez la que se propaga según una determinada organización de la producción, en función de ciertos fines sociales y políticos. Si tomamos, por caso, las líneas político-económicas regentes se ve cómo se produce la escasez, la pobreza en medio de la abundancia. Es imperioso profundizar en la creación de nuevos modos de existencia expresivos, nuevos modos de subjetividad individuales y colectivos, capaces de un ejercicio del querer que abandone la carencia y se realice como creación, como *generosidad*.

La producción de subjetividad: un problema ético-político

La creación de nuevos modos de subjetividad conduce a pensar los modos de su producción; a problematizar las condiciones mediante las cuales los seres singulares se subjetivizan. Bajo qué condiciones se producen hoy sujetos-sujetados, apegados a una representación abstracta, a una identidad formal; sujetos-sujetados a otros, mediante la dependencia y el control; sujetos-sujetados a sí mismos, mediante la constitución de una autoconciencia, de un conocimiento de sí, regido por ciertas prácticas discursivas moralizantes. El sujeto es el efecto de un conjunto de técnicas implementadas mediante las formas de saber, los dispositivos económico-políticos y la moral vigente. El sujeto siempre se produce de acuerdo a técnicas precisas, modos de producción subjetiva prolijamente elaborados. Gracias a tales procedimientos, los seres singulares son convertidos en objetos, son homogeneizados, pierden el potencial de su diferencia en tanto seres únicos y en devenir.

El sujeto fue la condición indispensable para una concepción de la subjetividad capturada por una representación del hombre, en tanto ser finito y biológico, poseedor de racionalidad y lenguaje, capaz de conocer y llevar adelante un trabajo que debe ser útil para sí mismo y la sociedad en donde vive. El hombre se vuelve sujeto de conocimiento y sujeto de trabajo disciplinario; adquiere relevancia como sujeto capaz de dominar aquello puesto enfrente de él, el objeto. Pero, en ese camino, él mismo adquiere estatuto de objeto de estudio. El hombre se convierte en objeto. La subjetividad una vez más se cosifica, el sujeto es reificado, a punto tal que ser sujeto significa ser objeto de estudio y de control.

El pensamiento de la subjetividad, se convirtió en el conocimiento de la subjetividad, en la construcción incesante de teorías, que no hacen más que dejarnos en el más oscuro desconocimiento de nosotros mismos, de nuestro potencial creativo... *nosotros los que conocemos somos desconocidos para nosotros mismos.* (Nietzsche)

El empobrecimiento mental, espiritual y material, el deterioro de las subjetividades se relaciona directamente con las modalidades de producción subjetiva. Los modos contemporáneo de la vida en sociedad dificultan el desenvolvimiento de la potencia creativa de los hombres y mujeres. Se organiza la vida de las personas mediante el desarrollo de planos de organización que limitan sus posibilidades expresivas, interrumpen los procesos expansivos y logran el enquistamiento de la potencia. La potencia requiere un medio de expansión y proliferación, las interdicciones, tanto como las sustracciones que se operan en los medios, la amenazan, provocando el pánico y la angustia. La miseria, el no reconocimiento de la propia potencia, es el efecto de técnicas de producción que culminan por interceptar los flujos intensivos y la posibilidad de su expansión dando lugar a modos subjetivos empobrecidos, despotencializados sumidos en la queja y la demanda.

La vida de los seres se organiza de acuerdo a modelos formales trascendentes que pretenden organizar la vida, instancias coercitivas, globalizadoras y abstractas que se presentan como verdaderas y necesarias. Las recetas de los especialistas determinan las pautas de conducta que deben llevar a cabo las personas para constituirse en sujetos eficaces y productivos según leyes económicas que, al parecer, han ocupado el lugar de las antiguas leyes morales. Es preciso prestar atención a las formas de saber difundida por la racionalidad académico-periodística que ofrece modelos y programas para organizar la vida en todos sus aspectos.

Siempre corremos el peligro de reproducir los planos de organización formalizados que culminan por burocratizar la producción y regimentar la vida cotidiana. Las distintas discursividades que explican lo que sucede y organizan la conducta de los individuos aumentan los problemas que pretenden resolver, puesto que reproducen planos de organización y coerción que segregan a las personas entre sí y culminan por disminuir e inhibir la potencia creativa individual y colectiva.

La vida de los seres sufre constantes alteraciones, es preciso atender a las inquietudes y a las ansiedades, a las alegrías que trae consigo la existencia diaria. No cabe duda de que en el mundo abundan las palabras y los gestos que intentan disuadirnos de la propia potencia. La mejor arma para dominar es inocular tristeza, sembrar la impotencia. En nuestros días el autoritarismo, la impunidad tanto como los problemas a nivel de la subsistencia, del trabajo, de la vivienda y de la salud se han vuelto moneda corriente. Constantemente se generan movimientos que traen preocupaciones y desvelos, movimientos de interceptación de las intensidades. Aun así la alegría insiste, busca resquicios y gana momentos importantes de la vida. La vida afirmativa siempre pugna por encontrar los medios de su expansión. Los acontecimientos propios de una vida, en resonancia con los acontecimientos del mundo, producen afecciones que provocan el aumento o la disminución de la potencia, alteraciones en la existencia: los modos subjetivos no cesan de renacer y de reinventarse.

Gérmenes de vida comunitaria

Los procesos de subjetivación plantean problemas ético-políticos. Las instancias subjetivas, los modos existenciales se crean permanentemente como medios de sometimiento, de resistencia o como modalidades de existencia afirmativos y creativos. Afirmar la creación de colectivos autónomos de producción significa afirmar los procesos subjetivos capaces de desplegar una potencia colectiva de amorosidad, de acción y producción.

La producción de subjetividades creativas es un problema fundamental que no se resuelve de modo individual, sino de modo radicalmente colectivo; requiere el desarrollo de una potencia colectiva capaz de construir territorios afectivos y productivos. La vida comunitaria se construye cotidianamente. Las dificultades y necesidades, desde cierta perspectiva, alumbran las carencias que aquejan a las personas. Permanecer en el enlace entre la necesidad y la carencia trae consigo la demanda y la opresión. Pero soslayar las necesidades contribuye a desatender las inquietudes y tristezas, a interceptar las fuerzas rebeldes de la vida que pugnan por hallar los medios para la efectuación de su propia potencia productiva. Es perentorio no perder la andadura, no perder de vista las necesidades que sufren las personas a nivel de la alimentación, de la salud, de la educación y del trabajo; puesto que en los problemas concretos y cotidianos se concentran las fuerzas productivas aprisionadas, las potencias creativas de nuevos modos de vida.

La potencia comunitaria es en acto, se da día a día, abandona toda connotación utópica, de una vida mejor en un futuro de la historia eternamente demorado. Los problemas que nos preocupan, las necesidades que nos acucian son factores determinantes del aumento o disminución de la potencia. En la variación de la potencia, en su aumento se alcanza las mejores condiciones tanto para la producción de pensamiento y de relaciones afectivas de composición y armonía, como para llevar a cabo emprendimientos productivos que traigan consigo los resultados esperados.

La construcción de comunidad se realiza en la producción colectiva, en un diálogo creativo permanente entre las personas involucradas, en la creación de un cuerpo de pensamiento capaz de intensificar la singularidad de cada quien y la del colectivo en su conjunto. La confianza adquiere riqueza en su realización efectiva, para ello se vuelve imprescindible la reelaboración constante del problema del poder. Se abre el campo de una *política relacional/afectiva* que atiende a los modos de relación entre las personas, a las relaciones de producción que son a la vez relaciones de poder, a las formas en que éstas se distribuyen y organizan. En su accionar abandona la racionalidad política hegemónica, los modos de organización en donde reinan relaciones individualistas de rivalidad y jerarquía con su consabida carga de dominio e impotencia. La política afectiva libertaria propicia relaciones no-jerárquicas, divergentes y resonantes; avanza en las creación de las mejores condiciones para la efectuación de la potencia, para la realización de las capacidades individuales y colectivas.

El M.T.D. La Matanza, junto a otros colectivos, constituye la trama de los nuevos movimientos sociales. Desarrolla una modalidad ético-política donde la autonomía, la horizontalidad, la autogestión y la preocupación por la creación son cuestiones fundamentales de su accionar. La experiencia política de los movimientos enriquece y estimula al pensamiento, desafía nuevos modos de comprensión. La autonomía política afirma un régimen de apropiación y ejercicio de la potencia. La producción sufre modificaciones a nivel de los medios, de las relaciones, de las fuerzas y de las capacidades productivas. La horizontalidad se sostiene en una trama relacional igualitaria de seres diferentes según la manera de hacer y decir, según el compromiso afectivo con las tareas a realizar. Se avanza hacia el abandono de las modalidades organizativas basadas en el mando y la obediencia, en la manipulación, en la dependencia y la subordinación; en los modos habituales de provocar la disminución de la potencia y la parálisis en la acción.

La experiencia ético-política que se vive a diario en El M.T.D. La Matanza genera un territorio existencial; un *nosotros* configurante de espacios intensivos en mutación permanente; una trama relacional afectiva abierta a encuentros, a devenires que potencializan la relacionalidad inmanente y configurante. Abre el camino para la creación de territorios productivos que apuestan por la transformación emancipatoria del pensamiento, de la vida afectiva, de las condiciones materiales de existencia: señala el rumbo para la afirmación de la alegría, del porvenir.

Annabel Lee Telles

NOSOTROS: YO CON LOS OTROS

ALFREDO GRANDE*

*El fracaso de la clase media consiste en que su envidia por la clase alta
es mayor que su solidaridad con la clase baja.*

*"No me hirió paladín fuerte, me hirió un rufián por detrás,
para no acertar jamás, tampoco acerté con mi muerte".*
Cyrano de Bergerac, Edmond Rostand.

¿Es necesario estar de acuerdo? ¿Tiene alguna importancia que las cosas sean como se dicen que sean? Al decir de Porchia, ¿podremos convencernos sin razones? Muchas veces, en la necesidad de dar cuenta de lo que decimos olvidamos que solamente sosteniendo la **triple adecuación de la implicación,** a nuestras palabras quizá no se las lleve el viento. La coherencia,
la consistencia y la credibilidad será nuestra brújula militante. **Coherencia**
que es la correspondencia entre lo que se dice y se hace, entre lo que se
propone y lo que se dispone, entre lo que se exige para afuera y lo que se
compromete para adentro. La coherencia es la ausencia de contradicciones
lógicas, que excluye entre tantas otras opciones, a dios rogando y con el mazo
dando. **Consistencia** que es la coherencia sostenida en el tiempo. No solamente el cronológico, sino especialmente el histórico social. La coherencia
instantánea que súbitamente se organiza en una nueva coherencia, y así todas
las veces que las circunstancias lo ameriten, es solamente oportunismo. Son
los coherentes –alcahuetes de la última hora. Por el contrario, los tiempos de
la consistencia muchas veces son transgeneracionales. A diferencia del naza-
reno, el reino de la consistencia es de este mundo, pero quizá de otros tiempos. **Credibilidad** es el efecto en la subjetividad de la consistencia. A ese
efecto lo denominamos **convicción**. Que es lo opuesto a una certeza. La
convicción es una construcción histórica e implica un decantado identificatorio
de la lucha de clases. Es el paradigma del denominado modo yoico de produc-

---

***ALFREDO GRANDE**: Es médico psiquiatra, psicoanalista, cooperativista y analista institucional. Di-
rector Médico y Presidente Honorario de Ático, Cooperativa de Trabajo en Salud Mental. / Consejero
honorario de la Cooperativa "Bº La Juanita". / Ha publicado, entre otros títulos, "Psicoanálisis Implicado"
I,II y III, este último con el nombre : "Del diván al piquete". / Vive en Buenos Aires.

ción de subjetividad. Si es cierto que una imagen vale por mil palabras, un acto vale por mil imágenes. Entonces de lo que se trata y en realidad solamente de eso se trata, es que una militancia tenga como efecto una, y si es posible, varias convicciones. La convicción está sostenida en una obligatoriedad yoica y deseante. La certeza está sostenida en una obligatoriedad superyoica y culpógena. Cuando cae una convicción, es solamente porque otras convicciones pasan a la vanguardia de la lucha. Cuando cae una certeza, los instituídos burocratizados estallan. Cualquier semejanza con la salida de la convertibilidad no es mera casualidad. Esta triple adecuación enfrenta multiplicidad de triples no adecuaciones: la incoherencia, la inconsistencia, el absoluto escepticismo. ¿Cómo se reproduce el sistema reproductor de cosas y de sujetos cuando está construido con un material corrupto y podrido? Es complejo, pero no complicado. Monstruosos presupuestos de los dos equipamientos del sometimiento: armas y publicidad[1]. La guerra y la tregua. Por la fuerza o por la razón, siempre encubridora. Personas que en lo único oficial que creen es la hora, y no siempre, son seducidos y abandonados después de la compra, por productos de y para todo tipo. La publicidad es el posmoderno opio de los pueblos y la forma en que imperio y colonia cipayá manipulan actos y deseos. El blanqueo de dinero es también el blanqueo de cerebros. La triple inadecuación, que en su devenir no aguantaría ni un piquete, mucho menos un estallido social, se sostiene porque la mediática complicidad determina con éxito la absoluta caducidad del modelo (pulverizar el menemato) pero sostiene la viabilidad del sistema (capitalismo serio). Es por lo tanto absolutamente escaso, aunque contradiciendo a la economía liberal, no por eso necesariamente caro, encontrar lo que denomino *modos yoicos de producción de subjetividad*. **En estos modos** se verifica la mencionada triple adecuación. **En estos modos** se verifica que los procesos de subjetivación (instituyentes) se prolongan en la institucionalización de novedosos dispositivos. **En estos modos** se verifica que los instituidos apenas prolongan la profecía instituyente, con anclados temporales y espaciales que cuando soplan otros y mejores vientos no impiden nuevos destinos. **En estos modos** se verifica que el principio de realidad como señalara Freud, no se opone, antes bien es garante del principio de placer. **En estos modos** hay realidad y hay placer, sinergia que en la sociedad capitalista es imposible.[2] **En estos modos** hay imperativos yoicos cuya energía es la pulsión de autoconservación[3]. *Estos modos* son desestimados por las formas oficiales de producción de teorías y políticas. Se enuncia la inevitable y necesaria existencia del superyó, tanto en su concepción

---

[1] A pesar de mi campaña en contra, he tenido un shock traumático al escuchar en un supermercado de mi barrio a una humilde madre con su pequeño hijo pedir *danonino*. Maldición.
[2] Tal como lo señala León Rozitchner (Freud y los límites del individualismo burgués. Siglo XXI).
[3] Comunicación personal de Miriam Rellan (docente del Seminario de Psicoanálisis Implicado).

amplificada como restringida. Es decir, como masas artificiales o como instancia psíquica. La teoría estructural (Yo, Ello, Superyó) deviene una metapsicología del represor. El psicoanálisis deviene psicoanalismo y la contingencia vincular da paso a la naturalización del mapa identificatorio. El superyó deviene el único heredero del Complejo de Edipo en tanto esa herencia es funcional al sistema capitalista en particular y a todos los modos de sometimiento y dominación en general. En realidad el superyó es heredero de uno solo de los aspectos del Edipo: la amenaza de castración. Por eso instituye el tabú del deseo (latencia...) con la mas pía nomenclatura de tabú del incesto. Ese deseo, reprimido y sometido, retornará como síntoma o como el equipamiento que denominamos sexualidad represora. La profecía "haz el amor no la guerra" fue maldecida por los emperadores del deseo. Dejó de hacerse el amor (síndrome de fatiga sexual) pero se incrementó la guerra. Desde la concepción genocida del Sida como castigo divino, hasta la actualidad cuando se legaliza la unión de parejas homosexuales y se lucha por la libre adopción, han corrido muchas aguas, algunas cristalinas y otras que siguen bajando turbias. Otra sexualidad es posible, y de la lucha de lo que con jactancia patriarcal se denominó "minorías", seguramente altamente probable. El Yo con Otros exige como condición de absoluta necesariedad aniquilar la culpa. Abolir la concepción tanática del pecado, y muy especialmente porque se lo pretende original. Es decir, a histórico. No pretendo un decreto de aniquilación y urgencia, entre otras cosas porque ya me han reprochado que *"tu pretensión de aniquilar el superyo es superyoica"* Pero si espero que toda lucha contra los represores externos sea también una lucha contra los represores internos. Es decir, contra el mismo perro rabioso aunque use distinto collar. Porque de diferentes maneras, más o menos constantes, la izquierda derramada ha sido negociada. Y toda política que pretenda, mas allá que lo consiga o no lo consiga, resistir al represor pero no más resistir el deseo, es una política de izquierda. Y la praxis de izquierda fundante, aquella que es acto y también palabra, sostiene como dispositivo privilegiado para aniquilar la culpa la **autogestión**. Lo enseñaron los compañeros del MTD La Matanza, y ellos lo aprendieron entre ellos mismos. Entonces, de lo que se trata para un psicoanalista implicado, cooperativista, socialista y escritor, es intentar el desarrollo teórico y conceptual de una **metapsicología del reprimido**. Desalojar lo que Freud postula como triple servidumbre del Yo, porque no es más que la marca patriarcal de un genio, pero un genio patriarcal. Me parece que si el psicoanálisis implicado es un analizador de la cultura, no puede menos que intervenir teóricamente en el territorio que los compañeros del MTD La Matanza han construido. Intervención que al ser teórica y no teoricista, es también política. Y de eso estamos hablando cuando nos referimos a la subjetividad y a sus modos de producción. Reaccionarios o libertarios. Culpógenos o deseantes.

Pero como toda cultura es, a menos que se demuestre lo contrario, cultura represora, la primer voluntad para su aniquilación es desarmar los equipamientos sociales y económicos que la perpetúan. La culpa del desocupado, la culpa del sobreviviente, la culpa del ocupado, la culpa del quebrado. La culpa como organizadora de la subjetividad es un campo de exterminio de sujetos, vínculos, grupos y organizaciones. La culpa transforma al coordinador en inquisidor, al líder en tirano, al militante en perejil, al compañero en delator. Culpa es aquello que nos hace matar para no suicidarnos. Culpa es retroceder ante las limitaciones y alejarnos siempre de nuestro límite. Culpa es el nombre del terror. Y en su más descarnada organización, la culpa desaloja al deseo y trastoca la génesis social de la humanidad. **La alianza fraterna es desalojada por la mafia paterna.** Donde hubo solidaridad ahora tiene supremacía la rivalidad. Donde hubo violencia como partera de la historia, ahora hay crueldad como aborto de la historia. Donde hubo verdad ahora hay hipocresía. Donde hubo ética del deseo ahora hay moral de castigo. Donde hubo autogestión ahora hay capitalismo. Por eso la profecía del MTD La Matanza al sostenerse con profundidad en la institución de los dispositivos autogestionarios, es fundadora de una nueva cultura, que sin embargo es en realidad la más antigua y originaria. Es la cultura de los sembradores, superación de la cultura de los cazadores. Es la cultura que triunfó en la guerra del fuego, porque no solamente aprendió a conservarlo, sino muy especialmente a generarlo. Y el fuego del cuerpo social no es otro que el trabajo. Pero no cualquier trabajo, porque si es cierto que hay amores que matan[4], también es cierto que hay trabajos que congelan. El trabajo explotado, forzado, forzoso, alienado, a destajo, flexibilizado, es una forma de enfriar pasiones revoltosas. ¿Acaso hay mayor represión que 10 millones de pobres y 7 millones de indigentes? Transparente represión. Y por lo tanto invisible represión. Necesidades básicas insatisfechas (NBI) como indicador estadístico de los campos de concentración de las democracias: los asentamientos y las villas de la exclusión. Las "ciudades de dios" donde se cultivan y fertilizan todas las semillas que serán demonizadas cuando den los frutos de la inseguridad. El miserable antídoto ante tantos males son los autodenominados planes Jefas y Jefas, que en realidad lo son, pero jefas y jefes de la nada. Son los recursos de la distancia económico social. No son para vivir sino apenas para prolongar la llegada de la muerte. Que de todos modos llegará, en sus formas más degradadas y miserables. Ante todo este panorama desolador pero tan verdadero como la refracción de la luz que llamamos arco iris, hay una propuesta que sostiene la triple adecuación de mis desvelos: la coherencia, la consistencia, la credibili-

---

[4] Grande, Alfredo."Amaré tu sangre: el analizador Drácula y los Ideales del Superyo". En Psicoanálisis Implicado: la marca social en la clínica actual. Topia Editorial. (2002)

dad. Yo fui testigo: en la ruta 3, en la Coopi de Villa Carlos Paz, en los Foros de la Economía Social, en reuniones en la cooperativa ATICO del barrio de Colegiales, en otras reuniones en el CEFOCC del barrio La Juanita, y en lo que ahora parece tan lejano, mis seminarios y cursos de la Universidad Popular Madres de Plaza de Mayo. Territorios donde los compañeros verificaron desde el horizonte de la clase de trabajadores desocupados todos y cada uno de los postulados del psicoanálisis implicado. Si nadie va mas allá de sus conflictos infantiles no resueltos *(lo que alguna vez me llevó a decir que lo único que te mantiene joven es la neurosis)* tampoco nadie va mas allá de sus escotomas de clase. Puntos ciegos tanto en la teoría como en la política que son obstáculos insuperables para *seguir pidiendo lo imposible y para sostener que la libertad de los demás prolonga la nuestra hasta el infinito.*[5] Trabajadores desocupados que al no sentirse excluidos, tampoco quieren ser incluidos en las formas de solidaridad bizarra del sistema. Estos trabajadores desocupados, autores de granjas, escuelas, panaderías, talleres de costura y libros, están profundamente incluidos en nuevas formas de organización social del trabajo. Socialismo autogestionario, cooperativismo de trabajo, mutualismo emprendedor. Son los actuales pioneros de Rochdale que enfrentan la barbarie de la civilización con la práctica y la teoría de una cultura diferente. Son humanos nuevos, porque sostienen en su convencionalidad descubridora el fundante que nos alejó de la naturaleza natural: el amor y el trabajo. Pero no el amor al represor y tampoco el trabajo expropiado. La autogestión es una totalidad totalizante donde nada de lo humano es ajeno. No se puede ser "un poco" autogestivo, como se no puede tener "un poco" de superyo. Solamente los que transitan los caminos de la autogestión pueden asegurar que una sociedad sin amos ni patrones no sólo es posible, sino que es deseable y necesaria. Y una subjetividad yoica donde para siempre se instituya: "donde hubo Superyo. Ello ha de advenir".

La autogestión es una travesía institucional. No tiene la convicción de una tierra prometida pero si la convicción de una lucha compartida. Donde ningún Cyrano de Bergerac sea asesinado a traición. Donde la solidaridad no sea la formación reactiva de los poderosos. Entonces, solamente entonces, será posible pensar un Yo con los Otros, para instituir un Nosotros de la lucha y la creación.

Octubre de 2004.

---

[5] El Mayo Francés de 1966 junto con nuestra Reforma (revolución) Universitaria de 1918 son referentes para los que se quieres curan de lo políticamente correcto. Rosa Luxemburgo también.

SIN CULPA Y CON CONVICCIÓN, EL FUTURO Y EL DIALOGO SON POSIBLES

CARLOS GIARDINO[*]

Cuando el Presidente de la Confederación General Económica de la República Argentina Ricardo Faerman me invitó a colaborar en un proyecto productivo con el grupo de personas que integraba el MTD La Matanza, cuyo referente es "el Toty Flores", me tomó de sorpresa y me impregnó una sensación de duda. ¿Qué puedo hacer para colaborar con esta gente desocupada, que tenía un pasado de cortes de rutas y de quejas contra el sistema? Si bien estoy jubilado, me desempeñé como empresario y ejecutivo en grandes empresas nacionales e internacionales y asesoré a funcionarios públicos. Recurrí a mis recuerdos y experiencias, algunas exitosas y otras no tanto. ¿Cuáles de ellas era aplicable a este desafío? ¿Cuánto de mi experiencia podía ser útil en un emprendimiento no profesional y autogestionado?

Comencemos por el principio: Toty se presentó ante el Consejo Directivo de la CGE y expuso la situación y las condiciones del ambiente en el cual desarrollaba sus actividades. Lo escuchaba una importante cantidad de dirigentes empresariales miembros de la CGE: Describió su realidad con sencillez. "En lo material no tenemos mucho, diría que casi nada. Pero disponemos de una fuerte convicción sobre el concepto de lo que representa el valor del trabajo. No sólo es necesario para conseguir los recursos para el sustento y el bienestar; trabajar ratifica la dignidad del hombre y su autoestima. Lo convierte en persona. En pocas palabras marcó la cancha y definió las reglas de juego". Tome o deje. No vino a pedir favores ni tampoco los acepta. Solo requería cooperación, conocimientos y asesoramiento. Con una gran sonrisa afirmó: "Nos resistimos recibir planes sociales, no

---

[*] **CARLOS GIARDINO**: Asesor de la CGERA y de la Unión Empresaria. / Vocal Suplente C.G.E. / Vive en la Ciudad Autónoma de Buenos Aires.

queremos ser clientes de nadie ni deber favores, deseamos mantener nuestras convicciones sin compromisos".

La sensación de duda comenzó a disiparse y las experiencias pasadas no tenían relación con la presente. Me dije: "Acá hay madera de ley". Mi primera visita a La Matanza fue azarosa. Llegar por la Ruta 3 hasta encontrar la calle Da Vinci, doblar a la derecha en la maderera el Toba y llegar al centro comunitario no fue fácil. Seguramente nadie pensó en proveer un pavimento razonable, desagües, cloacas, etc. El único servicio público existente era la electricidad.

Previamente la Fundación Internacional Raoul Wallenberg, presidida por Baruj Tenembaum había dado un guiño afirmativo para apoyar un proyecto educativo. Encontré una escuelita, una panadería, un taller de costura, una pantalla solar donada por el INTI para calentar agua, un horno de barro y una pequeña huerta. Además una feria comunitaria y lo más importante: la sonrisa de unos treinta niños que alegraban el entorno y jugaban en el jardín de infantes. Mucho entusiasmo, dignidad y fundamentalmente: sinceridad y espontaneidad.

Las visitas se sucedieron. Comenzaron los intercambios de ideas, el esbozo de proyectos, la búsqueda de objetivos y la forma de encarar los negocios. Discutimos la forma de dar apoyo y asistencia. El diálogo se hizo fluido a pesar de las visiones diferentes de cómo organizar el centro productivo. Tenemos distinta formación. La de Toty y sus amigos es el trabajo, la lucha por la supervivencia, la solidaridad y el esfuerzo y el beneficio compartido. La mía, la de la economía de mercado, la competencia y las exigencias que imponen los beneficios empresarios.

Largas discusiones sobre el modo de organizarse, de como producir, de la forma de considerar los costos, el beneficio, los excedentes, la administración del trabajo y la comercialización sirvieron para conocernos. Tanto Poder Ciudadano, como la consultora Giacobbe, el INTI, Martín Churba y muchos otros participaron del proceso y opinaron. La Juanita tomó sus decisiones sin presiones, luego de largos debates internos hasta el logro del consenso.

Se concretó la terminación de tres aulas, los baños, cocina, el taller de costura y la panadería con nuevo equipamiento y estructura. Lograron que Gas Natural Ban constituyera en La Juanita un centro receptor de adhesiones para la recolección de firmas para hacer la obra de distribución de gas natural, frustrada en anteriores ocasiones por presuntos empresarios que los estafaron debido a la negligencia de los controles municipales. Toty y su gente inspiraron confianza y la obra avanzó. Consiguieron las adhesiones. Ya tienen un centro de salud atendido por un médico municipal que controla a más de sesenta niños y madres.

El Cardenal Walter Kasper invitado por la Fundación Wallenbreg vino directamente del Vaticano a poner una placa a una de las aulas del Jardín Raoul Wallembreg con el nombre de JUAN XXIII –Angello Roncalli–. Hay un mástil, que habrá que renovar, con las banderas de las nacionalidades de los más de sesenta niños que asisten al jardin: Argentina, Paraguay, Bolivia y Brasil.

Con la sensación de haber sido útil en la cooperación y en el fomento del diálogo, escribo estas líneas sin pretención literaria, pero con aspiración testimonial. La Argentina que todos los seres de bien deseamos se sustenta en el diálogo y la cooperación. No hay nosotros ni ellos. Hay argentinos y extranjeros de bien que optan por vivir en este suelo en forma digna. Vivir con el orgullo de no negociar sus convicciones y de trabajar fructiferamente. Sin sentirse culpables ni víctimas del retroceso irracional originado en la ineficaz administración del Estado y en la ausencia de la interacción humana. La sociedad se articula con el diálogo, la honestidad, la sinceridad, los conocimientos y sin tratar de imponer al otro sus ideas.

Si pude haber dado más no lo sé, pero los años no vienen solos. Pero tanto Toty como Jorge Lasarte, Soledad Bordegaray, Juan y muchos otros, más las generaciones que los siguen podrán cumplir con sus sueños no por lo que les pude haber dado, sino por sus convicciones. Ser los dueños de su propio destino. Siguen estudiando, trabajando e intercambiando opiniones y experiencias. Ya tienen sus dos objetivos prioritarios funcionando: la escuela que además de educar se encarga de formar ciudadanos y el centro productivo. Sus recursos están asegurados. Pero el camino recién empieza. Les recomiendo que no se amplien sin la seguridad de dar un salto seguro. Por ello les sugiero que divulguen su experiencia para que se repliquen cientos de Juanitas con su asistencia y ejemplo.

A todos aquellos que pasaron y pasan por ese estado y sensación de duda y depresión, que se sienten culpables de no poder sostener una familia y no encontraron aún una respuesta, les sugiero que tomen este ejemplo. Deseo que lo repliquen. No es válido sentirse culpable de los desvelos que nos ocacionan las estructuras imperfectas que la democracia inmadura sostiene y que muchos oportunistas utilizan para deteriorar a la comunidad en beneficio propio. Y menos aún les sugiero que para crecer, negocien las convicciones. La seguridad del futuro en una sociedad aun fragmentada, se construirá desde abajo, sin desconfianzas, sin recelos ni prejuicios. Desde la CGERA se apoyan todas estas iniciativas.

La Juanita no es nada más que un ejemplo de lo posible. Es el comienzo y no el fin de un largo camino que es la vida y nuestra prole. Lo es y lo será para aquellos que creemos en la libertad y en la autodeterminación de los hombres en un marco de respeto mutuo. Sin diálogo, esfuerzo y perseverancia no hay recompensas ni posibilidades de configurar una sociedad más justa y equitativa. Tanto trabajadores como empresarios tienen en sus manos un testimonio real. Sin ambigüedades ni eufemismos. El diálogo y el intercambio de ideas son necesarios y posibles.

14 de julio 2005.

"LA MODA ES UNA DE LAS BEBIDAS MÁS EFERVESCENTES DEL MERCADO"

REPORTAJE A MARTÍN CHURBA*

POR **MARTÍN VALBUENA**

Creador por naturaleza. Churba podría haber sido diseñador gráfico, actor o pintor, pero algo lo enfrentó con las telas. Después de revolucionar el mercado de la moda con su aliada creativa, Jessica Trosman, fundó Tramando. Un laboratorio textil que funciona como centro de operaciones, estudio de diseño, fábrica y tienda a la vez. Sus colecciones conquistaron Oriente y Nueva York, y asegura que dará la vuelta al mundo. Una conversación con uno de los mayores referentes de la actualidad.

Elegiste a la moda como forma expresiva, sin embargo tu creatividad, ¿podría haber elegido otro camino?

—La moda es una de las bebidas más efervescentes del mercado. Es una disciplina que te permite una rápida propagación de ideas y, a la vez, mucha masa crítica de laburo, porque cada seis meses debés reinventarte o renovar el mensaje sin ser repetitivo. Digamos que la moda es un muy buen 'coach' para el trabajo. Básicamente te incentiva, no estoy tan seguro de serle fiel, porque estoy en la moda para desafiarla, para hacerla mucho más habitable y no tan demencial, como es tal cual se presenta, como una cuestión de mercado y de vanguardia todo el tiempo. A mí me sale la vanguardia todo el tiempo porque me aburre mi propia meseta. Entonces busco todo el tiempo naturalmente. Pero te diría que caí en la moda porque me pareció como uno de los ascensores más rápidos para que, en un mismo proceso, yo pudiera capacitarme, emprender, convocar y divulgar un proyecto. Para poder hacerlo todo junto, la moda es como uno de los 360° más interesantes que hay. Por supuesto, te podés quemar más rápido, te hacés viejo más rápido, te aburrís más rápido... se te pasa todo más rápido.

—¿Cuál es el concepto de Tramando?

—Tramando tiene una filosofía textil que es la base de sus proyectos, literal y metafóricamente. Hay una idea matriz de diseño basada en el desa-

---

* Reportaje a Martín Churba, publicado el día 17 de diciembre del año 2005, del periodista Martín Valbuena, en el Suplemento de Cultura del Diario Río Negro.

rrollo textil, nos sirve como metáfora literal de que trabajamos sobre tela, pero me sirve también como símbolo. Porque en realidad nos tramamos socialmente con nuestras disciplinas. La interacción y la interrelación es la base de nuestro trabajo. Podemos hacer comida si queremos, que la vamos a hacer con una idea de metáfora textil. Tenemos un equipo interdisciplinario de diseño que trabaja en la creación de esos textiles y en su aplicación a la indumentaria y otros objetos textiles, hacemos decoración, interiorismo, vestuario para teatro, danza, cine, etc. Tenemos un montón de productos de primera que surgen de Tramando, y que en realidad no están explotados en la parte comercial. No son los más importantes ni son los primeros, pero son los potenciales, porque si esto fuera una marca de ropa y punto, para mí la propuesta sería muy pobre.

—¿Qué son las cosas que te enojan y preocupan y cuáles te calman y te inspiran del mundo de la moda?

—Podrían plantearse como dos cosas parecidas pero una me molesta y otra no, al contrario, me incentiva. Me pasa algo con el "para quién diseño localmente", es decir, si yo no tuviera en este momento el incentivo de diseñar para otro países, una cliente imaginaria japonesa, por ejemplo, me sería muy difícil imaginar. Creo que es tan pacato el frente cultural argentino que la manifestación de la personalidad a través de la ropa se torna tan decadente que ver a los referentes que venden imagen "diciendo" qué es lo culturalmente potable y lo que no, dónde está lo estético y dónde no, es poco inspirador. Es tan deprimente que no veo algo que me movilice, no veo riesgo, veo un grotesco que siempre toca en la misma tecla que ya quedó negra de tanto que la tocan, la tecla de la sexualidad explícita, poco estética. No puedo imaginar ropa para nuestra gente glamorosa, me enoja ver que no pasa nada, porque de alguna manera parece más fácil apostar a lo viejo malo que a lo bueno que puede ser malo o bueno. No veo que haya algo que perder. En realidad el que se equivoca primero gana, porque es el primero que entendió y aprendió. Y lo que me inspira es por ejemplo, en mi relación con la cooperativa, el cómo la belleza, la inspiración y la creatividad están en los lugares que poco tienen que ver con el lujo, pero esto es histórico.

Creo que de eso nos olvidamos muy fácil. Los grandes artistas surgen de lugares no lujosos, no glamorosos, después la alta sociedad los incorpora para elevar más el status de lo que ya existe. El arte surge de lugares emergentes, descubrir personalmente que esto es así y que la moda inclusive puede alimentarse de eso me da mucho placer, y me ayuda con mi propia sensación de emergente viviendo en la Argentina.

—¿Te considerás un emergente?

—Nosotros somos minoría, somos emergentes, estamos fuera del circuito. Entonces, asociarme a la cooperativa que socialmente está fuera del circuito, me permite asociarme porque yo también estoy fuera del circuito internacional de moda.

— ¿Cómo surgió este proyecto de trabajar con los piqueteros?

—Cuando armé Tramando, lo hice como una empresa de diseño bajo un documento fundacional. Trabajé, no solamente en la misión y la visión que tenía, sino que desglosé las áreas que quería que tuviera. Desarrollé un concepto que es la trama social, que consiste en un espacio donde Tramando busca cuáles son los hilos que lo ligan, cuál es esa trama social, cómo tener presente esa otra parte y hacer cosas, que figura desde el primer día en la matriz y el proyecto de la empresa. La Cooperativa "La Juanita" (MTD La Matanza) que guía Toti Flores es la tercera organización con la que nos asociamos, lo que pasa es que ésta fue la que tomó más estado público, la que se consolidó y la que se mantiene.

—Y ahora el producto que hicieron juntos se vende en el exterior.

—El producto es la alianza, y a partir de ahí la excusa de hacer guardapolvos. El guardapolvo es un símbolo fuerte, habla de reinstalar la cultura del trabajo, pero no con viejos preceptos peronistas, válidos quizás en esa época, sino con la visión de hoy, de que el trabajo es salud, una posibilidad de integración social, una necesidad de poder crear tu propio trabajo para poder cambiar tu realidad. La idea detrás del guardapolvo es que tiene un montón de valor agregado, porque lo hicieron ellos y porque nosotros le ponemos diseño, estampas y textos que cuentan esa historia, entonces termina siendo un producto para Tramando. Lo que es fuerte, es que ellos se empiezan a sentir de nuevo motivados por el trabajo.

— ¿Qué te deja internamente el dar trabajo a otras personas?

—Ni siquiera puedo decir que les doy trabajo, les doy un espacio para que ellos desarrollen sus propias capacidades. Hicieron 1.500 guardapolvos que tiene detrás contada la historia argentina y muchos de ellos se vendieron en Japón. Realmente hay un intercambio de oportunidades muy gratificante para ambos, me dio la posibilidad de contar mi proyecto desde un lugar social, y me ayudó porque recibí mucha presencia mediática. Si me das a elegir entre salir al lado de "Pampita" en una foto o al lado de Toti Flores, yo prefiero salir al lado de Toti Flores. Siento que le hace mejor a mi imagen. Hay cuestiones muy personales en juego, que no valdría la pena que te diga que lo hago porque soy "bueno". Primero te estaría mintiendo y segundo, que hay un montón de gente que tiene inquietudes parecidas a las mías, que tal vez leyendo esto dice: "ah, mirá que piola!". Digamos, yo no lo hago solamente por ellos, lo hago por mí y soy consciente que estoy haciendo una propagación lumínica social, o sea, yo prendo la luz, porque yo quiero estar iluminado, pero elijo estar al lado de ellos para iluminarme con ellos. Es más, hay gente muchísimo más solidaria. Hay gente que dedica su vida al otro, por ejemplo una enfermera no tiene nada que ver con lo que yo hago, el nivel de servicio, de compromiso social.

—Pero imagino que ellos con vos estarán agradecidos de por vida.

—Ellos dicen que soy generoso, porque yo no les di lo que me sobra, lo que usualmente sucede en estas relaciones asimétricas, donde uno tiene y el otro no, yo les di lo que para mí tiene más valor, mi creatividad. Pero en realidad les dije cómo podían encontrar la propia. Cuando empezamos a hacer cosas juntos, dije "pero por qué voy a diseñar yo lo que vas a confeccionar vos, por qué no diseñás vos y yo te ayudo con otra parte, de dónde sale que yo tengo ideas inteligentes y vos te tenés que adaptar". Y eso les cambió la cabeza, les dio libertad, y esto es lo que ellos me agradecen.

—Contame alguna anécdota de trabajo en conjunto, imagino que debe haber...

—En un momento había que hacer 300 guardapolvos y Toti venía a las reuniones y decía: "No puedo organizar a la gente para que haga siempre lo mismo, me cuesta..." Eramos seis en una reunión y todos empezaron a gritar: "¿Pero cómo?, ¿tu gente quiere trabajar?, acá está el trabajo, lo tienen que hacer". Y él decía: "Yo entiendo, me da hasta cierta vergüenza", y le pregunto: "Pero entonces, ¿tu gente quiere proponer, diseñar?", y me dice: "Sí". Se le vinieron los cinco encima, lo querían matar y ahí los paré.

"Si yo vivo de mi creatividad, por qué él no puede", les dije. "Te doy mis firmas para que te sientas avalado, pero diseñalo vos y firmalo vos también". Y el gran cambio se produce cuando Toti vuelve a la Cooperativa, y yo soy finalmente aceptado como amigo, porque ellos se terminan dando la mano con ellos mismos, se amigan con su naturaleza. Y entiendo que lo agradezcan porque a mí me pasó, hubo gente que me enseñó a confiar en mí y eso no tiene precio.

Kuitca, Japón, Nueva York y más allá

Seguramente por estos días Martín Churba brindará por este año de grandes logros. La apertura de su primer local en Meatpacking District, Nueva York, y su primer desfile en Tokio "Rooms", la feria mayorista más importante de Japón, fueron momentos muy importantes.

El anuncio de su alianza con el artista plástico Guillermo Kuitca se agrega a la pronta diversificación: Tramando ahora también es un estudio gráfico que ofrece diseño para terceros. A partir de la próxima temporada pondrá el acento en su línea decó y agregará más objetos para el hogar. Lanzó un nuevo concurso para diseñadores y, en breve, mudará su taller a una planta en Barracas, porque la maison de Recoleta ya está quedando chica.

Las vidrieras del local son ahora temáticas, siempre artísticas. "Las cedemos a un estudio de arquitectura que actúa de curador" dice. En una está la instalación Monte, una visión fashion del monte santiagueño que ya recorrió el mundo, y la otra da cuenta de la reciente asociación con Kuitca para crear una línea de fiesta.

Martín Valbuena.

UNA NUEVA ESPERANZA

Hasta aquí, la historia asociativa del MTD La Matanza, es la efectuación de un potencial cuyos límites aún no se insinúan. El libro que estamos presentando da cuenta del recorrido asociativo desde mediados de los años noventa hasta mediados del año dos mil cinco. Es sólo una foto, la película continúa y la experiencia asociativa sigue sumando nuevos actores, con los que estamos escribiendo ya, los nuevos capítulos de esta historia sin final.

Experiencias asociativas conmovedoras para unos y otros tan diversos como los integrantes de un grupo de trabajadores desocupados y el director del Diario La Nación, Don Julio Saguier y de su mano, con miembros del Movimiento Comunión y Liberación y la Fundación del Padre Mario Pantaleo. Con la Asociación Cristiana de Empresarios —ACDE—. Con la Fundación AVINA, a la que debemos la concreción del libro que usted está leyendo; y el financiamiento de una capacitación con Alternativa 3, para poner en marcha una Secretaria de Producción en nuestra cooperativa, que comenzó en los últimos meses del año dos mil cinco.

Con Carolina Biquard y Tomás Boulat, quienes también a fines del 2005, nos brindaran mucho más que su tiempo, la generosidad de compartir con nosotros su saber y su experiencia para que seamos capaces de lograr la sustentabilidad y desarrollo de nuestros emprendimientos productivos. Con la Fundación PROTEJER que acompaña el desarrollo de nuestro Taller de Indumentaria. El recientemente iniciado camino con Ashoka, que nos colmó de orgullo y alegría, este sentimiento tan entrañable a nuestro Movimiento, cuando supimos que su nombre en sánscrito significa "ausencia de tristeza". Con "Otro mercado al Sur" y la cadena de emprendimientos productivos para exportar remeras a Italia.

Con nuevos jóvenes, estudiantes, académicos del mundo que llegan cotidianamente a enseñar y aprender nuevas prácticas y compartir acción y emoción, pensamiento y afectos.

Con emprendedores del país y del mundo, buscándonos para sumar, sumándonos, en busca de un destino mejor.

Con todos ellos escribiremos, indudablemente, las páginas de un libro en cierne, y entonces, la deuda de no haberlos podido incluir en el presente, se convierte en la promesa de una nueva obra, crea futuro, es una nueva esperanza.